여러분의 합격을 응원하는
해커스공무원의 특별 혜택

KB148293

FREE 공무원 국어 **특강**

해커스공무원(gosi.Hackers.com) 접속 후 로그인 ▶ 상단의 [무료강좌] 클릭 ▶ [교재 무료특강] 클릭 후 이용

해커스공무원 온라인 단과강의 **20% 할인쿠폰**

BEB66D5B9645A7SH

해커스공무원(gosi.Hackers.com) 접속 후 로그인 ▶ 상단의 [나의 강의실] 클릭 ▶
좌측의 [쿠폰등록] 클릭 ▶ 위 쿠폰번호 입력 후 이용

* 등록 후 7일간 사용 가능(ID당 1회에 한해 등록 가능)

합격예측 **온라인 모의고사 응시권 + 해설강의 수강권**

BBBBF2B5F4F9C438

해커스공무원(gosi.Hackers.com) 접속 후 로그인 ▶ 상단의 [나의 강의실] 클릭 ▶
좌측의 [쿠폰등록] 클릭 ▶ 위 쿠폰번호 입력 후 이용

* ID당 1회에 한해 등록 가능

해커스 매일국어 **어플 이용권**

INCVPIGTH31R2EJ5

구글 플레이스토어/애플 앱스토어에서 [해커스 매일국어] 검색 ▶ 어플 다운로드 ▶
어플 이용 시 노출되는 쿠폰 입력란 클릭 ▶ 쿠폰번호 입력 후 이용

* 등록 후 30일간 사용 가능
* 해당 자료는 [해커스공무원 국어 기본서] 교재 내용으로 제공되는 자료로, 공무원 시험 대비에 도움이 되는 유용한 자료입니다.

쿠폰 이용 관련 문의 **1588-4055**

단기 합격을 위한
해커스공무원 커리큘럼

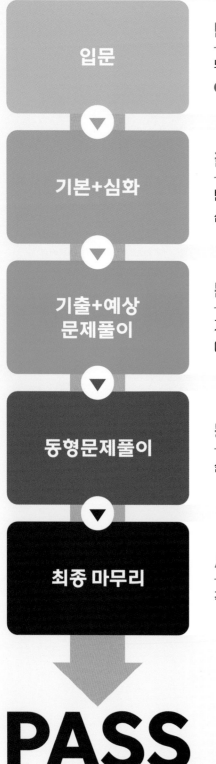

탄탄한 기본기와 핵심 개념 완성!

누구나 이해하기 쉬운 개념 설명과 풍부한 예시로 부담없이 쌩기초 다지기

TIP 베이스가 있다면 **기본 단계**부터!

필수 개념 학습으로 이론 완성!

반드시 알아야 할 기본 개념과 문제풀이 전략을 학습하고
심화 개념 학습으로 고득점을 위한 응용력 다지기

문제풀이로 집중 학습하고 실력 업그레이드!

기출문제의 유형과 출제 의도를 이해하고 최신 출제 경향을 반영한
예상문제를 풀어보며 본인의 취약영역을 파악 및 보완하기

동형모의고사로 실전력 강화!

실제 시험과 같은 형태의 실전모의고사를 풀어보며 실전감각 극대화

시험 직전 실전 시뮬레이션!

각 과목별 시험에 출제되는 내용들을 최종 점검하며 실전 완성

**단계별 교재 확인 및
수강신청은 여기서!**

gosi.Hackers.com

* 커리큘럼 및 세부 일정은 상이할 수 있으며,
자세한 사항은 해커스공무원 사이트에서 확인하세요.

해커스공무원

매일
하프모의고사
국어 1

차례

문제집

약점 보완 해설집 [책 속의 책]

OMR 답안지 [부록]

매일 하프모의고사 교재 활용법

1 20일 동안 매일 하프모의고사를 풀며 문제풀이 감각 익히기

1. 문제집 맨 뒤에 수록된 OMR 답안지를 준비합니다.

2. 타이머를 '10분'으로 맞춥니다.

3. 제한 시간 10분 내 최대한 많은 문제를 정확하게 풀어 봅니다.

4. '바로 채점하기'를 통해 빠르게 채점하고 맞은 개수를 적습니다.

2 출제 예상 어휘 퀴즈로 어휘 완전 정복하기

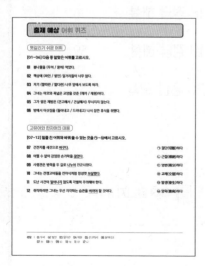

1. 하프모의고사 각 회차별 마지막 페이지의 '출제 예상 어휘 퀴즈'를 풀고 채점합니다.

2. 문제에 나온 헷갈리기 쉬운 어휘들과 의미가 비슷한 어휘들의 의미를 정확히 파악합니다.

3. 틀린 문제들은 체크한 뒤 한 번 더 풀어보고 꼼꼼하게 암기합니다.

3 약점 보완 해설집으로 약점 극복하기

1. [약점 보완 해설집]의 '취약영역 분석표'를 활용하여 어떤 영역의 문제를 많이 틀렸는지 확인합니다.

2. 해설을 꼼꼼히 읽어보며 오답의 근거를 확인하고, 헷갈렸던 개념을 확실히 짚고 넘어가도록 합니다.

3. '이것도 알면 합격'을 통해 심화 개념까지 학습합니다.

4 합격을 위한 학습 플랜으로 목표 점수 체계적으로 달성하기

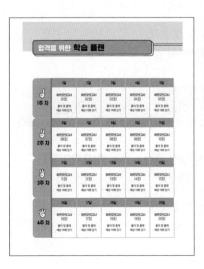

1. 20회분의 하프모의고사를 4주간 풀이하는 학습 플랜을 통해 체계적이고 지속적으로 학습합니다.

2. 문제풀이부터 영역별 심화학습과 취약점 보완까지 구체적인 방법을 제시한 '하프모의고사 학습 방법'을 통해 효율적으로 학습합니다.

합격을 위한 학습 플랜

	1일	2일	3일	4일	5일
1주 차	하프모의고사 **01회** 풀이 및 출제 예상 어휘 암기	하프모의고사 **02회** 풀이 및 출제 예상 어휘 암기	하프모의고사 **03회** 풀이 및 출제 예상 어휘 암기	하프모의고사 **04회** 풀이 및 출제 예상 어휘 암기	하프모의고사 **05회** 풀이 및 출제 예상 어휘 암기
	6일	**7일**	**8일**	**9일**	**10일**
2주 차	하프모의고사 **06회** 풀이 및 출제 예상 어휘 암기	하프모의고사 **07회** 풀이 및 출제 예상 어휘 암기	하프모의고사 **08회** 풀이 및 출제 예상 어휘 암기	하프모의고사 **09회** 풀이 및 출제 예상 어휘 암기	하프모의고사 **10회** 풀이 및 출제 예상 어휘 암기
	11일	**12일**	**13일**	**14일**	**15일**
3주 차	하프모의고사 **11회** 풀이 및 출제 예상 어휘 암기	하프모의고사 **12회** 풀이 및 출제 예상 어휘 암기	하프모의고사 **13회** 풀이 및 출제 예상 어휘 암기	하프모의고사 **14회** 풀이 및 출제 예상 어휘 암기	하프모의고사 **15회** 풀이 및 출제 예상 어휘 암기
	16일	**17일**	**18일**	**19일**	**20일**
4주 차	하프모의고사 **16회** 풀이 및 출제 예상 어휘 암기	하프모의고사 **17회** 풀이 및 출제 예상 어휘 암기	하프모의고사 **18회** 풀이 및 출제 예상 어휘 암기	하프모의고사 **19회** 풀이 및 출제 예상 어휘 암기	하프모의고사 **20회** 풀이 및 출제 예상 어휘 암기

📖 하프모의고사 학습 방법

1. 각 회차 하프모의고사와 〈출제 예상 어휘 퀴즈〉 풀기

(1) 실제 시험처럼 제한 시간(10분)을 지키며 하프모의고사를 풉니다.
(2) 매회 제공되는 〈출제 예상 어휘 퀴즈〉를 통해 헷갈리기 쉬운 어휘와 의미가 비슷한 어휘들을 암기하고, 잘 외워지지 않는
어휘는 체크하여 반복 학습합니다.

2. 취약점 보완하기

채점 후 틀린 문제를 중심으로 해설을 꼼꼼히 확인합니다. 해설을 확인할 때에는 틀린 문제의 출제 포인트를 정리하면서, 개
념을 몰라서 틀린 것인지 아는 것이지만 실수로 틀린 것인지를 확실하게 파악합니다. 하프모의고사는 회차를 거듭하면서 반
복되는 실수와 틀린 문제 수를 줄여 나가며 취약점을 완벽하게 극복하는 것이 중요합니다. 또한, '이것도 알면 합격'에서 제공
되는 심화 개념까지 빠짐 없이 익혀 둡니다.

3. 하프모의고사 총정리하기

(1) 틀린 문제를 다시 풀어 보고, 계속해서 틀리는 문제가 있다면 해설을 몇 차례 반복하여 읽으면서 헷갈리는 개념을 확실하
게 학습합니다.
(2) 〈출제 예상 어휘 퀴즈〉에서 체크해 둔 어휘가 완벽하게 암기되었는지 최종 점검합니다.

하프모의고사 회독별 학습 Tip!

1회독 실전 문제풀이 단계		2회독 영역별 심화학습 단계		3회독 취약점 보완 단계
• 〈학습 플랜〉에 따라 매일 모의고사 1회분 풀이 • 정답 설명과 오답 분석을 정독하며 틀린 이유 파악 • 〈출제 예상 어휘 퀴즈〉 암기 • 학습 기간: 20일		• 매일 모의고사 2회분 풀이 • '이것도 알면 합격'의 심화 개념 암기 • 〈출제 예상 어휘 퀴즈〉에서 헷갈리거나 잘 외워지지 않는 어휘 암기 • 학습 기간: 10일		• 매일 4회분씩 1~2차 회독 시 틀린 문제 위주로 점검 • 시험 직전 최종 점검을 위한 오답노트 작성 • 〈출제 예상 어휘 퀴즈〉에 수록된 모든 어휘 복습 • 학습 기간: 5일

해커스공무원학원 · 공무원인강
gosi.Hackers.com

매일
하프모의고사
1일~20일

 잠깐! 하프모의고사 전 확인사항

하프모의고사 풀이 전, 아래 상황을 점검하고 실전처럼 시험에 임하세요.

☑ 휴대전화는 전원을 꺼주세요.

☑ 연필과 지우개를 준비하세요.

☑ 제한 시간 10분 내 최대한 많은 문제를 정확하게 풀어보세요.

01 ㉠~㉣에 대한 점검 결과와 수정 방안으로 적절하지 않은 것은?

이번 주 일요일 오전 11시에 소나무 숲 개방 축하 행사가 시민 공원에서 열린다. 우리 학교를 상징하는 소나무에 관심과 애정을 갖고 있는 여러 동문 및 재학생들, 지역 주민들이 축하 행사에 ㉠참석하였다.

이번 소나무 숲을 개방하기까지는 복잡한 사정이 있었다. 작년 6월에 교내에 중앙 도서관을 ㉡새로 신축하기로 결정했는데, 그 터에 이미 자라 있는 소나무들을 마땅히 옮길 곳이 없어서 모두 베어야 하는 상황이었다.

소식을 들은 동문회, 학생회는 이에 대한 우려를 드러냈고, 대안을 찾아보기로 학교 측과 ㉢합의했다.

대안을 찾던 학생회는 ㉣비단 시민 공원에서 소나무 숲을 조성한다는 사실을 알고 소나무를 기증하자는 의견을 제시했다. 여러 구성원들이 합의를 하여 지난해 10월에 소나무 기증을 마치게 되었다.

	점검 결과		수정 방안
①	㉠: 행위의 시간 표현이 적절하지 않다.	→	'참석할 예정이다'로 수정한다.
②	㉡: 문맥상 불필요한 표현이다.	→	의미 중복을 피하기 위해 삭제한다.
③	㉢: 문장의 행위 주체가 없다.	→	'시민 공원은'을 주어로 추가한다.
④	㉣: 부사의 사용이 적절하지 않다.	→	'때마침'으로 수정한다.

02 다음 글에서 추론한 내용으로 적절하지 않은 것은?

용언은 문장 안에서 주어를 서술해 주는 기능을 하며, 풀이씨라고도 부른다. 국어에서 용언으로 분류할 수 있는 품사는 동사와 형용사이다. 동사와 형용사를 세 가지 관점에서 본다면, 이들의 공통점과 차이점을 보기 쉽게 정리할 수 있다.

먼저 의미론적 관점이다. 동사는 사람이나 사물의 움직임을 표현한다는 점에서, 형용사는 사람이나 사물의 성질이나 상태를 나타낸다는 점에서 차이가 있다. 예컨대, '집 앞에는 벚꽃이 핀다.'에서 '피다'는 움직임을 나타내는 말이므로 동사지만, '오늘 하늘이 푸르다'에서 '푸르다'는 상태를 나타내는 말이므로 형용사이다.

다음으로 형태론적 관점이다. 동사와 형용사는 어간에 어미가 결합하여 활용한다는 점에서는 동일하나 몇몇 어미에서 차이를 보인다. 동사는 현재 시제를 나타내는 어미, 청유형 어미, 명령형 어미와 결합할 수 있지만, 형용사는 그렇지 못하다. 동사인 '가다'는 '딸이 간다', '딸아, 가자', '딸아, 가라'와 같이 쓸 수 있지만, 형용사인 '어둡다'는 '밤이 어둡는다', '밤아, 어둡자', '밤아, 어두워라'와 같이 쓸 수 없다.

마지막으로 통사론적 관점이다. 동사와 형용사는 문장에서 서술어로 쓰인다는 점에서 공통점이 있다. 서술어는 '무엇이 어찌하다', '무엇이 어떠하다'와 같은 문장에서 '어찌하다, 어떠하다'에 해당한다. 예를 들어, '내가 밥을 먹는다'에서 동사인 '먹다'와 '밥이 맛있다'에서 형용사인 '맛있다'는 모두 문장에서 서술어로 쓰인다.

① '영철이가 옷을 입었다'에서 '입다'는 움직임을 나타내는 말이므로 동사이다.

② '빠르다'는 '자, 이제 빠르자!'와 같이 청유형 어미와 결합하여 쓸 수 없으므로 형용사이다.

③ '민수의 손이 따뜻하다'에서 '따뜻하다'는 현재 시제를 나타내는 어미와 결합할 수 있으므로 동사이다.

④ '너는 음악을 듣는다', '너는 음악을 좋아한다'에서 '듣다'와 '좋아하다'는 문장에서 서술어로 쓰이므로 용언이다.

03 다음 글을 이해한 내용으로 가장 적절한 것은?

플라톤에 의하면, 인간의 신체는 머리, 가슴, 배의 세 부분으로 구성되어 있다. 그리고 그것들이 하는 기능, 즉 영혼의 활동은 이성, 의지, 욕망 등이다. 또 각각의 영혼이 추구하는 덕은 지혜, 용기, 절제이며, 이것들이 모두 합해져 정의를 이룬다. 국가에도 이에 상응하는 세 계급이 있는데, 머리 부분에는 지혜가 월등한 통치 계급이, 가슴부분에는 용기 있는 무사 계급이, 배 부분에는 절제심을 발휘해야 할 생산 계급이 있다. 이처럼 플라톤에서는 영혼론과 윤리학, 국가론 등이 상호유기적인 관련을 맺고 있는 것이다.

한 개인의 육체적 건강은 신체의 세 부분이 각각 자기의 기능을 원활히 수행할 때 달성되고, 영혼의 내적 평화는 각각의 영혼이 균형과 조화를 이룰 때 가능한 것처럼 이상 국가의 정의는 각각의 계급들이 서로 간섭하지 않고 자기 직분에 충실할 때 달성된다. 그러므로 바람직한 인간이란 신체가 건강할 뿐 아니라, 영혼의 세 부분이 조화를 이룬 상태에서 국가 생활에서도 계급에 맞는 자기의 위치를 잘 지켜나가는 자다. 물론 세 부분 중에서 특히 중요한 곳은 머리 부분이다. 국가 계급에서도 통치 계급은 금(金)의 계급이라 하여 이상 국가를 실현하는 데 있어 중추적인 역할을 담당한다.

그러나 플라톤은 전체 국가가 도덕적이어야만 진정한 정의가 실현될 수 있다고 주장한다. 각각의 계급들이 맡은 임무를 잘 수행해 나갈 때, 국가는 비로소 도덕적인 조직체가 되고, 그 가운데 선의 이데아가 실현되는 것이다.

① 플라톤에 의하면 국가 위기 상황에서는 모든 계급이 무사의 역할을 수행할 수 있다.

② 플라톤에 의하면 국가에 뛰어난 통치자가 존재하는 것만으로도 선의 이데아를 실현할 수 있다.

③ 플라톤에 의하면 개인은 전체를 위해 존재하며 각자가 맡은 역할에 충실할 때 도덕과 정의를 실현할 수 있다.

④ 플라톤에 의하면 절제의 덕을 추구하는 생산 계급은 상위 계급인 무사 계급과 통치 계급을 위해 무조건적인 봉사를 해야 한다.

04 밑줄 친 ㉠의 사례로 가장 적절한 것은?

왜 학문을 하는가? 즐거워서 한다. 즐겁지 않으면 학문을 해야 할 이유가 없다. 먹고 살기 위해, 이름을 내서 행세하려고, 이득을 노리고 하는 학문은 즐겁지 않고 괴롭기 때문에 목적을 달성하지 못할 것 같으면 그만두고, 목적을 어느 정도 달성했다고 생각되어도 그만둔다. 아무 소용이 없을 것 같고, 하지 않아도 될 것 같은 학문을 지칠 줄 모르고 하는 것은 특별한 즐거움이 있기 때문이다.

학문을 하는 즐거움은 어떤 점이 특별한가? 학문은 계속 새롭게 창조되어, 일정한 방식과 내용으로 되풀이해서 하는 다른 행위에서는 찾을 수 없는 즐거움이 있다고 말할 수 있다. 새롭게 하지 않은 것은 학문이 아니므로 학문하는 즐거움이 있을 수 없다. 학문 흉내나 학문 구경은 학문이 아니다.

㉠학문을 새롭게 한다는 것은 전에 모르고 있던 이치를 찾아낸다는 말이다. 논리적인 추구에서 하는 작업에 때로는 뜻하지 않은 비약이 있다. 미리 헤아리지 못한 깨달음이 어딘지 모르는 곳에서 닥쳐와 득도하는 것과 같은 과정을 겪게 한다. 감격을 느끼면서 들떠 있다가 정신을 차려, 논리를 초월한 발견을 논리로 나타내어 불가능한 것을 가능하게 한다. 이 경지에 이르러야 학문의 진면목을 알고 최대의 즐거움을 누린다.

① 씨앗을 심어 꽃으로 피어나기까지 매일같이 관찰하고 일지를 작성하였다.

② 밤낮을 가리지 않고 발레를 연습한 끝에 세계적인 발레리나가 되어 공연 및 후진 양성에 힘썼다.

③ 정치학을 전공한 뒤 다양한 시민 단체에 가입하여 시민의 권익 보호 및 사회의 발전을 위해 활동하였다.

④ 곰팡이의 번식을 오래 지켜본 결과 곰팡이가 다른 유기물을 분해하여 영양분을 섭취한다는 것을 알게 되었다.

[05~06] 다음 글을 읽고 물음에 답하시오.

　서양의 풍경화에서는 필수적인 빛의 표현, 건물의 명암, 나무들의 그림자가 동양의 산수화에서는 잘 나타나지 않는다. 동양화의 이와 같은 특징은 아동의 그림에서도 많이 볼 수 있는데, 예를 들어 먼 산에서 울고 있는 매미를 크게 그리거나 산속에 살고 있는 개미까지도 그리는 '망원 표현'이 나타난다. 또한 땅속에 있는 나무의 뿌리나 이불을 덮고 자는 동생의 몸 등 눈에 보이지 않는 부분까지도 그리는 '엑스레이(X-ray)표현'같이 불합리해 보이는 표현이 나타나기도 한다. 우리 옛 화가들이 어린이들처럼 표현력이 부족해서 이런 서툰 솜씨가 ⓐ드러난 것인가. 물론 떠돌이 화공들처럼 기량이 떨어지는 화가는 그럴 수도 있었겠지만, 그림 실력이 뛰어난 도화서(圖畫署)의 화원(畫員)들까지도 자연스럽게 이런 그림들을 그려 온 것으로 봐서 꼭 그런 것 같지는 않다.

　그렇다면 ㉠옛 그림에는 왜 이런 불합리한 표현이 나타나고 있는가? 동양의 그림과 서양의 그림이 근본적으로 다른 사고에 바탕을 두고 있기 때문이다. 서양의 그림이 형체, 명암, 빛깔 등 보이는 바를 화면에 그대로 묘사하는 형식이라면, 동양의 그림은 화가가 생각한 것이나 아는 것, 즉 관념을 그리는 형식이기 때문이다. 산수화를 그릴 때, 현장에 가서 직접 ⓑ보고 그 모습을 화판에 ⓒ담는 것이 아니라 집안에서 기억해서 그린다. 그러니 풍경화처럼 경치를 그리지 않고, 수많은 이야기가 담긴 자연의 오묘한 조화나 이상향을 그리게 된다. 간혹 직접 현장에 가서 경치를 보고 그린다 하더라도, 사생(寫生)이 아니라 경치에서 느껴지는 기운이나 운치를 그린다. 이런 이유로 시각적 사실성에 근거한 서양화적 관점에서 보면 이상하고 불합리해 보이는 표현들이 동양화에서는 많이 눈에 띄게 된다.

　동양 그림의 불합리한 표현은 기법뿐 아니라 소재의 선택에서도 나타난다. 예를 들어, 원앙은 추운 지방에서 사는 새인데 연꽃이 한창 필 무렵에는 북쪽으로 ⓓ날아가 버리나, 그림 속에서는 거의 연꽃과 함께 등장한다. 그리고 피는 시기가 각각 다른 목련과 모란, 해당화를 한 화면에 그리는 등 이치에 맞지 않는 표현들이 많이 보인다. 모란은 부귀(富貴)를, 매화는 눈썹[眉]을, 바위는 목숨[壽]을 의미하며 이것은 '눈썹이 하얗게 될 때까지 부귀를 누리리라[富貴眉壽]'는 뜻을 나타내기 위함이다. 이는 동양화를 '생각을 표현한 그림'이라는 뜻으로 이해하면 가능하다.

　이렇게 본다면 동양의 옛 그림이 이치에 맞지 않는다는 생각, 그 자체가 잘못된 것이다. 그것은 우리가 그동안 서양의 그림에 익숙해져서 동양의 그림을 볼 때도 서양화를 보는 눈으로 감상했기 때문이다.

05 밑줄 친 ㉠과 같이 생각하게 된 이유로 가장 적절한 것은?

① 동양의 그림을 서양의 그림을 보는 관점으로 해석했기 때문이다.

② 동양의 화가는 시각적 경험에 의존하여 그림 그리는 것을 선호했기 때문이다.

③ 형체, 명암, 빛깔 등 보이는 바를 화면에 그대로 묘사하는 서양의 그림과 차별화를 두기 위함이다.

④ 당시에 사실적으로 묘사한 서양화보다 관념적으로 묘사한 동양화가 더 높은 평가를 받았기 때문이다.

06 ⓐ~ⓓ와 바꿔 쓸 수 있는 유사한 표현으로 적절하지 않은 것은?

① ⓐ: 발현한　　　　② ⓑ: 관찰하고

③ ⓒ: 표현하는　　　　④ ⓓ: 도주해

07 다음 글을 이해한 내용으로 가장 적절한 것은?

　　윤동주가 저항 시인으로 평가 받는 이유는 그의 시에 일제 강점기의 현실에 타협하지 않고 부끄러움이 없이 살아가려는 의지를 작품에서 드러냈기 때문이다. 가령, 「서시」에는 자신의 양심을 지키며 윤리적인 삶을 살고자 했던 젊은 지식인의 모습이 드러난다.

　　이 시는 2연 9행으로 구성되어 있으며, 시간의 흐름에 따라 크게 세 부분으로 구분할 수 있다. 1~4행은 과거를 나타낸다. 화자는 "하늘을 우러러" 보면서 "한 점 부끄럼이 없기를" 바란다. 시인은 "바람"에 흔들리는 아주 작은 나뭇잎에도 "괴로워"하면서 끊임없이 결백한 삶을 살고자 하는 태도를 드러낸다. 5~8행은 미래를 나타낸다. 화자는 "별을 노래하는 마음으로" 살아 있는 존재들을 모두 사랑하겠다고 말한다. 또한, "주어진 길"을 향해서 "걸어가야겠다"고 다짐한다. 이는 맑고 빛나는 별과 같은 마음으로 현실에서 고통받는 존재들을 사랑하면서 부끄러움이 없는 삶을 향해 걸어가야겠다고 다짐하는 것으로 볼 수 있다. 9행은 현재를 나타낸다. 어두운 현실인 오늘날의 "밤"에 시련과 고난을 의미하는 "바람"이 불어도 빛나는 "별"처럼 자신의 신념과 이상을 지켜 나가겠다는 화자의 의지를 시적으로 승화시키고 있다.

　　따라서 이 시는 현실의 어둠과 괴로움 속에서 자기의 양심을 지키며 맑고 아름다운 삶을 살고자 했던 시인의 모습을 보여준 작품이다.

① 「서시」는 '과거-미래-현재'의 시간 이동에 따라 시상이 전개된다.
② 「서시」에는 현실에 대한 화자의 풍자적 태도가 간접적으로 드러난다.
③ 「서시」에는 "밤"과 "별"의 대비를 통해 협력하는 삶의 아름다움이 드러난다.
④ 「서시」에서 시인은 "주어진 길"에 타협하지 않고 자신의 양심을 지키고자 노력한다.

08 다음 담화에 대한 설명으로 가장 적절한 것은?

아영: 내가 작성한 사제동행 마라톤 행사에 대한 기사문을 함께 검토해 보자.
민우: 우선 표제와 전문에 대해서 논의해 보자. 표제를 수정한 후 전문은 육하원칙 중 생략된 내용을 추가해야 할 것 같아.
아영: 전문은 어떤 내용을 추가해야 할지 알겠는데, 표제는 어떤 문제가 있는지 자세하게 말해 줄래?
민우: 표제는 중심 소재를 담고 있어야 하는데, 현재 표제에는 어떤 행사가 열렸는지 나타나지 않아.
아영: 그런 문제가 있었구나.
민우: 또한 행사의 의미를 비유적인 표현을 활용해서 작성해 보는 것이 더 좋을 것 같아.
슬기: 그러면 기사의 내용을 한눈에 파악하기 어렵잖아. 대신 행사에 참가한 인원수를 적자.
민우: 슬기의 말대로 하면 행사 규모에 초점이 맞춰져서 행사의 의미를 드러내려는 기사문의 의도가 전달되지 않으니 그렇게 해선 안 될 것 같아.
아영: 그럼 민우의 의견대로 중심 소재를 담고 화합이라는 행사의 의미를 드러낼 수 있도록 비유적인 표현을 활용해서 표제를 다시 작성하는 것이 좋을 것 같아.

① '아영'은 '민우'의 의견을 수용하고 있다.
② '민우'는 '슬기'의 의견이 타당함을 인정하고 있다.
③ '슬기'는 '민우'의 의견을 수용하면서도 새로운 의견을 제시하고 있다.
④ '아영'은 '민우'와 '슬기'의 의견이 대립하자, 이에 대한 절충안을 제시하고 있다.

09 다음 진술이 모두 참일 때 반드시 참인 것은?

- A장관이 휴가를 가지 않으면, B장관이 휴가를 가지 않는다.
- C장관이 휴가를 가지 않으면, A장관이 휴가를 가지 않는다.
- D장관이 휴가를 가면, C장관이 휴가를 간다.

① B장관이 휴가를 가면, C장관이 휴가를 간다.

② C장관이 휴가를 가면, B장관이 휴가를 가지 않는다.

③ D장관이 휴가를 가지 않으면, A장관이 휴가를 간다.

④ A장관이 휴가를 가지 않으면, D장관이 휴가를 가지 않는다.

10 다음 글의 ㉠에 들어갈 내용으로 가장 적절한 것은?

많은 경제학자들은 제도의 발달이 경제 성장의 중요한 원인이라고 생각해 왔다. 예를 들어 재산권 제도가 발달하면 투자나 혁신에 대한 보상이 잘 이루어져 경제 성장에 도움이 된다는 것이다. 그러나 이를 입증하기는 쉽지 않다. 제도의 발달 수준과 소득 수준 사이에 상관관계가 있다 하더라도, 제도는 경제 성장에 영향을 줄 수도 있지만 경제 성장으로부터 영향을 받을 수도 있으므로 그 인과 관계를 판단하기 어렵기 때문이다.

그런데 최근에 각국의 소득 수준이 위도나 기후 등의 지리적 조건과 밀접한 상관관계를 가진다는 통계적 증거들이 제시되었다. 제도와 달리 지리적 조건은 소득 수준의 영향을 받지 않는다. 이 때문에 지리적 조건이 사람들의 건강이나 생산성 등과 같은 직접적인 경로를 통해 경제 성장에 영향을 끼친다는 해석이 설득력을 얻게 되었다.

제도를 중시하는 경제학자들은, 지리적 조건이 직접적인 원인이라면 경제 성장에 더 유리한 지리적 조건을 가진 나라가 예나 지금이나 소득 수준이 더 높아야 하지만 그렇지 않은 사례가 많다는 사실에 주목하였다. 이들은 '지리적 조건과 소득 수준 사이의 상관관계'와 함께 이러한 '소득 수준의 역전 현상'을 동시에 설명하려면, 제도가 경제 성장의 직접적인 원인이고 지리적 조건은 제도의 발달 방향에 영향을 주는 간접적인 경로를 통해 경제 성장과 관계를 맺는 것으로 보아야 한다고 주장한다. 다시 말해 지리적 조건은 (㉠)

① 경제 성장에 전혀 영향을 미치지 못한다는 것이다.

② 지금의 경제 성장의 직접적인 원인이 아니라는 것이다.

③ 경제 성장과 반드시 직접적으로 연관되어 있다는 것이다.

④ 모든 경제학자들이 현재 주목하고 있는 요소라는 것이다.

바로 채점하기

정답·해설 _약점 보완 해설집 p.2

01	③	02	③	03	③	04	④	05	①
06	④	07	①	08	①	09	①	10	②

출제 예상 어휘 퀴즈

헷갈리기 쉬운 어휘

[01~06] 다음 중 알맞은 어휘를 고르시오.

01 봄나물을 (무쳐 / 묻혀) 먹었다.

02 책상에 (싸인 / 쌓인) 일거리들이 너무 많다.

03 저기 (짤따란 / 짧다란) 나무 앞에서 보도록 하자.

04 그녀는 미모와 폭넓은 교양을 갖춘 (재자 / 재원)이다.

05 그가 쌓은 제방은 (견고해서 / 견실해서) 무너지지 않는다.

06 방에서 이삿짐을 (들어내고 / 드러내고) 나서 잠깐 휴식을 취했다.

고유어와 한자어의 대응

[07~12] 밑줄 친 어휘와 바꿔 쓸 수 있는 것을 ㉠~㉺에서 고르시오.

07 건전지를 새것으로 <u>바꾸다</u>. ㉠ 절단(切斷)하다

08 어쩔 수 없이 감염된 손가락을 <u>끊었다</u>. ㉡ 근절(根絶)하다

09 사령관은 병력을 두 길로 <u>나누어</u> 진군시켰다. ㉢ 양분(兩分)하다

10 그녀는 전쟁고아들을 친자식처럼 정성껏 <u>보살폈다</u>. ㉣ 교체(交替)하다

11 도난 사건이 <u>일어나지</u> 않도록 각별히 주의해야 한다. ㉤ 발생(發生)하다

12 취직하려면 그녀는 우선 지각하는 습관을 <u>버려야</u> 할 것이다. ㉥ 양육(養育)하다

정답 | **01** 무쳐 **02** 쌓인 **03** 짤따란 **04** 재원 **05** 견고해서 **06** 들어내고
07 ㉣ **08** ㉠ **09** ㉢ **10** ㉥ **11** ㉤ **12** ㉡

01 ㉠~㉣에 들어갈 내용으로 적절하지 않은 것은?

주제: 청소년 소비 문화의 문제점과 그 원인
Ⅰ. 심리적 요인
　1. (㉠) 때문에 또래 집단이 선호하는 상품을 구매
　　한다.
　2. (㉡) 때문에 연예인이 광고하는 상품을 선호하는
　　경향을 보인다.
Ⅱ. 환경적 요인
　1. (㉢) 때문에 합리적인 소비 습관을 기르기 어렵다.
　2. (㉣) 때문에 어른들의 잘못된 소비 문화까지 답
　　습하게 된다.

① ㉠: 자신이 속한 집단의 구성원으로 인정받고 싶어 하기
② ㉡: 광고를 비판적으로 수용하는 태도가 갖추어져 있지 않기
③ ㉢: 청소년들을 위한 실질적인 경제 교육이 이루어지지 않기
④ ㉣: 어른들이 청소년들을 주체적인 소비자로 인정하지 않기

02 ㉠~㉣의 전개 순서로 가장 자연스러운 것은?

　기업에 의한 환경 오염은 기업이 스스로 져야 할 오염 방
지 비용을 밖으로 떠넘긴다는 것을 뜻한다.

㉠ 그래서 경제학자들은 '외부효과세'라는 제도를 생각해
　냈다.
㉡ 환경을 더럽혀서 얻는 한계 이익보다 한계 비용이 클
　때, 비로소 기업들이 환경을 더럽히지 않을 것이므로,
　환경을 더럽혀서 얻을 한계 이익보다 큰 세금을 기업에
　매기자는 것이다.
㉢ 물론 오염은 미리 막는 것이 오염의 폐해에 대해 기업
　이 보상하도록 하는 것보다 여러모로 낫다.
㉣ 따라서 기업이 환경을 더럽히는 것을 막는 길 가운데
　가장 좋은 것은 기업이 오염 방지에 투자하도록, 경제
　학자들이 쓰는 말을 빌리면 외부 효과를 내재화하도록,
　정부가 강제하는 것이다.

① ㉡ – ㉢ – ㉣ – ㉠　　　② ㉡ – ㉣ – ㉢ – ㉠
③ ㉢ – ㉠ – ㉡ – ㉣　　　④ ㉢ – ㉣ – ㉠ – ㉡

03 다음 대화에서 B의 대답에 드러나는 공손성의 원리에 대한 설명으로 적절하지 않은 것은?

㉠ ┌ A: "영민아, 내가 빌려준 노트 잘 봤니? 도움이 됐는
　　│　　지 모르겠다."
　　└ B: "응, 핵심적인 내용만 잘 골라서 꼼꼼하게 정리해
　　　　　놨더라. 정말 도움이 많이 됐어."
㉡ ┌ A: "주연아, 무슨 일로 교무실까지 다 찾아왔니?"
　　└ B: "선생님, 전 진짜 수학 머리가 없나 봐요. 이 문제
　　　　　가 잘 이해가 안돼서 그러는데 다시 설명해 주실
　　　　　수 있나요?"
㉢ ┌ A: "나 영화 티켓이 생겼는데 오늘 저녁에 영화 보러
　　│　　가는 거 어때?"
　　└ B: "배고프니 밥부터 먹는 건 어때? 영화는 별로야."
㉣ ┌ A: "아빠, 짐 옮기는데 못 도와드려서 죄송해요. 하
　　│　　필 팔을 다치는 바람에……."
　　└ B: "괜찮다, 거의 다 했어. 오랜만에 운동한 기분이
　　　　　라 개운하고 좋구나."

① ㉠: 상대방에 대한 칭찬을 극대화하며 말하고 있다.
② ㉡: 화자 자신에게 혜택을 주는 표현은 최소화하고 부담을 주
　　는 표현을 최대화하여 말하고 있다.
③ ㉢: 상대방의 제안에 일부 동의를 표한 후 자신의 견해를 제
　　시하고 있다.
④ ㉣: 상대방에게 부담이 되는 표현은 최소화하여 말하고 있다.

04 다음 글에서 추론한 내용으로 가장 적절한 것은?

　소설의 시점은 네 가지로 분류할 수 있는데, 그중 1인칭 주인공 시점과 1인칭 관찰자 시점은 소설 속의 '나'가 이야기를 전개한다는 점에서 동일하다. 그러나 1인칭 주인공 시점의 '나'는 소설 속 이야기의 주인공으로서 이야기를 이끌지만, 1인칭 관찰자 시점의 '나'는 관찰자의 시선에서 주인공의 이야기를 전달한다는 점이 다르다.

　1인칭 주인공 시점의 대표적인 작품으로는 이문구의 「관촌수필」이 있다. 작품은 총 8편으로 구성되어 있는데, 1편에서 주인공인 '나'는 변해 버린 고향의 모습을 보며 슬픈 마음을 드러내는데, 독자에게 인물의 생각이나 감정을 직접적으로 전달할 수 있다는 것이 1인칭 주인공 시점의 특징이다.

　1인칭 관찰자 시점의 대표적인 작품으로는 주요섭의 「사랑손님과 어머니」가 있다. 이 작품은 어린아이인 '나(옥희)'의 시점에서 과부인 어머니와 사랑손님의 사랑을 순수하게 묘사한다. 통속적일 수 있는 사랑 이야기를 아이의 눈에서 전달하니 아름답게 느껴진다는 특징이 있다. 관찰자의 시점에서 주인공의 심리나 행동을 해석하기 때문에 독자들의 상상력을 자극시키기도 한다.

　1인칭 주인공 시점과 1인칭 관찰자 시점은 서술자와 독자 사이의 심적 거리, 서술자와 주인공 사이의 심적 거리에서도 차이가 있다. 1인칭 주인공 시점은 서술자가 자신의 내면을 독자에게 그대로 전달하기 때문에 서술자와 독자 사이의 심적 거리는 가깝지만, 1인칭 관찰자 시점에서는 서술자가 자신의 내면을 독자에게 전달할 수 없으므로 심적 거리가 멀다. 또한, 1인칭 주인공 시점에서 서술자와 주인공 사이의 심적 거리는 서술자가 곧 주인공이므로 가깝지만, 1인칭 관찰자 시점에서는 서술자가 주인공의 내면을 알지 못하므로 심적 거리가 멀다.

① 「사랑손님과 어머니」에서 이야기의 초점은 '나'에 맞춰져 있다.

② 「관촌수필」에서 '나'의 감정을 서술하는 방식은 독자들의 상상력을 자극한다.

③ 「관촌수필」과 「사랑손님과 어머니」는 작품의 주인공이 '나'라는 점에서 공통적이다.

④ 「사랑손님과 어머니」에서의 '나'와 독자 사이의 거리는 「관촌수필」에서의 '나'와 독자 사이의 거리보다 멀다.

[05～06] 다음 글을 읽고 물음에 답하시오.

　초음파 진단 장치는 인체 내부를 들여다보기 위해 소리를 사용한다. 일반적인 소리는 사람의 귀로 감지할 수 있지만 초음파는 진동수가 20,000Hz가 ⊙넘어서 사람의 귀로 들을 수 없는 소리이다. 인체를 진단하는 도구로 초음파를 사용하게 된 것은, 그것이 짧은 파장을 가지므로 투과성이 강하고 직진성이 탁월할 뿐 아니라 미세한 구조까지 자세하게 볼 수 있게 해 주기 때문이다.

　이 진단 장치에는 초음파를 만들어 내고 감지하기 위한 압전(壓電) 변환기라는 특수한 장치가 있다. 압전 변환기의 핵심 부품인 압전 소자는 압력을 받으면 전기를 발생시키는데 이것을 압전 효과라고 한다. 초음파를 압전 소자에 가해 주면 압전 소자에 미치는 공기의 압력이 변하면서 압전 효과로 인해 고주파 교류가 발생한다. 역으로 높은 진동수의 교류 전압을 압전 소자에 걸어 주면 압전 소자가 주기적으로 신축하면서 초음파를 발생시키는데, 이를 역압전 효과라고 한다. 이렇게 압전 소자는 압전 변환기에서 초음파를 발생시키고, 반사되어 돌아오는 초음파를 감지하는 중요한 역할을 담당한다. 즉, 압전 변환기는 마이크와 스피커의 역할을 모두 하는 셈이다.

05 윗글을 통해 추론한 생각으로 적절하지 않은 것은?

① 긴 파장보다 짧은 파장의 음파가 인체 내부를 확인하기 유리하겠군.

② 소리의 진동수가 어느 수준 이상이 되면 사람의 귀로 들을 수 없게 되는군.

③ 압전 변환기의 개발로 인해 마이크와 스피커도 만들어지기 시작했군.

④ 압전 소자에 초음파와 고주파 교류를 가하면 고주파 교류와 초음파가 각각 발생되는군.

06 문맥상 ⊙의 의미와 가장 가까운 것은?

① 담을 넘으면 선생님께 혼날 수도 있다.

② 그 업무는 일주일이 넘게 걸릴 것 같다.

③ 어려운 고비를 넘었으니 좋은 일만 남았다.

④ 장마로 강물이 넘어서 온 동네가 물바다가 되었다.

07 다음 글의 중심 내용으로 가장 적절한 것은?

합리적으로 보자면, 우리가 지구상의 모든 동물이나 식물종들을 보존할 수 없는 것처럼 모든 언어를 보존할 수는 없으며, 어쩌면 그래서는 안 되는지도 모른다. 여기에는 도덕적이고 현실적인 문제들이 얽혀 있기 때문이다. 어떤 언어 공동체가 경제적 발전을 보장해 주는 주류 언어로 돌아설 것을 선택할 때, 그 어떤 외부 집단이 이들에게 토착 언어를 유지하도록 강요할 수 있겠는가? 또한, 한 공동체 내에서 이질적인 언어가 사용되면 사람들 사이에 심각한 분열을 초래할 수도 있다. 그러나 이러한 문제가 있더라도 전 세계 언어의 50% 이상이 빈사 상태에 있다면 이를 그저 바라볼 수만은 없다.

왜 우리는 위험에 처한 언어에 관심을 가져야 하나? 언어적 다양성은 인류가 지닌 언어 능력의 범위를 보여 준다. 언어는 인간의 역사와 지리를 담고 있으므로 한 언어가 소멸한다는 것은 역사적 문서를 소장한 도서관 하나가 통째로 불타 없어지는 것과 비슷하다. 또 언어는 한 문화에서 시, 이야기, 노래가 존재하는 기반이 되므로, 언어의 소멸이 계속되어 소수의 주류 언어만 살아남는다면 이는 인류의 문화적 다양성까지 해치는 셈이 된다.

① 언어는 인간의 문화 발전에 도움이 되므로 다양한 언어를 개발해야 한다.

② 비윤리적이거나 현실에 맞지 않는 언어를 없애는 것은 불가피한 일이다.

③ 하나의 집단에서는 단일한 언어를 사용하는 것이 공동체 발전에 도움이 된다.

④ 언어는 다양한 인간의 삶을 보여주는 수단이므로 소멸 위험에 처한 언어를 지켜야 한다.

08 다음 글의 밑줄 친 결론을 이끌어내기 위해 추가해야 할 것은?

대학생이 아닌 모든 사람은 입학금을 내지 않는다. 책가방을 맨 어떤 사람은 대학생이다. 책가방을 맨 어떤 사람은 입학금을 낸다.

① 대학생은 모두 입학금을 낸다.

② 대학생인 어떤 사람은 입학금을 낸다.

③ 대학생인 어떤 사람은 책가방을 맨다.

④ 책가방을 맸지만 입학금을 내지 않은 사람은 모두 대학생이다.

[09~10] 다음 글을 읽고 물음에 답하시오.

1950년에 미국의 경제학자 하비 라이벤스타인(Harvey Leibenstein)은 사람들의 소비 심리를 설명하기 위해 밴드왜건 효과라는 용어를 사용하였다. 밴드왜건이란 퍼레이드의 맨 앞에서 행렬을 이끄는 마차를 의미하는데, 사람들이 밴드왜건을 보고 특별한 이유 없이 ⓐ그것을 좇는 것과 마찬가지로 특정 상품에 대한 대중적인 유행에 따라 그 상품을 구매하는 소비 행태를 가리켜 밴드왜건 효과라고 지칭한다. ⓑ이 경우 사람들은 "(㉠)"라는 속담처럼 본인의 주관보다는 주변 인물, 대중, 또는 영향력 있는 인물의 선택을 기준으로 삼아 본인의 소비를 결정한다. 이러한 밴드왜건 효과와 대조를 이루는 소비 심리로는 스놉 효과가 있다. 스놉 효과에서 스놉은 남들이 쉽게 가질 수 없는 비싸고 희귀한 재물을 소유함으로써 자신을 과시하는 사람을 의미한다.

09 ㉠에 들어갈 말로 가장 적절한 것은?

① 친구 따라 강남 간다

② 바람 따라 돛을 단다

③ 사공이 많으면 배가 산으로 간다

④ 뱁새가 황새를 따라가면 다리가 찢어진다

10 문맥상 ⓐ와 ⓑ가 각각 지시하는 대상이 가장 적절한 것은?

	ⓐ	ⓑ
①	밴드왜건	특별한 이유 없이 마차를 좇는 경우
②	퍼레이드	특별한 이유 없이 마차를 좇는 경우
③	밴드왜건	대중적인 유행에 따라 상품을 구매하는 경우
④	퍼레이드	대중적인 유행에 따라 상품을 구매하는 경우

출제 예상 어휘 퀴즈

헷갈리기 쉬운 어휘

[01~06] 다음 중 알맞은 어휘를 고르시오.

01 안건을 회의에 (부치다 / 붙이다).

02 당신은 (객적은 / 객쩍은) 소리나 하지 마세요.

03 나는 어제 있었던 일을 (뚜렷이/ 뚜렷히) 기억한다.

04 오랜 작업으로 인해 손에 굳은살이 (박였다 / 박혔다).

05 그는 그녀와 결혼하기 위해 (가진 / 갖은) 노력을 다했다.

06 화가 난 철수는 유리창을 (부시고 / 부수고) 밖으로 나가 버렸다.

고유어와 한자어의 대응

[07~12] 밑줄 친 어휘와 바꿔 쓸 수 있는 것을 ㉠~㉲에서 고르시오.

07 집값이 큰 폭으로 떨어졌다.

08 태풍이 지나간 이후로 연락이 끊어졌다.

09 사고가 발생하게 된 핵심 원인을 살펴보았다.

10 중요한 면접을 앞두고 머리를 얌전하게 정리했다.

11 그녀의 사정을 다 듣고 보니 가엾다는 생각이 들었다.

12 지난날 함께 고초를 겪고 나니 그가 더욱 가깝게 느껴진다.

㉠ 친밀(親密)하다

㉡ 측은(惻隱)하다

㉢ 하락(下落)하다

㉣ 단정(端正)하다

㉤ 두절(杜絶)하다

㉲ 조사(調査)하다

정답 | **01** 부치다 **02** 객쩍은 **03** 뚜렷이 **04** 박였다 **05** 갖은 **06** 부수고
07 ㉢ **08** ㉤ **09** ㉲ **10** ㉣ **11** ㉡ **12** ㉠

01 ㉠~㉣을 통해 대화의 성격에 대해 이해한 내용으로 적절하지 않은 것은?

> 선생님: 지은아. 무슨 고민이라도 있니? ㉠학기 초랑 다르게 요즘은 표정이 어둡더구나.
>
> 지은: ㉡아무것도 아니에요.
>
> 선생님: 고민이 있으면 나한테 말해 봐. 밝고 명랑하던 지은이가 요즘 우울한 얼굴을 하고 있으니 내 마음도 좋지 않네.
>
> 지은: 사실은 이번 중간고사 성적이 안 좋아서 걱정이에요. 무엇보다 부모님께서 저 때문에 속상해 하세요. 어떻게 해야 성적이 오를 수 있을지도 모르겠고 다른 친구들은 잘 하고 있는데 저만 이러고 있는 것 같기도 하고요.
>
> 선생님: 지은이 말고도 많은 학생들이 비슷한 문제로 고민하니까 혼자만 괴롭다고 생각할 일은 아니야. ㉢성적 문제로 찾아와 상담해 준 학생들이 얼마나 많은데.
>
> 지은: 정말요?
>
> 선생님: 그럼. 그리고 지은이는 지금도 열심히 잘 하고 있어. ㉣그런데 지은이에 대한 부모님의 기대가 크신 편이니?
>
> 지은: 네. 언니가 성적이 아주 좋아서요.
>
> 선생님: 언니 때문에 지은이가 부담을 많이 느끼겠네? 그럼 지은이가 언니에게 공부에 관한 도움을 받아보면 어떨까? 성적이 좋다고 하니, 언니는 효율적으로 공부하는 법이나 스트레스를 해소하는 법 등을 잘 알고 있을 것 같은데.
>
> 지은: 하지만 언니는 너무 바빠요. 그리고 지금 고3이라 도움을 요청하기가 미안해요.
>
> 선생님: 그러니? 그럼 부모님께 지은이의 생각에 대해 말씀드리는 것이 좋겠어. 지은이의 노력과 고민에 대해 알려드리면 부모님도 현재 상황을 이해해 주실 거야.
>
> 지은: 하지만 부모님과 대화하는 게 좀 ……. (잠시 침묵)

① ㉠: 대화 참여자에 대한 과거의 정보나 판단이 대화 내용에 영향을 줄 수 있다.

② ㉡: 대화의 표면적 의미만으로는 화자의 의도를 제대로 이해하지 못할 수 있다.

③ ㉢: 대화 참여자를 위로하는 데 개인적 경험과 관련된 대화가 효과적일 수 있다.

④ ㉣: 대화 참여자들의 환경적 배경이 대화의 주제를 바꾸는 데 영향을 줄 수 있다.

02 '이륜차 교통사고 현황과 해결 방안'에 대한 글을 작성하고자 한다. 글의 내용으로 포함하기에 적절하지 않은 것은?

① 세계적 전염병의 유행으로 배달 시장이 성장하면서, 운송 수단으로서 이륜차의 수요 또한 크게 늘었다는 점을 제시한다.

② 2016년 대비 2022년의 이륜차 사고 건수는 약 5,000건 이상이 증가했으며, 사망자와 부상자 수는 약 8,000명이 증가하였음을 제시하여 문제의 심각성을 강조한다.

③ 이륜차의 이용이 증가함에 따라 다양한 이륜차가 등장했지만, 국산 이륜차보다는 외국 업체의 이륜차가 시장 점유율이 높다는 점을 문제로 제기하며 국산 이륜차의 사용을 촉구한다.

④ 이륜차는 자동차로 구분되므로 인도나 횡단보도에서 주행하지 말아야 한다는 점과 난폭 운전 등으로 다른 운전자의 안전을 위협하는 행위를 자제해야 한다는 점을 언급하며 안전 교육 확대의 필요성을 주장한다.

03 다음 글에서 추론한 내용으로 적절하지 않은 것은?

표준 발음법 제24항의 규정은 다음과 같다. 어간 받침 'ㄴ(ㄵ), ㅁ(ㄻ)' 뒤에 결합되는 어미의 첫소리 'ㄱ, ㄷ, ㅅ, ㅈ'은 된소리로 발음한다. 이는 용언 어간 끝에 놓인 비음 뒤에서 일어나는 경음화 현상을 규정하고 있는 것이다. 예를 들어, '아이를 품에 안다'에서 '안다'는 [안따]로 발음하고, '머리를 감다'에서 '감다'는 [감따]로 발음한다.

하지만 'ㄴ(ㄵ), ㅁ(ㄻ)' 뒤에 'ㄱ, ㄷ, ㅅ, ㅈ'이 있는 모든 경우에서 경음화 현상이 발생하는 것은 아니다. 표준 발음법 제24항은 비음으로 끝나는 용언 어간 뒤에 어미가 결합할 때만 적용된다. 즉, '하는군요[하는군요]'처럼 어미끼리 결합하는 경우, 그리고 '순금도 가격이 올라갔다'에서 '순금도[순금도]'처럼 체언과 조사가 결합하는 경우에는 경음화 현상이 일어나지 않는다. 또한, '만두[만두]'처럼 하나의 형태소 안에서 'ㄴ, ㅁ' 뒤에 'ㄱ, ㄷ, ㅅ, ㅈ'이 있는 경우에도 경음화 현상이 일어나지 않는다. 한편, 용언 어간 뒤에 어미가 결합하는데도 경음화 현상이 일어나지 않는 경우가 있다. 바로 용언 어간에 피·사동 접사가 결합하는 경우이다. 예를 들어, '굶기다'의 경우 [굼끼다]가 아닌 [굼기다]로 발음해야 한다.

① '국부터 먹다'에서 '국부터'는 체언과 조사가 결합한 것이므로 [국부터]로 발음해야 한다.

② '사탕이 든 단지에 손을 넣다'에서 '단지'는 하나의 형태소이므로 [단지]로 발음해야 한다.

③ '집에 간다면 좋겠다'에서 '간다면'은 어미끼리 결합한 것이므로 [간다면]으로 발음해야 한다.

④ '아이에게 신발을 신기다'에서 '신기다'는 용언 어간에 사동 접사가 결합한 경우이므로 [신기다]로 발음해야 한다.

04 ㉠을 평가한 내용으로 적절한 것만을 〈보기〉에서 모두 고르면?

흔히 사랑에 빠지거나 무언가에 열중할 때, 눈이 반짝반짝 빛난다고 표현한다. 눈에 어떤 변화가 있기에 눈이 빛난다고 느껴질까?

A 교수는 동공의 지름을 계측(計測)할 수 있는 장치를 개발하여 동공 크기와 관련된 실험을 진행했다. 그는 실험 참여자의 동공 크기를 측정하고 있는 채로 그에게 그가 좋아하는 대상을 보여 주었다. 교수는 여러 번의 실험을 반복한 끝에 실험 참가자가 호감이 있는 대상을 보았을 때 동공의 크기가 순간적으로 커짐을 확인하였다. 또한 암산 등의 주의 집중이 요구되는 작업을 할 때도 동공이 확장된다는 것을 밝혀냈다. 실제로 계산이 어려워질수록 동공이 더 크게 확대되었다는 결과가 도출되었다. 이를 통해 ㉠집중력이 높을수록, 좋아하는 것일수록 동공의 크기가 커진다는 가설을 도출할 수 있다.

〈보기〉
ㄱ. 눈동자가 검정색인 사람보다 눈동자가 푸른 사람이 동공 크기가 더 크다는 것은 ㉠을 약화한다.

ㄴ. 싫어하는 사람을 만났을 때보다 사랑하는 사람을 만났을 때의 동공 크기가 더 크다는 것은 ㉠을 강화한다.

ㄷ. 평소의 동공 크기보다 배운 내용을 기억하기 위해 노력하는 동안의 동공 크기가 더 크다는 것은 ㉠을 강화한다.

① ㄱ
② ㄷ
③ ㄴ, ㄷ
④ ㄱ, ㄴ, ㄷ

05 ㉠에 들어갈 내용으로 가장 적절한 것은?

　　사전 편찬을 통해 문화를 발전시키자는 논리가 많은 사람들의 공감을 얻자, 식민지 현실을 타개하고자 했던 민족주의자들이 민족 문화 운동에 주목하며 우리말 사전 편찬 사업에 뛰어들었다. 그런데 사전 편찬에 동참한 이들은 한글과 민족에 대한 자부심으로 충만한 민족주의자만이 아니었다. 우리 민족의 열등함을 인정하고 민족성 개조를 통해서만 조선 민족이 발전할 수 있다고 주장한 사람들도 문화적으로 가장 시급한 과제가 조선어사전의 편찬이라고 생각했다. 민족성을 개조하기 위해서라도 조선어 교육은 필요한 것이었기 때문이다. 따라서 (　　　㉠　　　)

① 조선어사전에는 민족성 개조를 위한 내용이 먼저 수록되기 시작했다.

② 조선어사전의 편찬은 모든 사상가들을 통합하게 만드는 계기가 되었다.

③ 우리나라 문화적 발전의 시초가 된 것이 바로 조선어사전의 편찬이었다.

④ 어느 입장에서든 조선어사전 편찬은 조금도 미룰 수 없는 시대적 과제가 되었다.

06 필자의 견해와 가장 일치하는 것은?

　　천하에 두려워할 대상은 오직 백성뿐이다. 백성은 홍수나 화재 또는 호랑이나 표범보다도 더 두려워해야 한다. 그런데도 윗자리에 있는 사람들은 백성들을 업신여기면서 가혹하게 부려 먹는데 어째서 그러한가?

　　이미 이루어진 것을 여럿이 함께 즐거워하고, 늘 보아 오던 것에 익숙하여 그냥 순순하게 법을 받들면서 윗사람에게 부림을 당하는 사람들은 항민(恒民)이다. 이러한 항민은 두려워할 것이 없다. 모질게 착취당하여 살가죽이 벗겨지고 뼈가 부서지면서도, 집안의 수입과 땅에서 산출되는 것을 다 바쳐서 한없는 요구에 이바지하느라, 혀를 차고 탄식하면서 윗사람을 미워하는 사람들은 원민(怨民)이다. 이러한 원민도 굳이 두려워할 필요는 없다. 자신의 자취를 푸줏간 속에 숨기고 몰래 딴 마음을 품고서, 세상을 흘겨보다가 혹시 그때에 어떤 큰일이라도 일어나면 자기의 소원을 실행해 보려는 사람들은 호민(豪民)이다. 이 호민은 몹시 두려워해야 할 존재이다. 호민이 나라의 허술한 틈을 엿보고 일의 형편을 이용할 만한 때를 노리다가 팔을 떨치며 밭두렁 위에서 한번 소리를 지르게 되면, 원민은 소리만 듣고도 모여들어 모의하지 않고서도 소리를 지르고, 항민도 또한 제 살 길을 찾느라 호미, 고무래, 창, 창자루를 가지고 쫓아가서 무도한 놈들을 죽이지 않을 수 없는 것이다.

　　진나라가 망한 것은 진승과 오광 때문이었고, 한나라가 어지러워진 것은 황건적 때문이었다. 당나라가 쇠퇴하자 왕선지와 황소가 그 틈을 타고 일어났는데, 마침내 백성과 나라를 망하게 한 뒤에야 그쳤다. 이러한 일들은 모두 백성들에게 모질게 굴면서 저만 잘 살려고 한 죄의 대가이며, 호민들이 그러한 틈을 잘 이용한 것이다. 하늘이 임금을 세운 것은 백성을 돌보게 하기 위해서였지 한 사람이 위에서 방자하게 눈을 부릅뜨고서 계곡같이 커다란 욕심을 부리라고 한 것은 아니었다. 진나라, 한나라 이후의 화란은 당연한 결과였지, 불행했던 것은 아니다.

① 통치자들이 백성들을 두려워하는 마음을 가져야 제대로 된 정치를 할 수 있다.

② 통치자들은 백성들이 반란을 일으키지 않도록 나라를 경제적으로 안정시켜야 한다.

③ 실패한 역사도 배울 점이 있으므로 이를 교훈 삼아 긍정적인 부분을 계승해야 한다.

④ 순종적인 백성이 살아남기 위해 더 극악무도한 짓을 일삼을 수 있으므로 경계해야 한다.

[07 ~ 08] 다음 글을 읽고 물음에 답하시오.

군담 소설은 전쟁을 배경으로 한 소설이며, 주인공이 전쟁에서 활약하는 것을 주된 내용으로 ㉠다룬다. 뛰어난 주인공이 시련을 이기고 성장해 전투에서 용맹을 떨쳐 나라를 구한다는 내용이 전개된다. 군담 소설은 역사 군담 소설과 창작 군담 소설로 나뉜다. 역사 군담 소설은 실제로 있었던 역사적 사실을 배경으로 삼은 것으로, 「임진록」, 「임경업전」, 「박씨전」 등이 있다. 창작 군담 소설은 역사적 사실이 아닌 허구를 배경으로 하며, 「유충렬전」, 「소대성전」, 「용문전」 등이 있다.

역사 군담 소설이 등장한 이유는 임진왜란·병자호란이 조선에 가한 수난과 충격 때문이다. 역사 군담 소설은 민족의 고통과 분노를 영웅의 승리로 해소하려는 애국심을 반영한다. 대표적인 예시인 「임경업전」은 인조 때 활동했던 임경업 장군의 생애를 영웅화한 소설이다. 이 소설에는 역사적 사실과 허구를 조합하여 병자호란의 치욕으로 인한 한을 보상하려는 사람들의 심리가 담겨 있다.

창작 군담 소설은 조선 후기 소설이 상업적으로 활성화됨에 따라 생겨났다. 「소대성전」의 후속편인 「용문전」이 그 예이다. 이 소설은 귀족적인 영웅 소설의 틀을 따르지만, 주인공인 용문이 한 왕을 끝까지 따르는 것이 아니라 중간에 다른 왕을 섬긴다는 점이 특이하다. 이는 충(忠)의 절대적 가치가 변하여 상대적 가치로 여겨지는 시대적 변화를 반영한 것이다. 「소대성전」의 인기에 따라 만들어진 「용문전」은 조선 후기 소설의 상업화가 작품의 창작과 수정에 직접적인 영향을 미쳤다는 사례로도 주목된다.

07 윗글을 이해한 내용으로 가장 적절한 것은?

① 「박씨전」은 조선 후기 소설이 상업적으로 활성화됨에 따라 창작되었다.

② 「임경업전」의 임경업 장군과 「용문전」의 용문은 임진왜란 전투에 참여한 인물이다.

③ 「소대성전」에는 임진왜란·병자호란에서 고통받았던 민중들의 애국심이 투영되어 있다.

④ 「임경업전」과 「용문전」은 전쟁에서 영웅이 활약하는 모습을 그린 소설이라는 점에서 공통적이다.

08 문맥상 ㉠의 의미와 가장 가까운 것은?

① 이 병원은 피부병만을 다루고 있다.

② 이 상점은 주로 전자 제품만을 다룬다.

③ 회의에서 물가 안정을 당면 과제로 다루었다.

④ 그는 상대 선수를 마음대로 다루며 쉽게 승리했다.

09 (가)와 (나)를 전제로 할 때 빈칸에 들어갈 결론으로 가장 적절한 것은?

(가) 국어 시험을 본 어떤 사람은 수학 시험을 본다.
(나) 영어 시험을 보지 않는 모든 사람은 수학 시험을 보지 않는다.
따라서 [   ].

① 국어 시험을 본 모든 사람은 영어 시험을 본다

② 국어 시험을 본 어떤 사람은 영어 시험을 본다

③ 수학 시험을 본 모든 사람은 국어 시험을 본다

④ 영어 시험을 본 모든 사람은 국어 시험을 보지 않는다

10 〈보기〉와 같은 논리적 오류가 있는 것은?

─〈보기〉─

이끼는 그늘에서 자라는 하등 식물이다. 따라서 이끼와 생김새가 유사한 식물은 모두 햇빛을 받지 않고 클 수 있는 하등 식물이다.

① 영국 구단 소속 운동선수가 추천한 영문법 교재로 공부하면 영어 실력이 빨리 늘 것이다.

② 물은 수소와 산소가 결합해 만들어진다. 따라서 물은 산소처럼 고체 상태에서는 담청색에 가깝다.

③ 작년과 올해 우리나라의 6월 강수량은 0mm를 기록했으므로 우리나라는 6월에 비가 내리지 않는다.

④ 다른 사람을 속이는 일은 그 사람의 믿음을 저버리는 행위이다. 그러므로 깜짝 파티를 위해 누군가를 속인다면 그 사람의 믿음을 저버리는 것이다.

바로 채점하기

정답·해설 _약점 보완 해설집 p.8

| 01 | ④ | 02 | ③ | 03 | ① | 04 | ③ | 05 | ④ |
| 06 | ① | 07 | ④ | 08 | ③ | 09 | ② | 10 | ③ |

출제 예상 어휘 퀴즈

헷갈리기 쉬운 어휘

[01~06] 다음 중 알맞은 어휘를 고르시오.

01 뱀이 개구리를 (통채 / 통째) 삼켰다.

02 오래 앉아 있었더니 다리가 (저리다 / 절이다).

03 산꼭대기에 오르자 귀가 (멍멍해졌다 / 먹먹해졌다).

04 어느 날 갑자기 삶이 (송두리째 / 송두리채) 바뀌었다.

05 오랜만에 내린 비로 메말랐던 땅이 (누긋해 / 느긋해)졌다.

06 그 일을 다 하려면 (겉잡아도 / 걷잡아도) 일주일은 걸릴 것 같다.

고유어와 한자어의 대응

[07~12] 밑줄 친 어휘와 바꿔 쓸 수 있는 것을 ㉠~㉺에서 고르시오.

07 북한은 핵무기를 <u>가지고</u> 있다.

08 나는 결혼을 앞두고 비서직을 <u>그만두었다</u>.

09 10년간 연재되던 만화가 얼마 전에 <u>끝났다</u>.

10 이미 공부한 부분과 공부해야 할 부분을 <u>나누었다</u>.

11 나는 경찰관에게 그날 있었던 일을 구체적으로 <u>말했다</u>.

12 <u>가난한</u> 처지로 인해 요 근래 한 끼도 제대로 먹지 못했다.

㉠ 완결(完結)하다

㉡ 보유(保有)하다

㉢ 빈곤(貧困)하다

㉣ 사직(辭職)하다

㉤ 진술(陳述)하다

㉺ 구분(區分)하다

01 다음 'A'의 대화 진행 전략으로 적절하지 않은 것은?

A: 안녕하세요? 학생 발명가이신 선배님께 궁금한 게 많습니다. 먼저 발명이 무엇인지부터 말씀해 주세요.

B: 네, 발명은 전에 없던 기술이나 물건을 새롭게 생각하여 만들어 내는 것이라고 할 수 있지요.

A: 새롭게 생각하여 전에 없던 기술이나 물건을 만든다는 게 쉽지 않은데요, 선배님의 발명품이 궁금해요.

B: (발명품을 꺼내며) 네, 이걸 보여 드리죠. 설탕, 소금과 같은 양념을 담는 통들이 어디 있는지 찾지 못해 곤란한 때가 많았어요. 그래서 통의 뚜껑과 본체를 여러 개로 나눈다는 아이디어를 생각해 냈습니다. 통 하나에 여러 가지 양념을 담을 수 있게 말이죠.

A: 간단하면서도 유용하네요. 저도 발명을 하고 싶은데 아이디어가 잘 떠오르지 않아서 힘들어요. 도움이 될 만한 게 있다면 알려 주세요.

B: 아이디어 창출 중심 모형이 도움이 될 것 같네요. 이것은 세 단계로 구성됩니다. 체험 단계에서는 발명의 주제가 되는 물건을 탐색하며 발명에 대한 호기심을 가져 보고, 인지 단계에서는 그 물건에 담긴 과학적 원리를 학습합니다. 이 두 단계를 통해 주제가 되는 물건에 대한 이해를 높입니다. 발명 단계에서는 그러한 이해를 바탕으로 물건을 개선할 아이디어를 창출합니다. 이때 도움을 얻기 위해 기존의 다른 발명품들을 참고할 수 있습니다.

A: 아직 이해가 잘 안 되는데요. 예를 들어 설명해 주실 수 있을까요?

B: 좋습니다. (가방에서 필통을 꺼내며) 필기구로 말씀드리죠. 여기 연필, 볼펜, 자가 있지요? 필기구를 발명 주제로 정했다면, 체험 단계에서는 필기구만 골라 만지고 분해하며 호기심을 가져봅니다.

A: 그럼 다음 단계에선 과학적 원리를 공부하겠군요.

① 자신의 경험을 바탕으로 질문을 이어간다.

② 이해가 되지 않는 부분에 대해 추가적인 설명을 요청한다.

③ 상대방의 말을 재진술하여 상대방과 자신의 의견 차이를 좁힌다.

④ 언급되었던 내용을 바탕으로 상대방이 다음에 말할 내용을 예측한다.

02 〈보기〉의 내용에 대한 이해로 가장 옳지 않은 것은?

〈보기〉

사전 편찬을 시작하던 당시 우리 사회는 전통 문화와의 급격한 단절 속에 새로운 문화를 형성해 나가고 있었던, 이른바 새말의 시대였다. 〈중 략〉

그때의 새말은 대부분 서구에서 들어온 말이거나 서구 언어의 어휘를 번역한 한자였다. 이런 한자어의 경우는 그것이 중국에서 만들어진 것이든 일본에서 만들어진 것이든 우리말로의 수용이 자연스럽게 진행되는 편이었다. 국한문 혼용체가 주류이던 당시 글쓰기 습관도 번역 한자어의 자연스러운 수용에 일조하였다. 그러나 서구 언어의 어휘가 직접 들어오는 경우에는 이에 대한 수용 여부가 논란거리가 되는 경우가 많았다. 특히, 새말 중 외래어를 조선어로 인정할 것인지를 결정하는 일은 생각만큼 간단하지 않았다. 어원은 외국어이지만 현재 조선어로 편입된 어휘를 찾기 위해서는 외국어와 외래어의 범주 구분이 명확해야 하지만 이를 구분하기는 쉽지 않기 때문이다. 외국어와 외래어를 구분하는 기준은 '현재 조선어에서 얼마나 광범위하게 사용되느냐'가 유일한 기준이었다. 그러나 그 당시 사전 편찬자들에게는 사용의 일반성을 판단할 수 있는 객관적 언어 자료가 충분하지 않았다. 외래어 선정은 전적으로 사전 편찬자들의 감각에 의존할 수밖에 없는 상황이었다. 그런 이유로 의외의 외국어가 외래어로 사전에 등록되는 일이 일어나기도 하였다.

① 새말 중 외래어를 선정하는 것은 당시 사전 편찬자들의 주관적 판단에 의해 결정되었다.

② 외래어는 어원은 외국어이지만 현재 시점에서 우리말로 편입된 우리말로 정의할 수 있다.

③ 사전 편찬 과정에서 서구 언어의 어휘를 번역한 한자어는 우리말로 수용하는 것이 어렵지 않았다.

④ 서구 언어의 어휘가 직접적으로 유입되는 경우에는 한자나 일본어로 다시 번역하는 과정을 거쳤다.

[03~04] 다음 글을 읽고 물음에 답하시오.

지구 밖에 생명이 있다고 ㉠믿을 만한 분명한 근거는 아직까지 없다. 그럼에도 불구하고 일부 과학자들은 외계 생명의 존재를 사실로 인정하려 한다. 그들은, 천문학자들이 스펙트럼으로 별 사이에 있는 성운에서 메탄올과 같은 간단한 유기 분자를 발견하자, 이것이 외계 생명의 증거라고 하였다. 그러나 별 사이 공간은 거의 진공 상태이므로 생명이 존재하기 어렵다. 외계 생명의 가능성을 지지하는 또 한 가지 증거는 운석에서 유기 분자가 추출되었다는 것이다. 1969년에 호주의 머치슨에 ㉡떨어진 운석 조각에서 모두 74종의 아미노산이 검출된 데에서도 알 수 있듯이, 유기 분자가 운석에 실려 외계에서 지구로 온다는 것은 분명한 사실이다.

한편, 이와는 달리 운석이 오히려 지구상의 생명을 멸종시켰다는 가설도 있다. 〈중 략〉 화석 연구를 통하여 과학자들은 지구 역사상 여러 번에 걸쳐 대규모의 멸종이 있었음을 ㉢알아내었다. 예컨대 고생대 말에 삼엽충과 푸줄리나가 갑자기 사라졌다. 이러한 대규모 멸종의 원인에 관해서는 여러 가설이 있는데, 운석의 충돌도 그중 하나일 가능성을 배제할 수 없다.

오늘날에는 생명의 원천이 되는 유기물이 운석을 통하여 외계에서 왔을 가능성과, 운석으로 인해 지구상의 생명이 멸종되었을 가능성을 그대로 ㉣받아들이려는 학자들이 많다. 하지만 지구상 유기물의 생성 과정에 대해서는 의견이 일치하지 않고 있다. 그렇기에 세이건(C. Sagan)은 외계에서 온 유기물과 지구에서 만들어진 유기물이 모두 생명의 탄생에 기여했을 것이라는 절충적인 견해를 제시하기도 했다. 결정적인 증거가 발견되기까지 생명의 기원을 설명하는 가설은 앞으로도 계속해서 다양하게 제기될 것이다.

03 윗글에서 알 수 있는 내용으로 적절하지 않은 것은?

① 삼엽충은 고생대에 살았던 생물이다.

② 대규모 멸종의 원인은 아직 밝혀지지 않았다.

③ 유기 분자는 생명체가 존재하기 위한 필수 요소이다.

④ 학계에서는 지구상의 유기물이 외계에서 만들어졌을 가능성이 높다고 본다.

04 ㉠~㉣과 바꿔 쓸 수 있는 유사한 표현으로 적절하지 않은 것은?

① ㉠: 신뢰할

② ㉡: 쇠락한

③ ㉢: 발견하였다

④ ㉣: 수용하려는

05 다음 글을 고쳐 쓰기 위한 방안으로 적절하지 않은 것은?

> 자원 고갈과 환경오염 문제가 심화됨에 따라 ㉠오로지 현재 세대의 필요만을 중시하는 관점에서 벗어나 미래 세대의 필요도 생각해야 한다는 것이 그 이유이다. ㉡1992년 6월, 리우 선언을 기점으로 전 세계는 지속 가능한 발전을 위해 노력하고 있다.
> 지속 가능한 발전의 대원칙은 지구가 수용할 수 있는 범위 내에서 ㉢인구 및 경제 개발이 이루어져야 한다는 것이다. ㉣환경과 경제 문제를 유리시키지 않고 함께 고려하여 궁극적으로는 자유와 평등이 보장된 사회로 나아가는 것이 지속 가능한 발전의 목표이다.

① ㉠은 '오로지'와 '만'의 의미가 중복되므로 '오로지'를 삭제한다.

② ㉡은 문맥을 고려할 때 앞 문장과 순서를 바꾼다.

③ ㉢은 '인구'와 '개발'의 호응이 어색하므로 '인구 성장 및 경제 개발이 이루어져야 한다는 것이다'로 수정한다.

④ ㉣은 사동 표현의 쓰임이 적절하지 않으므로 '환경과 경제 문제를 유리하지 않고'로 수정한다.

06 다음 글의 (가)와 (나)에 들어갈 말로 적절한 것은?

> 음절이란 독립해서 발음할 수 있는 최소 단위로 정의할 수 있다. '집 앞에는 강아지가 있다'라는 문장이 있을 때, 우리는 이것을 [지바페는강아지가읻따]라고 발음한다. 이 때 '지, 바, 페, 는, …….'이 각각 하나의 음절이다. 음절을 파악할 때는 표기가 아니라 소리를 기준으로 하므로 음운 변동이나 연음을 고려해야 한다.
> 음절의 유형은 크게 네 가지로 나눌 수 있는데, 먼저 '중성'으로 이루어진 음절이다. '어, 우'를 예로 들 수 있다. 다음으로 '초성 + 중성'으로 이루어진 음절이다. '바, 다'를 예로 들 수 있다. 세 번째는 '얼, 알'처럼 '중성 + 종성'으로 이루어진 것이고, 마지막으로 '밥, 중'처럼 '초성 + 중성 + 종성'으로 이루어진 것이다. 가령 '걸음'이라는 단어의 음절 유형을 분석하면, 첫째 음절은 ⬚(가)⬚에 해당하고, 둘째 음절은 ⬚(나)⬚에 해당한다.

① (가): '초성 + 중성'으로 이루어진 음절
   (나): '중성 + 종성'으로 이루어진 음절

② (가): '초성 + 중성'으로 이루어진 음절
   (나): '초성 + 중성 + 종성'으로 이루어진 음절

③ (가): '초성 + 중성 + 종성'으로 이루어진 음절
   (나): '중성 + 종성'으로 이루어진 음절

④ (가): '초성 + 중성 + 종성'으로 이루어진 음절
   (나): '초성 + 중성 + 종성'으로 이루어진 음절

07 ⑤을 평가한 내용으로 적절한 것만을 〈보기〉에서 모두 고르면?

미국 코넬대학교 데이비드 더닝 교수와 대학원생 저스틴 크루거는 어떤 사람들이 자신의 능력을 과대평가하는지 찾아내기 위해 연구를 진행했다. 연구팀은 65명의 대학생에게 30개의 유머가 적힌 글을 제공했다. 이때 30개의 유머가 적힌 글은 저차원적인 유머부터 고차원적인 유머까지 다양한 수준의 유머가 포함되어 있었다. 연구팀은 그들에게 각 유머가 얼마나 재미있었는지 구체적으로 점수를 적어달라고 부탁했다. 이 결과를 토대로 대학생들의 유머 능력을 평가하였다. 또한 자신의 유머 능력이 주변 사람들과 비교했을 때 어느 정도 위치에 있다고 생각하는지도 물어 보았다. 조사 결과, 유머를 이해하고 즐길 줄 아는 능력이 낮은 사람이 상대적으로 자신의 유머 능력을 높게 평가하였다. 예를 들어, 유머 능력 점수에서 하위 25% 점수를 받은 사람들은 평균적으로 자신들의 유머 능력이 상위 40% 수준이라고 평가했다.

연구팀은 이후 문법 지식, 논리적 사고력 등 다양한 부문에서의 연구를 거쳐 지적 능력이 낮은 사람은 자신이 무엇을 알고 무엇을 모르는지에 대해 잘 알지 못한다는 사실을 밝혀냈다. 이를 통해 그들은 특정 분야에 대해 제한된 수준의 지식을 갖고 있거나, 지적 능력이 낮은 사람은 자신을 과대평가하는 경향이 있다는 결론을 도출하였는데, 이를 ⑤ 더닝-크루거 효과라고 부른다.

〈보기〉

ㄱ. 농구를 잘하는 사람일수록 자신의 농구 실력이 높다고 평가한다는 연구 결과는 ⑤을 강화한다.

ㄴ. 지적 능력이 낮은 사람은 다른 사람의 능력을 정확하게 평가하지 못한다는 연구 결과는 ⑤을 약화한다.

ㄷ. 정치에 대해 아는 게 적은 사람일수록 반대로 정치적 지식에 자신 있어 한다는 연구 결과는 ⑤을 강화한다.

① ㄱ
② ㄷ
③ ㄴ, ㄷ
④ ㄱ, ㄴ, ㄷ

[08 ~ 09] 다음 글을 읽고 물음에 답하시오.

사랑하는 사람의 죽음을 추모하는 방법은 여러 가지가 있다. 시인은 사랑하는 이를 생각하며 시를 쓰고, 시를 통해 자신이 느끼는 슬픔을 노래한다. 이러한 시의 예로 정지용의 「유리창 1」이 있다.

1~3행에서 화자는 유리창에 서서 "입김"을 ⑤ 부는데, 입김 자국이 "날개를 파닥거리는" 새처럼 보인다. 화자는 이를 통해 죽은 아이의 모습을 떠올린다. 4~6행에서는 입김이 사라지고 "새까만 밤"만이 보인다. "새까만 밤"은 아이가 가버린 죽음의 세계를 의미하기도 하면서, 아버지의 상실감을 상징한다. 그 어둠 사이에 "물 먹은 별"이 보이는데, 화자는 아이를 생각하면서 눈물을 흘린다. 7~8행에서는 화자가 홀로 "유리"를 닦는데, 이를 "외로운 황홀한 심사"라고 표현한다. '외롭다'와 '황홀하다'가 함께 쓰이는 것이 어색하지만, 이것은 자식을 볼 수 없어 외로우면서도 입김과 별을 통해 아이의 모습을 떠올릴 수 있으니 황홀하다고 표현한 것이다. 9~10행에서는 "폐혈관이 찢어진 채로" 아이가 "산새"처럼 날아갔다고 표현한다. 이를 통해 아이가 폐질환 때문에 죽었다는 것을 유추할 수 있고, "산새"가 죽은 아이를 의미한다고 볼 수 있다.

한편, 이 시의 제목인 유리창은 단절과 매개의 두 가지 기능을 한다. 죽은 아이가 있는 어두운 밤과 화자가 있는 방 안을 나누는 단절의 역할을 하면서도 입김을 통해 죽은 자식을 떠올릴 수 있게 하는 매개의 역할을 한다.

08 윗글을 이해한 내용으로 가장 적절한 것은?

① 「유리창 1」에는 자식을 잃게 된 현실에 대한 화자의 분노와 적대감이 드러난다.

② 「유리창 1」에는 상호 모순되는 시어를 통해 자신의 감정을 드러내는 표현이 있다.

③ 「유리창 1」에서 화자가 유리를 닦는 이유는 죽은 아이의 환영을 지우기 위해서이다.

④ 「유리창 1」에서 화자가 유리창에 입김을 부는 행동은 유리창의 단절 기능을 강화시키는 것이다.

09 문맥상 ⑤의 의미와 가장 가까운 것은?

① 촛불을 입으로 불어서 끄다.

② 사무실에 영어 회화 바람이 불다.

③ 나팔 부는 소리가 아주 듣기 좋았다.

④ 적군에게 결국 아는 대로 모두 불고 말았다.

10 다음 진술이 모두 참일 때 반드시 참이라고 할 수 없는 것은?

> • 삼겹살을 먹으면, 볶음밥도 먹는다.
> • 피자를 먹으면, 파스타도 먹는다.
> • 삼겹살이나 피자 중 적어도 하나를 먹는다.

① 볶음밥을 먹지 않으면, 피자를 먹는다.

② 피자를 먹지 않으면, 삼겹살을 먹는다.

③ 파스타를 먹지 않으면, 볶음밥을 먹는다.

④ 삼겹살을 먹지 않으면, 볶음밥을 먹지 않는다.

바로 채점하기
정답·해설 _약점 보완 해설집 p.11

01	③	02	④	03	④	04	②	05	④
06	②	07	②	08	②	09	①	10	④

출제 예상 어휘 퀴즈

헷갈리기 쉬운 어휘

[01~06] 다음 중 알맞은 어휘를 고르시오.

01 그는 피부가 (거칠은 / 거친) 편이다.

02 나의 성적은 또래들보다 (뒤쳐진다 / 뒤처진다).

03 (어득한 / 어둑한) 정신으로 길을 떠날 수 없다.

04 고개 (너머 / 넘어) 보이는 건물이 우리의 목적지이다.

05 친구는 졸업을 하자마자 호기롭게 사업을 (벌렸다 / 벌였다).

06 험상궂게 생긴 그가 나에게 (해코지 / 해꼬지)를 할까 봐 두려웠다.

고유어와 한자어의 대응

[07~12] 밑줄 친 어휘와 바꿔 쓸 수 있는 것을 ㉠~㉢에서 고르시오.

07 새의 울음소리가 매우 슬펐다.

08 그가 가지고 있던 토지가 경매에 나왔다.

09 조의금의 대부분을 장례식 비용으로 냈다.

10 그는 토론장에서 자신의 의견을 강하게 이야기했다.

11 이 사건을 바로잡을 수 있는 사람은 가해자뿐입니다.

12 외부인의 출입을 끊기 위해 건물의 모든 출입구를 봉쇄했다.

㉠ 애절(哀切)하다

㉡ 지출(支出)하다

㉢ 차단(遮斷)하다

㉣ 소유(所有)하다

㉤ 개진(開陣)하다

㉥ 수습(收拾)하다

정답 | **01** 거친　**02** 뒤처진다　**03** 어득한　**04** 너머　**05** 벌였다　**06** 해코지
　　　07 ㉠　**08** ㉣　**09** ㉡　**10** ㉤　**11** ㉥　**12** ㉢

01 글의 내용을 뒷받침하기에 가장 적절한 것은?

문장은 현실, 사실을 인정하는 긍정문과 반대로 현실, 사실을 인정하지 않는 부정문이 있다. 부정문은 부정을 나타내는 부사 '아니(안), 못'을 쓰거나, 역시 부정의 뜻을 나타내는 용언 '아니다, 아니하다(않다), 못하다, 말다'를 쓰는 문장이다.

그중 두 부사 '아니(안)'와 '못'은 부정어이면서 의지와 능력의 표현이라는 점에서 미묘한 차이가 있다. 미혼자가 말하는 "결혼 안 했다."와 "결혼 못 했다."의 차이가 바로 그것인데, 이 경우에도 우리는 능력의 유무를 나타내는 '못'에 더 호의적인 반응을 보인다. 대개의 미혼자들이 자존심을 위해 의지의 표현인 '안 했다' 쪽을 택하지만, 듣는 이의 입장에서는 '못 했다' 쪽에 훨씬 더 동감을 나타낸다. 그만큼 솔직하고 겸손하다는 인상을 줄 뿐만 아니라 하고 싶어도 못 했으니 언제든 마땅한 임자를 만날 수 있으리라 기대하기 때문이다.

① '그는 더위를 못 견딘다.'에서 부정어를 '못'에서 '안'으로 고치면 어색한 문장이 된다.

② '그녀는 학교에 가지 못했다.'라는 문장은 부정어 '못'을 사용함으로써 의지의 여부를 표현하고 있다.

③ '돈을 안 갚는다.'와 '돈을 못 갚는다.' 중에서 돈을 갚을 수도 있다는 기대감을 청자에게 주는 문장은 '돈을 안 갚는다.'이다.

④ '나는 공부를 안 하는 편이다.'와 '나는 공부를 못 하는 편이다.' 중에서 청자에게 솔직하고 겸손한 인상을 주는 쪽은 부정어 '안'을 사용한 문장이다.

02 다음 글의 맥락을 고려할 때 빈칸에 들어갈 내용으로 적절한 것은?

하이에크(Friedrich August von Hayek, 1899~1992)는 소극적 자유 가운데에서도 더 극단적인 소극적 자유를 주장한다. 자유란 '~로부터의 자유'조차 아니라고 그는 말한다. '자유를 위한 노력'에서 자유가 생기는 것이 아니라, 이미 익숙해 있고 확보되어 있는 개인 영역을 보호하는 것이 곧 자유라고 했다.

개인이 보호하려는, '이미 익숙해 있고 확보되어 있는 자신의 영역'이란 다름 아닌 재산과 직업, 그리고 가족의 생명과 안녕일 것이다. 다시 말하면 우리가 무심하게 살아가는 일상적 생활의 영역이다.

한 개인이 보호하려 하는 그 자신의 생활 방식이라는 것은 기실 오랜 세월에 걸쳐 변화되어 온 것이다. 그 생활 방식에는 인간의 역사가 스며들어 있다. 이것을 보호하는 것이 자유라면, 자유란 [＿＿＿＿＿＿＿＿＿＿]. 하이에크는 그런 자유만이 참답고 유용하고 현실적으로 가능한 자유라고 보았다.

① 본질적으로 보수의 것일 수밖에 없다

② 인류의 정신적 해방을 위한 투쟁일 것이다

③ 욕망을 현실적으로 충족시키는 것에 지나지 않는다

④ 욕망을 추구하고 실현하는 데 방해가 없는 상태를 의미한다

03 다음 글을 읽은 후의 반응으로 적절한 것은?

'인간의 역사가 결국 어디로 가고 있는가?' 하는 물음에 대해 많은 역사학자, 철학자들이 나름대로 대답을 내놓았다. 종말론(終末論)적인 해답도 있었고 발전론적인 해답도 있어 왔지만, 지금까지의 인류 사회가 지향해 온 역사의 길은 인간들이 살기에 한층 더 나은 사회를 만드는 길이었으며, 그것은 또 많은 우여곡절이 있었음에도 불구하고 일정하게 이루어져 왔다고 생각된다.

좀 더 구체적으로 말해 보면, 인류의 역사는 모든 인간들이 정치적인 속박에서 점점 벗어나는 방향으로 발전해왔다. 헤겔(Hegel)은 '역사의 발전이란 곧 자유의 확대 과정'이라 말했다. 역사는 정치적으로 자유로워지는 인간의 수가 점점 많아지는 방향으로 발전해 온 것이다. 고대 사회에서는 왕과 귀족들만이 정치적 자유를 누렸지만, 근대 사회로 오면서 그 정치적 자유가 시민 계급에까지 확대되었으며, 현대 사회로 오면서는 노동자, 농민층에게까지 실질적으로 확대되어 가고 있다. 인류 사회의 이상 가운데 하나는 정치적 민주주의가 더 확대되는 것이고, 그것이 곧 인류 역사가 나아갈 방향이기도 하다. 〈중 략〉

또한 인간의 역사는 경제적으로 빈부의 차가 적어지는 길로 발전해 왔고 또 앞으로도 계속 그렇게 나아갈 것이다. 신라 시대나 고려 시대에는 소수의 귀족층만이 재부(財富)의 대부분을 차지하여 피지배층의 생활은 처참했다. 조선 사회에도 양반 지배층의 생활과 일반 농민의 생활 사이에는 상상하기 어려울 만큼 차이가 있었다. 근대 사회로 내려오면서 자산 계급과 서민 대중 사이의 생활 양식은 어느 정도 접근해 갔으나 소유한 재부의 차이는 여전히 크다. 그러나 재부의 편중을 억제하고 사회적 평등을 촉진하는 운동과 정책이 계속 추진되고 있으며, 그것이 바른 역사의 길이라는 인식이 확대되어 가고 있다. 이와 같은 현상은 앞으로도 더 발전될 수밖에 없을 것이다.

① 인류의 역사는 발전적인 사회를 이루기 위해서 종말론을 배척해 왔다는 사실을 알게 되었어.

② 역사가 긍정적인 변화를 이루기 위해서는 서양의 자유 확대 과정을 따라야 한다는 것을 깨달았어.

③ 현대를 살아가는 우리도 자유와 평등을 올바른 방향으로 발전시키고 있는 것인지 살펴볼 필요가 있겠어.

④ 정치와 경제를 명확하게 구분하고 정치적 평등보다 경제적 평등을 이루는 것이 더 중요한 일임을 알게 되었어.

04 다음 글을 이해한 내용으로 적절하지 않은 것은?

요즘은 의사가 음식이나 조리 관련 도서를 내는 일이 드물다. 혹여 내더라도 조리 파트에는 따로 요리 전문가들을 두어 정리하는 등 간접적인 저술 형태를 유지하곤 한다. 그러나 불과 한 세기 전만 하더라도 '의식동원(醫食同源)', 즉 약과 음식이 같다는 말이 널리 통용될 정도로 의술은 음식과 늘 함께했으며, 의사들은 음식과 조리법에도 일가견이 있었다. 조선 초기 명의로 알려진 전순의 또한 그중 한 사람이었다.

『식료찬요』는 『산가요록』을 쓴 전순의가 세조 6년(1460년)에 편찬한 우리나라 최초의 식의서(食醫書)이자 가장 오래된 식이요법서이다. '식료'는 음식으로 질병을 다스린다는 뜻으로 '식치(食治)'와 같은 개념이다. 이 책은 일상생활에서 쉽게 구할 수 있는 음식을 통하여 질병을 치료하는 방법을 담았다. 전순의는 세종 때부터 문종, 단종, 세조에 이르기까지 전의감에서 활동한 의관이다. 전순의는 서문에서 일상적으로 쓰이는 음식 치료법 중 간편한 처방을 꼼꼼히 살펴보고 조문 45가지를 뽑아 저술했다고 밝혔다. 세조가 이 책을 받고 『식료찬요』라는 이름을 내려준 뒤 전순의에게 서문을 쓰라고 명했다고 한다. 이 책의 이름을 손수 짓고 전순의에게 서문을 쓰라 명한 세조 또한 평소 식치(食治)의 중요성을 강조해 왔다는 것을 알 수 있다.

① 세조는 실용적인 학문을 중시했으며, 의학에도 관심을 가진 임금이었다.

② 조선 초기의 의관인 전순의는 식품으로 병을 치료하는 것을 중시하는 의사였다.

③ 오늘날에는 조선 시대에 비해 음식을 처방하여 몸을 돌보는 것의 중요성을 간과하고 있다.

④ 『식료찬요』는 의학 사상에 바탕을 둔 식품 조리서로 조선시대의 식치 음식을 확인할 수 있는 자료이다.

05 다음 글의 밑줄 친 결론을 이끌어내기 위해 추가해야 할 것은?

만약 환경오염이 심각하다면, A국은 세금 지출을 늘릴 것이다. 그런데 A국이 할 수 있는 선택은 세금 지출을 늘리지 않거나 규제 정책을 시행하는 것이다. 그러나 A국이 규제 정책을 시행한다면, A국의 경기는 침체될 것이다. 그러므로 A국의 경기는 결국 침체될 것이다.

① 환경오염이 심각하다.

② A국이 규제 정책을 시행하지 않는다.

③ A국이 규제 정책을 시행한다면, A국은 세금 지출을 늘릴 것이다.

④ A국이 세금 지출을 늘린다면, 환경오염은 심각하지 않을 것이다.

06 ㉠∼㉣의 말하기 방식에 대한 이해로 적절하지 않은 것은?

연재: 다음 주가 공연이니까 우리 둘이 기타 화음을 조금 더 맞추어 보는 것이 좋을 듯해.

정우: ㉠아무래도 그렇겠지? 그럼 우리 일요일에 연습할래? 주중에는 수업 끝나고 바로 학생회 회의가 계속 있어서.

연재: ㉡(고개를 저으며) 일요일은 안 될 것 같아. 난 일요일에 공연 홍보지를 만들기로 한 선약이 있거든. 기타 연습을 주중에 하면 좋겠다고 생각했는데, 우리 서로 시간이 맞지 않네.

정우: 연습을 더 하긴 해야 할 텐데. 화요일과 목요일은 어때? 내가 화요일과 목요일 학생회 회의 시간은 조정할 수 있을 것 같아. 그런데 그것만으로는 연습 시간이 부족할 거 같으니 너도 일정을 좀 조정해 봐.

연재: 응. 일요일 12시 전까지 홍보지를 다 만든다면 오후에는 기타 연습을 할 수 있을 것 같아.

정우: 일요일 오전까지 마무리할 수 있겠어?

연재: 나도 처음 해 보는 일이라 얼마나 걸릴지 잘 모르겠어. 홍보지를 만들어 본 경험이 있는 사람이 도와주면 빨리 할 수 있을 것 같은데. ㉢정우 너는 홍보지 제작 경험도 많고 잘 만들잖아. 그래서 말인데⋯⋯.

정우: 응?

연재: ㉣혹시 정우야, 내가 홍보지를 제작하는 것 좀 도와줄 수 있니?

정우: 일요일 오전까지 홍보지를 다 만들면 오후에는 기타 연습을 할 수 있다는 말이지? 그래. 그럼 내가 도와줄게.

① ㉠: 의문문을 통해 상대의 의견에 동의함을 드러낸다.

② ㉡: 언어적 표현과 비언어적 표현을 사용하여 부정의 의미를 나타낸다.

③ ㉢: 자신을 낮추어 표현함으로써 겸손의 의도를 나타낸다.

④ ㉣: 완곡한 표현으로 부탁하여 상대방의 부담을 덜어 준다.

편의점은 도시 문화의 산물이다. 도시인, 특히 젊은이들의 인간관계 감각과 잘 맞아떨어진다. 구멍가게의 경우 주인이 늘 지키고 앉아 있다가 들어오는 손님들을 맞이한다. 따라서 무엇을 살 것인지 확실하게 정하고 들어가야 한다. 그러나 편의점의 경우 점원은 출입할 때 간단한 인사만 건넬 뿐 손님이 말을 걸기 전에는 입을 열지도 않을뿐더러 시선도 건네지 않는다. ㉠그 '무관심'의 배려가 손님의 기분을 홀가분하게 만들어 준다. 그래서 특별히 살 물건이 없어도 부담 없이 들어가 둘러볼 수 있다. 그런 점에서 편의점은 인간관계의 번거로움을 꺼리는 도시인들에게 잘 어울리는 상업 공간이다. 대형 할인점이 백화점보다 매력적인 것 가운데 하나도 점원이 '귀찮게' 굴지 않는다는 점이 아닐까. 그러므로 익명의 고객들이 대거 드나드는 편의점에 단골이 생기기는 매우 어려울 것이다.

편의점은 24시간 열어 놓고 있어야 하기에 주인들은 자기가 계산대를 지키기보다는 아르바이트 점원을 세우는 경우가 훨씬 많다. 그런데 흥미로운 점은 그 점원들이 고객을 대하는 태도나 방식이 어느 편의점이든 똑같고 표준화되어 있다는 것이다. ㉡이는 편의점뿐 아니라 즉석 식품점도 마찬가지로, 사회학자 조지 리처는 즉석 식품점을 '각본에 의한 고객과의 상호 작용', '예측 가능한 종업원의 행동' 등의 개념으로 분석하고 있다. 글쓴이는 햄버거 가게에서 종업원들이 고객을 대하는 규칙이 매우 세밀하게 짜여 있고, 그 편안한 의례와 각본 때문에 손님들이 즉석 식품점에 매료된다고 보고 있다.

07 윗글에서 추론한 바로 적절하지 않은 것은?

① 인간은 규격화된 행동 양식을 편안하게 받아들이는 경향이 있다.

② 도시인의 소비 형태는 도시에서 지향되는 대인 관계 형태와 맞닿아 있다.

③ 구멍가게와 편의점을 찾는 고객 수의 차이는 매장을 방문하는 고객에 대한 관심도와 관련 있다.

④ 시간에 구애받지 않고 물품을 구매할 수 있기 때문에 편의점과 즉석 식품점이 빠르게 성장할 수 있었다.

08 문맥상 ㉠과 ㉡이 각각 지시하는 대상이 가장 적절한 것은?

	㉠	㉡
①	주인이 늘 지키고 앉아 있다가 맞이하는	점원들이 고객을 대하는 태도나 방식이 어느 편의점이든 똑같고 표준화되어 있다는 것
②	손님이 말을 걸기 전에는 입을 열지도 않을뿐더러 시선도 건네지 않는	편의점을 24시간 열어 놓는 것
③	주인이 늘 지키고 앉아 있다가 맞이하는	편의점을 24시간 열어 놓는 것
④	손님이 말을 걸기 전에는 입을 열지도 않을뿐더러 시선도 건네지 않는	점원들이 고객을 대하는 태도나 방식이 어느 편의점이든 똑같고 표준화되어 있다는 것

09 다음 글의 ⊙~@에 대한 고쳐쓰기 방안으로 적절하지 않은 것은?

> 인터넷과 스마트폰의 발달로 다양한 디지털 플랫폼이 우리의 일상 속에 자연스레 자리 잡았다. 이러한 문화를 기반으로 'MZ세대'라는 말이 등장하였는데, MZ세대란 1980년대 초부터 2000년대 초, 그리고 1990년대 중반부터 2000년대 초반에 ⊙태어나는 밀레니얼 세대와 Z세대를 통칭하는 용어이다.
>
> MZ세대는 이전 세대와는 다른 그들만의 독특한 특징을 갖는데, 그중 가장 눈여겨볼 만한 점은 SNS를 기반으로 하는 유통 시장에서 소비 ⓛ주체로써 큰 영향력을 발휘하고 있다는 것이다. ⓒ그러나 다양한 분야에서 최신 트렌드를 추구하며, 남과 다른 차별화된 경험을 하는 것에 목적을 두는 소비 성향을 보인다.
>
> 자신의 행복과 재미를 추구하는 MZ세대는 소자본을 이용한 투자에도 관심이 많아, 이러한 MZ세대를 겨냥한 재테크 상품이 출시되는 등 금융 산업에도 많은 영향력을 미치고 있다. ⓓ뿐만 아니라 이들 세대는 미래보다 현재를 중시하고, 자신이 좋아하는 것에 돈이나 시간을 쓰는 것을 아까워하지 않아 명품 소비에도 익숙하다는 특징도 갖는다.

① ⊙은 시제가 적절하지 않으므로 '태어난'으로 수정한다.

② ⓛ은 조사의 쓰임이 적절하지 않으므로 '주체로서'로 고쳐 쓴다.

③ ⓒ은 앞뒤 문장을 자연스럽게 연결하지 못하므로 '그래서'로 바꾼다.

④ ⓓ은 글의 맥락상 자연스럽지 않으므로 2문단 끝으로 이동한다.

10 다음 글에 대한 이해로 적절하지 않은 것은?

> 일반적인 청력 검사는 검사받는 사람의 협조가 없으면 시행하기 힘들다. 이러한 문제에 대한 해결책의 하나로 '귀의 소리(otoacoustic emissions)'를 활용하는 기술이 있다. 이 기술은 1978년 데이비드 켐프에 의해 귀에서 소리를 방출한다는 놀라운 사실이 발견되면서 발달하였다.
>
> 특정 소리에 귀를 기울인다는 의식적인 행동은 생리학적으로 내이(內耳)의 달팽이관 안에 있는 청세포의 역할로 설명할 수 있다. 포유동물의 청세포는 외부의 소리를 감지하는 역할을 하면서, 수축과 이완을 통해 특정 음파의 소리에 대한 민감도를 증가시키기도 한다. 이 과정에서 '귀의 소리'가 발생하는데 이는 청세포가 능동적으로 내는 소리이다. 과거에는 '귀의 소리'를 외부 소리에 대한 '달팽이관의 메아리'로 여겼다. 하지만 주어진 외부 자극 소리로 발생하는 메아리보다 음압이 더 큰 경우가 있기 때문에, '귀의 소리'를 단순한 메아리로 설명하기는 어렵다. 오른쪽 귀에만 외부 소리 자극을 가했는데 왼쪽 귀에서도 '귀의 소리'가 발생한다는 점 역시 마찬가지이다.
>
> 이러한 '귀의 소리'는 청세포에서 발생하여 기저막을 따라 난원창으로, 다시 청소골을 통해 고막과 외이도로 전달된다. 이 소리는 두 종류의 외부 소리를 이용하여 청세포를 자극한 후 특정한 주파수 대역에서 측정할 수 있다.

① '귀의 소리'는 일부 주파수에서는 확인이 불가능하다.

② 일반적인 청력 검사의 대안으로 '귀의 소리'를 활용하는 기술이 있다.

③ 포유동물은 청세포가 있기 때문에 주변 소리에 주의를 집중할 수 있다.

④ '귀의 소리'가 발생하면 청세포가 이에 영향을 받아 외부의 소리를 감지한다.

바로 채점하기　　　　정답·해설 _약점 보완 해설집 p.14

01	①	02	①	03	③	04	③	05	①
06	③	07	④	08	④	09	③	10	④

출제 예상 어휘 퀴즈

헷갈리기 쉬운 어휘

[01~06] 다음 중 알맞은 어휘를 고르시오.

01 뜨거운 국에 손을 (대었다 / 데었다).

02 울지 말고 어서 땅을 (짚고 / 집고) 일어나라.

03 나는 (아둔하여 / 어둔하여) 잇속을 챙길 줄 모른다.

04 바늘귀에 꿰기에는 실이 너무 (굵다랗다 / 굵따랗다).

05 공부를 너무 오래 했는지 머리가 (욱신거린다 / 욱씬거린다).

06 생일을 맞은 현우는 신이 나서 (고깔 / 꼬깔)을 쓰고 춤을 추었다.

고유어와 한자어의 대응

[07~12] 밑줄 친 어휘와 바꿔 쓸 수 있는 것을 ㉠~㉾에서 고르시오.

07 침실을 서재로 고쳐 바꾸었다.

08 그가 나온 영화는 100여 편에 이른다.

09 선생님은 잘못된 일에 대하여 반장을 꾸짖었다.

10 기업은 상여금을 임금에 포함할 것인지 논의했다.

11 우리나라는 치열한 예선을 거쳐 월드컵 본선 무대에 나갔다.

12 고딕 양식은 중세 후기 유럽에 널리 퍼져 있던 미술 양식이다.

㉠ 진출(進出)하다

㉡ 출연(出演)하다

㉢ 문책(問責)하다

㉣ 성행(盛行)하다

㉤ 산입(算入)하다

㉾ 개조(改造)하다

정답 | **01** 데었다 **02** 짚고 **03** 아둔하여 **04** 굵다랗다 **05** 욱신거린다 **06** 고깔
　　　 07 ㉾ **08** ㉡ **09** ㉢ **10** ㉤ **11** ㉠ **12** ㉣

5일 하프모의고사 05 **37**

01 (가) ~ (라)를 문맥에 맞게 배열한 것은?

(가) 이런 생각을 해 보면 왜 천문학이 옛날부터 실용적인 학문이 될 수밖에 없었던가를 쉽게 이해할 수 있다. 천문학은 길고 짧은 온갖 시간의 단위를 정해 주는 기준을 정해 주었고, 따라서 천문학이 발달하지 않고는 정확한 시간을 알 수가 없었던 것이다. 그래서 예로부터 천문학을 발달시킨 문명은 훌륭한 달력과 시계들을 만들어 쓸 줄 알았다.

(나) 과학은 실용적인 지식을 얻으려는 데서부터 시작된 것 같다. 하지만 오래 전부터 과학이 발달해 온 모습을 살펴보노라면 별로 쓸모가 없어 보이는 천문학이 많이 발달했다는 사실에 깜짝 놀라게도 된다. 주로 별과 해와 달의 움직임을 다루는 지식인 천문학이 발달한 것은 동·서양을 가릴 것 없이 전세계 어느 고대 문명에서나 마찬가지였다.

(다) 알고 보면 별들의 운동은 인간의 일상생활과 아주 밀접한 관계를 가지고 있다. 그래서 옛사람들은 별들의 운동을 관측하고 천문학을 발전시켰던 것이다. 하루라는 시간은 바로 해가 떠서 지고 다시 뜨는 데 걸리는 기본 단위 시간을 가리킨다. 또 한 달이라는 시간 역시 달의 운동에 걸리는 시간을 재서 알게 된 시간의 단위인 것이다. 그런가 하면 1년이라는 시간 단위 역시 해의 운동으로부터 생긴 것이 아닌가 말이다.

(라) 우리가 잘 알고 있는 것처럼, 별의 움직임을 관찰하는 것은 우리 인간이 먹고 자고 살아가는 일과 특별한 관계가 없어 보인다. 그렇다면 왜 옛날 사람들은 별들의 움직임을 그렇게 중요시하고 연구했던 것일까?

① (나) – (가) – (다) – (라)　　② (나) – (라) – (다) – (가)
③ (다) – (나) – (가) – (라)　　④ (다) – (나) – (라) – (가)

02 다음 글의 밑줄 친 부분에 해당하는 〈보기〉 B의 반응으로 가장 적절한 것은?

공감적 듣기의 방법으로는 화자가 말을 계속 이어갈 수 있도록 지속적으로 관심을 표하는 '소극적 들어주기'와 화자의 말을 요약, 정리하면서 문제 해결을 돕거나 화자에게 감정 이입했음을 드러내는 '적극적 들어주기'가 있다.

──〈보기〉──
A: 어제는 퇴근 후에 피곤해서 공부를 못 했어. 자격증 시험이 얼마 안 남았는데…. 어떡하지?
B: _____

① 오늘 더 열심히 하면 되니 너무 걱정 마.
② 아, 정말? 그러면 오늘은 오랫동안 공부할 거야?
③ 직장인에게 자기 계발은 필수지. 무슨 자격증 준비하는데?
④ 마음이 많이 불편했겠다. 나 같아도 곧 시험을 앞두고 공부를 못하면 걱정될 것 같아.

03 괄호 안에 들어갈 단어를 순서대로 바르게 나열한 것은?

희곡의 요소는 해설, 지시문, 대사라는 세 가지로 나누어진다. 이 중에서 대사는 등장인물이 하는 말로, 인물의 성격, 감정, 관계 등을 보다 생생하게 전달하고 이야기를 전개하는 데 중요한 역할을 한다. 대사의 종류도 역시 세 가지로 나눌 수 있다. (㉠)은(는) 두 명 이상의 인물이 서로 주고받는 대사를 의미한다. (㉡)은(는) 한 사람이 자신의 생각, 감정, 상황 등을 상대역 없이 혼자서 말하는 것을 의미한다. 보통 대본에서 '(혼잣말로)'로 표현된다. (㉢)은(는) 상대역에게는 들리지 않으나 관객에게 들리는 것으로 약속된 대사이다. 가령, 인물의 속마음을 관객들에게만 전달할 때 사용된다.

	㉠	㉡	㉢
①	대화	독백	방백
②	독백	방백	대화
③	방백	독백	대화
④	대화	방백	독백

함경도에서 그나마 농사를 짓고 날씨도 좋은 지역은 원산 근처의 바닷가뿐일 정도니 험한 산세에 농사지을 땅도 얼마 없어 그만큼 인구도 적고 낙후된 지역이었다.

상황이 이러하니 함경도의 냉면은 메밀이 아닌 감자 전분으로 만든다. 물론 감자가 들어온 다음의 이야기다. 끈기가 많아 쫄깃한 면발에 매운 양념을 넣어 비벼 먹는 냉면이 원래 함흥냉면이다. 아마도 이북음식 가운데 흔치 않게 매운 것이 이 함흥냉면일 것이다. 원래 여기에는 가자미회가 올라 있어야 하는데, 요즘 함흥냉면집에서 파는 냉면은 가자미보다 다른 회일 경우가 많고 감자 전분을 쓰지 않은 것도 많다. 함흥냉면집의 물냉면은 평양냉면을 본떠 만든 것이다.

원래 함흥은 냉면보다는 가릿국밥이라는 것이 더 성행했다. 가릿국밥은 갈비나 사골, 양지머리를 삶아 국물을 내고 거기에 밥을 토렴해서 먹는 국밥이다. 고명으로는 삶은 고기 찢은 것과 선지 삶은 것, 두부를 올려놓는데 거기에 꼭 육회를 얹어야 한다. 이것을 보면 함경도 사람들이 얼마나 회를 좋아하는지를 알 수 있다. 이 가릿국밥은 먹는 법이 특이한데 국물에 밥을 말아 함께 먹는 것이 아니라 국물을 먼저 다 떠먹고 밥은 나중에 양념고추장에 비벼 먹는다. 그나저나 함흥냉면집은 꽤 있지만 이 가릿국밥집은 드물다.

아마도 함경도 음식으로 가장 유명한 것은 가자미식해일 것이다. 냉면에도 가자미회가 들어가니, 함흥 지방에서는 가자미가 꽤 많이 잡혔나 보다. 보통 우리가 식혜라 부르는 것은 남쪽에서는 단술을 뜻하는, 엿기름으로 밥을 당화시킨 음료를 뜻한다. 그 식혜의 '혜醯' 자와 가자미식해의 '해醢' 자가 닮기는 했지만 모양도, 발음도 약간씩 다르다. 뜻도 고기를 삭힌 것이냐 곡식을 삭힌 것이냐 하는 차이가 있다. 어찌 되었거나 삭힌 음식이라는 뜻이고 삭힌다는 것은 발효를 뜻하니 식혜나 가자미식해나 엿기름을 넣어 발효를 시킨 것은 마찬가지다.

가자미식해는 노랑가자미를 잡아 내장과 대가리를 떼고 소금을 뿌려 약간 말렸다가 물기를 짜내고 토막을 내서 조밥과 마늘, 생강, 고춧가루, 엿기름가루를 넣어 항아리에서 삭힌 것이다. 다 ㉠삭고 나면 여기에 무를 채 썰어 마늘, 고춧가루, 깨를 넣고 버무린다. 대략 담그고 나서 일주일이면 먹을 수 있는 음식이다.

고춧가루, 조밥이 섞여 있기에 모양은 그리 좋은 편이 아니지만 삭힌 가자미의 살과 달고 매콤하고 신맛이 어우러져 맛이 기가 막히다. 하지만 본디 가자미식해가 함경도만의 음식은 아니다. 경상도에서도 가자미가 많이 잡히며 남해안에도 가자미식해를 해 먹었다. 하지만 경상도는 날씨가 더워 쉽게 상하기에 소금 간을 짜게 하다 보니 차

츰 젓갈과 구분할 수 없는 것으로 변해 젓갈의 무리에 속해 버렸다.

04 윗글에서 추론할 수 있는 것은?

① 우리나라에서는 메밀보다 감자가 먼저 재배되기 시작했을 것이다.

② 가자미 어업은 한반도의 남쪽과 북쪽 바다에서 활발하게 이루어졌을 것이다.

③ 가자미식해와 식혜는 엿기름으로 발효를 하고 별도의 소금 간은 하지 않을 것이다.

④ 가릿국밥은 토렴식으로 밥을 데워 밥과 육회를 고추장에 비벼서 먼저 먹은 뒤 국물을 떠먹었을 것이다.

05 문맥상 ㉠의 의미와 가장 가까운 것은?

① 묶어둔 밧줄이 삭아서 끊어졌다.

② 며칠 앓더니 몸이 많이 삭았구나.

③ 젓갈이 충분히 삭아서 맛이 좋아졌다.

④ 약을 먹었는데도 기침이 삭질 않는다.

06 (가)와 (나)를 전제로 할 때 빈칸에 들어갈 결론으로 가장 적절한 것은?

(가) 단백질을 섭취하면서 탄수화물은 섭취하지 않는 사람이 있다.
(나) 탄수화물을 섭취하지 않는 사람은 모두 지방을 섭취하지 않는다.
따라서 [   ].

① 지방을 섭취하는 사람은 모두 단백질을 섭취하지 않는다

② 지방을 섭취하는 사람 중 일부는 단백질을 섭취하지 않는다

③ 단백질을 섭취하는 사람 중 일부는 지방을 섭취하지 않는다

④ 탄수화물을 섭취하지만 단백질은 섭취하지 않는 사람은 모두 지방을 섭취하지 않는다

07 글의 통일성을 고려할 때, 삭제하는 것이 바람직한 문장은?

> 우리는 지식을 상식과 과학으로 나누기도 한다. ㉠상식은 우리가 일상적인 생활 속에서 획득한 지식이고, 과학은 이를 체계화한 지식이다. ㉡그렇지만 과학은 상식과 엄밀하게 구분되는 다른 종류의 지식이라기보다는 상식의 발전 형태라고 볼 수 있다. ㉢과학적 지식은 모든 지식을 대표하는 위치에 있다. ㉣말하자면 과학적 지식은 상식적 지식이 성장한 결과이며, 달리 말하면 대문자로 쓴 상식적 지식이다.

① ㉠

② ㉡

③ ㉢

④ ㉣

[08~09] 다음 글을 읽고 물음에 답하시오.

> ㉠ 컴퓨터의 하드웨어는 명령어를 해석하고 실행하는 중앙 처리 장치와 정보나 자료를 저장하는 기억 장치, 그리고 외부로 데이터를 ⓐ송출하는 출력 장치, 외부 데이터를 해석하는 입력 장치로 구성되어 있으며 이들은 시스템 버스를 통해 ⓑ연결되어 있다.
>
> ㉡ 어류, 파충류, 양서류 등은 외부 온도에 의하여 체온이 ⓒ변하는 변온 동물에 속하며 포유류, 조류는 외부 온도와 무관하게 일정한 체온을 ⓓ유지하는 정온 동물에 속한다.

08 다음의 두 예문에 사용된 설명의 방법으로 옳은 것은?

	㉠	㉡		㉠	㉡
①	분석	분류	②	유추	분류
③	분류	분석	④	비교	대조

09 ⓐ~ⓓ와 바꿔 쓸 수 있는 유사한 표현으로 적절하지 않은 것은?

① ⓐ: 보내는

② ⓑ: 이어져

③ ⓒ: 달라지는

④ ⓓ: 뒷받침하는

10 다음 글에서 추론한 내용으로 적절하지 않은 것은?

> 단어의 의미 관계를 파악할 때 두 관계가 헷갈리는 경우가 있는데, 바로 상하 관계와 부분 관계이다. 상하 관계는 '제비'와 '조류'의 관계처럼 한 단어의 의미가 다른 단어의 의미를 포함하는 관계이다. 이때 다른 단어의 의미를 포함하는 단어인 '조류'를 상의어라고 하고 다른 단어의 의미에 포함되는 단어인 '제비'를 하의어라고 한다. 상의어는 의미의 범위가 넓고, 하의어는 의미의 범위가 좁다는 특징이 있다. 한편 부분 관계는 한 단어의 지시 대상이 다른 단어의 지시 대상의 부분이 되는 관계이다. 예를 들어, '얼굴'과 '코'는 부분 관계로 '얼굴'은 전체어, '코'는 부분어라고 한다.
>
> 상하 관계와 부분 관계를 구분하는 방법은 하의어를 상의어라고 해보고, 부분어를 전체어라고 해보는 것이다. 가령, '제비'가 '조류'라고 하는 것은 가능하지만, '코'가 '얼굴'이라고 하는 것은 불가능하다.

① '계절'과 '여름'의 관계는 상하 관계이고, '계절'은 '여름'보다 의미의 범위가 넓다.

② '수선화'와 '꽃'의 관계는 상하 관계이고, '수선화'는 '꽃'보다 의미의 범위가 넓다.

③ '건반'과 '피아노'의 관계는 부분 관계이고, '피아노'가 전체어, '건반'이 부분어이다.

④ '자동차'와 '엔진'의 관계는 부분 관계이고, '자동차'가 전체어, '엔진'이 부분어이다.

바로 채점하기

정답·해설 _약점 보완 해설집 p.17

01	②	02	④	03	①	04	②	05	③
06	③	07	③	08	①	09	④	10	②

출제 예상 어휘 퀴즈

헷갈리기 쉬운 어휘

[01~06] 다음 중 알맞은 어휘를 고르시오.

01 (돌뿌리 / 돌부리)를 차면 발이 아프다.

02 시험에 합격하려면 열심히 공부해야 (돼 / 되).

03 조금도 (서슴지 / 서슴치) 않고 앞을 향해 달려갔다.

04 오늘 아내가 바른 립스틱의 색은 매우 (짖다 / 짙다).

05 얼핏 듣기에는 프랑스 어와 (비스름한 / 비스듬한) 말이었다.

06 기다리던 홈런이 터지자 관중의 박수 소리가 (작렬했다 / 작열했다).

고유어와 한자어의 대응

[07~12] 밑줄 친 어휘와 바꿔 쓸 수 있는 것을 ㉠~㉥에서 고르시오.

07 오랜만에 주민 반상회에 나갔다.

08 친구에게 지금까지 참아왔던 불만을 말했다.

09 교도관들은 죄수들의 움직임을 철저하게 살폈다.

10 물속이 훤히 들여다보일 정도로 시냇물이 맑았다.

11 연사는 연단에 올라 준비해 온 연설문을 읽기 시작했다.

12 검사는 1심의 재판 결과를 뒤집을 수 있는 증거를 내놓았다.

㉠ 토로(吐露)하다
㉡ 관찰(觀察)하다
㉢ 참석(參席)하다
㉣ 제시(提示)하다
㉤ 낭독(朗讀)하다
㉥ 청정(淸淨)하다

정답 | 01 돌부리 02 돼 03 서슴지 04 짙다 05 비스름한 06 작렬했다
07 ㉢ 08 ㉠ 09 ㉡ 10 ㉥ 11 ㉤ 12 ㉣

01 〈공공언어 바로 쓰기 원칙〉에 따라 〈공문서〉의 ㉠~㉢을 수정한 것으로 적절하지 않은 것은?

─── 〈공공언어 바로 쓰기 원칙〉 ───

○ 여러 뜻으로 해석되는 표현을 삼갈 것.
○ 대등한 것끼리 접속할 때는 구조가 같은 표현을 사용할 것.
○ 올바른 국어 표기를 위해 외래어 표기법을 지킬 것.
○ 주어와 서술어를 호응시킬 것.

─── 〈공문서〉 ───

국립국어원

수신 수신자 참조
(경유)
제목 전문가 초청 연수회 참가 안내

1. 우리 원은 ㉠예술 교육 담당자와 문화 예술 전문 역량 강화를 위해 다양한 교육과정을 운영하고 있습니다.
2. 이러한 사업 중 하나로 ○○ 교육 부서와 연계하여 오는 6월 3일에 '㉡음악 감상과 생각을 표현하기 위한 교육'을 주제로 전문가 초청 ㉢워크샵을 개최합니다.
3. 아울러, 우리 원은 추가 사업을 위해 ㉢귀 기관에게 예술품을 제공되고자 합니다. 관련 업무에 협조하여 주시기 바랍니다.

① ㉠: 예술 교육 담당자와 함께 문화 예술 전문 역량 강화를 위해
② ㉡: 음악을 감상하고 생각 표현을 위한 교육
③ ㉢: 워크숍
④ ㉢: 귀 기관에게 예술품을 제공하고자 합니다

02 〈보기〉에서 설명하고 있는 의미 변화 유형에 해당하는 예로 적절하지 않은 것은?

─── 〈보기〉 ───

언어학자인 소쉬르가 남긴 말 중에 유명한 말이 있다. "시간은 모든 것을 변화시킨다. 언어라고 해서 이 보편 법칙을 벗어날 리가 없다."라는 것이다. 언어는 끊임없이 생성, 변화, 소멸하며 이 과정에서 의미도 당연히 변한다. 의미가 변화하는 유형은 의미 확대, 의미 축소, 의미 이동까지 세 가지로 나눌 수 있다. 먼저 의미 확대는 특정 단어가 다양한 문맥에 쓰이면서 사용되는 범위가 넓어진 것이다. 예를 들어, '손'은 신체의 일부분인 '손'을 의미했으나, '노동력'의 의미가 추가되었으므로 의미 확대라고 볼 수 있다. 다음으로 의미 축소는 어떤 단어의 사용 영역이 좁아지게 된 것이다. 가령, '놈'은 원래 사람을 의미하는 말이었으나 오늘날에는 남자를 비하하는 말로 사용되므로 의미 축소이다. 마지막으로 의미 이동은 특정 의미와는 전혀 관련 없는 다른 의미로 바뀌게 된 것을 뜻한다. '어여쁘다'는 원래 '불쌍하다'라는 의미였으나 오늘날에는 '예쁘다'의 의미로 바뀌었다.

① '계집'은 여자를 의미하는 말이었으나, 오늘날은 여자를 비하하는 말로 사용하므로 의미 이동이 일어난 사례이다.
② '끼니'는 '때'라는 의미로 쓰였으나, 오늘날은 '때에 맞추어 먹는 밥'을 의미하므로 의미 이동이 일어난 사례이다.
③ '다리'는 유정 명사에만 쓰이는 말이었으나, 오늘날은 무정 명사에도 쓰일 수 있으므로 의미 확대가 일어난 사례이다.
④ '짐승'은 생물 전체를 가리킬 때 사용했으나, 오늘날은 인간을 제외한 동물을 가리킬 때만 사용하므로 의미 축소가 일어난 사례이다.

03 다음 글에 대한 이해로 가장 적절한 것은?

　TV나 영화에서 화려한 의상을 입은 남녀가 강렬한 반도네온 선율에 맞춰 탱고를 추는 모습을 한 번쯤 보았을 것이다. 탱고는 1880년대 아르헨티나 부에노스아이레스와 우루과이 몬테비데오 항구 지역 하층민에게서 탄생한 것으로 처음에는 바일리 콘 꼬르떼(baile con corte), '멈추지 않는 춤'으로 불렸다. 당시 이 지역에는 유럽 이민자, 아프리카 노예, 원주민들이 섞여 살았는데, 탱고는 이들의 다양한 문화와 풍습 등이 통합되고 변형되면서 탄생한 독특한 문화 중 하나였다. 탱고는 항구 도시에 사는 가난한 이민자의 향수와 아프리카의 리듬, 라틴 아메리카의 민속적 음악 요소 등이 섞여 격정적인 감성과 강력한 호소력을 갖게 된다. 이러한 탱고는 1910년대에 유럽으로 건너가 콘티넨털 탱고라는 이름으로 불리며 상류층의 무도회용 댄스 음악으로 인기를 얻는다. 본래 탱고가 지녔던 다소 우울하고 격렬한 감성보다는 화려하고 귀족적인 느낌이 강했던 콘티넨털 탱고는 역으로 라틴 아메리카의 탱고에 영향을 미치기도 한다.

　한편 20세기 중반에 이르기까지 대대로 전승되던 탱고도 잠시 주춤하는 시기가 있었다. 세계적으로 등장한 매스 미디어에 의해 사람들의 취향이 바뀌었던 것이다. 하지만 얼마 지나지 않아 새로운 형식의 탱고가 등장하면서 탱고는 또다시 진일보하였으며, 복잡한 사회에서 오랜 기간 지속하고 있는 문화 현상의 하나로 그 가치를 인정받아 유네스코 인류 무형 문화유산으로 등재되기도 하였다.

① 유럽에서는 화려하고 귀족적인 느낌의 콘티넨털 탱고가 유행하였다.

② 탱고는 아프리카와 라틴 아메리카의 음악적 요소를 바탕으로 한 차분한 감성의 춤이다.

③ 유네스코 인류 무형 문화유산으로 등재된 탱고는 대중들의 큰 관심을 받으며 인기를 되찾았다.

④ 1800년대 후반 라틴 아메리카 항구 도시의 하층민들이 유럽 이민자에게 전통 문화를 전승하기 위해 탱고를 만들었다.

04 다음 글에서 추론한 내용으로 가장 적절한 것은?

　소설에서 구성의 요소 중 하나인 인물은 소설에 등장하는 개개인으로, 사건과 행동의 주체이다. 소설 속 인물은 여러 가지 유형으로 분석할 수 있는데, 성격의 변화 여부에 따라 평면적 인물과 입체적 인물로 나뉜다.

　평면적 인물은 소설에서 사건이 전개되는 동안 성격이 변화하지 않는 인물을 말한다. 「흥부전」의 '흥부'나 「심청전」의 '심청'을 예로 들 수 있다. '흥부'는 착한 성격의 전형적인 인물로, '놀부'의 괴롭힘에도 그의 착한 성격은 변하지 않는다. '심청' 역시 효심이 깊은 인물의 전형으로, 자신의 몸을 바쳐 아버지에게 도움을 주고자 한다. '흥부'와 '심청'이 각각 선과 효 이외의 다른 성격을 지닌 인물이라는 것은 상상할 수 없다. 이러한 평면적 인물은 등장하기만 하면 언제나 쉽게 알아 볼 수 있고, 독자들에게 쉽게 기억된다는 점에서 장점이 있다. 다만, 평면적 인물이라도 어느 정도는 현실에서 있음직한 인물로 창조되어야 한다.

　입체적 인물은 시간이 지나면서 주변 환경에 의해 성격이 변화하는 인물을 말한다. 김동인의 「감자」에 나오는 '복녀'는 원래 선량하고 도덕적인 인물이었다. 하지만 가난한 가정 형편과 주변의 유혹 때문에 부도덕한 방법으로 돈을 벌게 되면서 타락한다. 그렇기 때문에 독자가 느끼는 '복녀'의 성격은 처음과 끝이 큰 차이가 있다. 이러한 입체적 인물은 복잡한 성격 때문에 평면적 인물에 비해 현실에서 볼 수 있는 유형이라는 점에서 작품에 개연성을 부여해 주는 장점이 있다. 이때 입체적 인물은 그의 성격 변화에 있어서 사건의 인과관계에 대한 유기적 통일성이 요구된다.

① 「흥부전」에는 평면적 인물만이, 「감자」에는 입체적 인물만이 등장한다.

② 「흥부전」의 '흥부'는 「감자」의 복녀에 비해 현실에서 있음직한 인물이다.

③ 「감자」의 '복녀'는 「심청전」의 심청에 비해 독자들에게 각인될 가능성이 크다.

④ 「감자」에 나오는 '복녀'의 가정환경은 그녀의 성격 변화를 유기적으로 연결하기 위한 요소이다.

05 다음 글에서 추론한 내용으로 적절하지 않은 것은?

　문자의 발명으로 지식의 체외 저장이 가능해지자 개인들이 이용할 수 있는 정보의 양은 크게 늘어났다. 인쇄술, 컴퓨터, 그리고 인터넷의 출현은 개인의 정보 처리 능력을 혁명적으로 늘렸다. 자연히, 정보의 중앙 집중적 처리는 점점 더 비현실적 방안이 된다.

　이 사실이 전체주의 사회들이 맞는 근본적 어려움이다. 아무리 잘 조직되더라도 전체주의 사회는 정보 처리의 효율에서 너무 낮다. 중앙의 정보처리 조직이 한데 모아 처리할 수 있는 정보들의 종류가 제약되었고 양도 아주 적다. 반면에, 그렇게 정보들을 한데 모으고 처리하는 데는 시간이 많이 걸리고 비용은 엄청나다. 공산주의 체제가 무너진 것도 본질적으로 정보 처리의 비효율 때문이었다.

　자유주의를 따라 정보 처리를 개인들에게 맡기면, 이런 문제들이 생기지 않는다. 정보처리는 원래 개인들이 해왔으므로, 따로 그 목적을 위해서 기구를 만들 필요도 없다.

① 문자가 발명되기 전에는 정보의 중앙 집중적 처리가 용이했다.

② 정보의 양적 증가와 개인의 정보 처리 능력 향상은 모든 체제의 존속을 위협한다.

③ 정보 처리의 관점에서 자유주의 사회는 전체주의 사회보다 더 효율적인 사회이다.

④ 전체주의 사회의 시민은 자유주의 사회의 시민에 비해 적은 양의 정보를 접하게 된다.

06 다음 글의 내용이 모두 참일 때 반드시 참인 것은?

　명수, 준성, 창현, 진영 중에서 적어도 한 명을 계주 대표로 선발한다. 선발 조건은 다음과 같다.
　○ 창현이 선발되지 않으면, 명수가 선발되지 않거나 준성이 선발되지 않는다.
　○ 창현이 선발되면, 진영도 선발된다.
　○ 진영이 선발되지 않는다.

① 명수가 선발된다.

② 창현이 선발된다.

③ 진영과 준성 누구도 선발되지 않는다.

④ 명수가 선발되지 않으면, 준성이가 선발된다.

07 다음 토의에 대한 설명으로 적절하지 않은 것은?

사회자: 안녕하십니까. 오늘은 김○○ 교수님과 박○○ 박사님을 모시고 '저출산, 이대로 괜찮은가?'라는 제목의 토의를 진행해 보고자 합니다.

김 교수: 저출산은 고령화를 유발해 인구 구조를 불안정하게 만들기 때문에 반드시 해결해야 할 문제입니다. 저출산의 원인으로 사람들의 가치관 변화를 들 수 있습니다. 과거에 중시했던 가족 계승이나 자식 번영에 대한 생각은 줄어들고, 더 이상 육아나 출산으로 자아실현을 하지 않겠다는 의식 변화가 출산율을 감소시키고 있는 거죠.

박 박사: 네, 저 또한 김 교수님 의견에 동의합니다. 그러나 저는 저출산의 가장 큰 원인을 가정과 직장이 양립할 수 없는 사회적 환경 때문이라고 생각합니다.

사회자: 네, 김 교수님께서는 사람들의 가치관 변화를, 박 박사님께서는 미흡한 사회적 환경을 저출산의 원인으로 보고 계시는군요. 그렇다면 이를 해결하기 위한 방법으로는 무엇이 있을까요?

박 박사: 저는 출산과 보육을 지원하는 인프라가 확충되어 경력 단절에 대한 우려를 덜어 주어야 한다고 생각합니다. 예를 들어, 국·공립 어린이집의 추가 설립이나 보육 교사와 종일반 확대, 보육 서비스의 질적 개선 등을 통해 가정 외에서도 아이를 양육할 수 있는 사회적 인프라가 구축되어야 할 것입니다.

김 교수: 저도 박 박사님의 의견에 동의합니다. 출산 지원 인프라가 구축된다면 출산에 대한 사람들의 가치관도 자연스럽게 변화할 수 있다고 생각합니다. 또한 공익광고 등을 활용한 출산 장려 캠페인도 출산에 대한 인식 변화에 좋은 영향을 줄 것입니다.

청중 A: 한 가지 궁금한 것이 있습니다. 현재 출산 지원금과 같이 경제적 지원을 통한 출산 장려 정책이 시행되고 있음에도 저출산 문제가 개선되는 것으로 보이지 않는데요. 혹시 경제적 지원 정책에는 보완되어야 할 점이 없을까요?

① 사회자는 발표자들의 의견을 종합하여 절충안을 마련하고 있다.

② 발표자는 주제와 관련된 원인과 해결 방안에 대해 의견을 나누고 있다.

③ 청중 A는 주제와 관련된 문제 상황을 제시하며 발표자들의 의견을 묻고 있다.

④ 사회 현안과 관련된 내용에 대해 서로 의견을 주고받는 형식으로 진행되고 있다.

08 (가)와 (나)에 들어갈 말로 가장 적절한 것은?

합리성은 인간의 본래적인 특성이기는 하지만, 더 나아가 이러한 합리성을 표현할 줄 알아야 한다. 인간은 사회적인 동물이기 때문에 나와 다른 관점을 지닌 무수한 사람들과 부딪히며 어울려 살아야 하기 때문이다. 합리적인 '공동체'의 합리적인 '시민'이 되고자 한다면, 단순히 합리적으로 사고하는 것을 넘어 ___(가)___ 만큼 타당한 논리를 제시할 줄 알아야 한다. 그러한 주장에 사람들이 아무도 동의하지 않는다 하더라도 최소한 존중해 줄 수 있을 정도는 되어야 한다. 〈중 략〉

어떤 사람의 논증이 일관되고 견고해 보일 때 사람들은 그 사람을 생각이 깊은 올바른 사람이라고 오래도록 기억할 것이다. 토론을 할 때마다 우리는 '에토스(ethos)'라고 하는 인격을 논증 속에 투사한다. 〈중 략〉 열린 마음으로 사려 깊고 자신감 넘치고 그러면서도 거만하지 않아 보이는 에토스는 사람들이 신뢰한다.

사리분별이 정확한 사람이라고 다른 사람들에게 일단 인식되고 나면, 믿음이 쌓이고 이로써 원하는 사람들의 동의를 이끌어낼 수 있다. 논리적으로 생각하는 사람이라는 사람들의 믿음은 특히 쉽게 해답이 나지 않는 복잡한 문제를 놓고 논증할 때 큰 힘을 발휘한다. 이런 경우 독자들은 논증 자체의 견고함보다는 ___(나)___ 을 우선하기 때문이다.

① (가): 학계와 전문가 집단에서 살아남을 수 있을
    (나): 논증을 글로 풀어내는 '기술'에 대한 믿음

② (가): 학계와 전문가 집단에서 살아남을 수 있을
    (나): 타당한 논증을 만들어내는 '사람'에 대한 믿음

③ (가): 다른 사람들이 자신의 견해를 수용할 수 있을
    (나): 논증을 글로 풀어내는 '기술'에 대한 믿음

④ (가): 다른 사람들이 자신의 견해를 수용할 수 있을
    (나): 타당한 논증을 만들어내는 '사람'에 대한 믿음

톨스토이의 견해에 따르면, 생각이 타인에게 전달될 필요가 있듯이 감정도 그러하다. 이때 감정을 타인에게 전달하는 주요 수단이 예술이다. 예술가는 자신이 표현하고픈 감정을 떠올린 후, 작품을 통해 타인도 공감할 수 있도록 전달한다. 그런데 이때 전달되는 감정은 질이 좋아야 하며, 한 사회를 좋은 방향으로 이끌어 나갈 수 있어야 한다. 연대감이나 형제애가 그러한 감정이다. 이런 맥락에서 톨스토이는 노동요나 민담 등을 높이 평가하였고, 교태 어린 리스트의 음악이나 허무적인 보들레르의 시는 부정적으로 평가하였다. 좋은 감정이 잘 표현된 한 편의 예술이 전 사회, 나아가 전 세계를 감동시키며 세상의 발전에 기여할 수 있다.

반면, 콜링우드는 톨스토이와 생각이 달랐다. 콜링우드는 연대감이나 형제애를 사회에 전달하는 예술이 부작용을 초래할 수 있다고 보았다. 전체주의적 대규모 집회에서 드러나듯 예술적 효과를 통한 연대감의 전달은 때론 비합리적 선동을 강화하는 결과를 ㉠낳는다. 톨스토이 식으로 예술과 감정을 연관시키는 것은 예술에 대한 앞서의 비판에서 벗어나기 힘들다. 따라서 콜링우드는 감정의 전달이라는 외적 측면보다는 감정의 정리라는 내적 측면에 관심을 둔다.

09 윗글의 내용과 부합하지 않는 것은?

① 톨스토이는 감정을 다른 사람에게 전달해야 한다고 생각했다.

② 콜링우드는 예술을 국민들을 선동하는 부정적인 수단으로 인식하였다.

③ 톨스토이는 좋은 감정을 전달하는 예술은 사회를 긍정적으로 변화시킨다고 생각했다.

④ 콜링우드와 톨스토이는 감정을 전하는 수단으로서의 예술에 대해 서로 다른 견해를 가지고 있었다.

10 문맥상 ㉠의 의미와 가장 가까운 것은?

① 예전에는 집집마다 무명을 낳았다.

② 다섯 명이나 낳아 기르다니 대단하다.

③ 그것은 많은 이익을 낳는 유망 사업이다.

④ 그는 우리나라가 낳은 천재적인 과학자이다.

출제 예상 어휘 퀴즈

헷갈리기 쉬운 어휘

[01~06] 다음 중 알맞은 어휘를 고르시오.

01 라면이 (불기 / 붇기) 전에 어서 먹자.

02 우리 모임의 회장은 (역임 / 연임)이 가능하다.

03 실망하지 말고 (오뚜기 / 오뚝이)처럼 다시 일어나라.

04 저기 있는 (모질은 / 모진) 탁자에 책을 올려 놓아라.

05 (오직 / 오죽) 답답했으면 우리에게까지 그런 부탁을 했겠어?

06 동생은 억새 이엉 끝에 달린 새끼 (끄나불 / 끄나풀)을 탁 잡아챘다.

고유어와 한자어의 대응

[07~12] 밑줄 친 어휘와 바꿔 쓸 수 있는 것을 ㉠~㉥에서 고르시오.

07 적군의 움직임을 철저하게 <u>살폈다</u>.

08 연탄 나눔 봉사에 참여할 사람들을 <u>모았다</u>.

09 준비를 마친 주자들이 결승점으로 <u>가고</u> 있었다.

10 그는 조직에서 힘이 있는 사람이라면 무조건 <u>따른다</u>.

11 한국에서 일반인이 총기류를 <u>지니고</u> 있는 것은 불법이다.

12 지난달에 시중에 <u>내놓은</u> 책에 대한 대중들의 반응이 뜨겁다.

㉠ 감시(監視)하다

㉡ 소지(所持)하다

㉢ 출발(出發)하다

㉣ 모집(募集)하다

㉤ 출간(出刊)하다

㉥ 추종(追從)하다

정답 | 01 붇기 02 연임 03 오뚝이 04 모진 05 오죽 06 끄나풀
07 ㉠ 08 ㉣ 09 ㉢ 10 ㉥ 11 ㉡ 12 ㉤

01 다음 글에서 (가) ~ (다)의 순서를 자연스럽게 배열한 것은?

4차 산업혁명 시기에 가장 필요한 것이 컴퓨터와 관련된 것이므로 컴퓨터를 움직이는 소프트웨어에 대한 교육은 미래를 준비하기에 특히 중요하다.

(가) 미래 사회의 구성원으로서 필요한 핵심 역량은 창의적인 사고력(creative thinking), 협력적 문제 해결 능력(cooperative problem solving), 컴퓨터 과학적 사고력(computational thinking), 의사소통 능력(communication skill)으로, 이런 능력은 컴퓨터와 소프트웨어의 원리를 이해하고 활용하며 발휘되고 발전하게 된다.

(나) 또 다양한 의사소통 도구를 활용하여 가족 및 사회 구성원 간에 효과적으로 협력할 수 있는 능력을 기르게 된다.

(다) 즉, 컴퓨터와 소프트웨어 이해와 활용을 통해서 사람들의 창의적인 사고력이 향상되고, 일상생활에서 발생하는 문제를 해결할 수 있게 되며, 생활 주변에서 생성, 유통, 가공되는 정보를 처리하고 활용할 수 있는 능력이 커지게 된다.

결국 컴퓨터와 소프트웨어의 이해와 활용으로 길러진 개인의 역량은 다른 분야의 성공적인 학습에 기반이 될 뿐만 아니라, 앞으로 개인의 전문적인 능력 향상과 미래 직업의 창조적인 인재를 양성하는 데 밑거름이 될 것이다.

① (가) – (나) – (다)

② (가) – (다) – (나)

③ (나) – (가) – (다)

④ (다) – (나) – (가)

02 다음 글을 통해 추론한 것으로 가장 적절한 것은?

인류학자들의 민속지(ethnography)를 보면 세계 어느 지역이든 살림집에는 모두 주방 시설을 갖추고 있다. 인간은 먹지 않으면 생물학적으로 존재할 수 없기 때문에 살림집의 주방은 에너지 공급원인 음식을 마련하는 중요한 시설이었다. 다만 그 형태가 지역과 문화마다 다를 뿐이다. 그 가운데 주택에 식사 공간을 별도로 두는 사례는 서유럽이나 중국처럼 의자에 앉아서 식사를 하는 문화권에서만 보인다. 특히 옮기기 어려운 무거운 식탁과 의자를 갖추어 놓고 생활하는 문화권에서는 식사 공간인 '다이닝룸'이 일찍부터 등장했다.

14~16세기 르네상스 시대를 거치면서 유럽의 봉건 영주들은 자신의 저택에 연회를 할 수 있는 홀(hall)을 마련하여 그곳에 커다란 식탁과 등받이가 있는 개인용 의자를 들여놓고서 연회를 즐겼다. 이와 함께 상류층의 살림집에는 별도의 다이닝룸이 설치되기 시작했다. 일부 귀족은 여전히 침실에서 식사를 했지만, 점차 거울을 비롯한 각종 장식이 갖추어진 다이닝룸이 저택의 한 공간을 차지했다. 하지만 농민들은 소규모의 열악한 주거 환경 탓에 요리를 하는 공간과 식사를 하는 공간을 따로 구분할 여유가 없었다.

왕과 귀족들의 전유물이었던 다이닝룸은 15세기 이후 부르주아 계급에게도 확산되었다. 당시 부르주아는 요리사와 하인을 한두 명 두고서 여러 방 중 한 곳에서 식사를 했다. 부부만 식사를 할 경우에는 침실에 식탁을 두고 긴 의자에 앉아서 식사를 하기도 했지만, 점차 다이닝룸을 별도로 두는 가정이 늘어났다.

① 사람이 사는 집에 음식을 만드는 시설을 갖추는 것은 소수 집단의 문화였을 것이다.

② 중세 유럽 상류층들의 '다이닝룸'은 연회를 위한 '홀'과 달리 소박하게 장식되었을 것이다.

③ 15세기 부르주아 계급의 가정에서는 부부끼리 식사할 때 다이닝룸을 이용하지 않았을 것이다.

④ 의자에 앉아서 식사하지 않는 문화권의 집에서 식사 공간을 별도로 두는 사례는 찾기 어려울 것이다.

03 다음에서 설명한 공감적 듣기로 가장 적절한 것은?

공감적 듣기란, 상대방의 발화에 대해 비판·분석하는 등의 감정적인 판단을 보류하고 상대방의 관점에서 해당 문제점을 바라보며 그 상황을 이해하려고 노력하는 것이다. 이러한 태도는 청자에게 신뢰감을 형성하며, 서로 간에 친밀감을 높이는 효과가 있다.
이러한 공감적 듣기의 방법으로는 가벼운 눈 맞춤, 고개 끄덕이기 등의 '집중하기', 주요 표현이나 어휘를 반복하기 또는 대화를 이어갈 수 있는 질문하기 등의 '격려하기', 상대방의 말을 요약해 재진술하는 '요약하기', 상대방의 말을 본인의 말로 재구성하는 '반영하기' 등이 있다.

① 가: 날씨가 너무 더운 것 같아.
　　나: 옷이 너무 두꺼운 것 같은데, 얇은 재질의 셔츠를 입어 봐.

② 가: 해야 할 일은 많은데 일이 도무지 손에 잡히질 않아.
　　나: 해야 할 일이 많구나. 일이 많을수록 더욱 조바심이 날 텐데 많이 힘들겠다.

③ 가: 학습량을 늘렸는데도 점수가 나아지질 않아 걱정이야.
　　나: 공부 방법이 잘못된 것 아닐까? 선배들의 합격 수기를 보고 개선점을 함께 찾아보자.

④ 가: 불안해서 쉽게 잠에 들지 못하니 너무 피곤해.
　　나: 음, 내가 요즘 복용하는 수면 유도제가 괜찮더라고. 내일 가져다줄 테니 한번 먹어 볼래?

04 다음 글의 밑줄 친 결론을 이끌어내기 위해 추가해야 할 것은?

아이스크림을 좋아하는 그 어떤 사람도 쿠키를 좋아하지 않는다. 쿠키를 좋아하지 않는 어떤 사람은 케이크를 좋아한다. 따라서 케이크를 좋아하는 어떤 사람은 아이스크림을 좋아한다.

① 쿠키를 좋아하지 않는 모든 사람은 아이스크림을 좋아한다.

② 케이크를 좋아하는 어떤 사람은 쿠키를 좋아하지 않는 사람이다.

③ 아이스크림을 좋아하는 어떤 사람은 쿠키를 좋아하지 않는 사람이다.

④ 케이크를 좋아하지만 아이스크림을 좋아하지 않는 모든 사람은 쿠키를 좋아하지 않는다.

05 다음 글의 ㉠~㉢에 들어갈 말을 적절하게 나열한 것은?

알렉스 프레밍거(Alex Preminger)는 시의 이미지를 정신적 이미지, 비유적 이미지, 상징적 이미지의 세 가지 유형으로 분류했다. 정신적 이미지는 심리적 이미지라고도 하며, 작품을 볼 때 독자의 마음속에 떠오르는 감각적 재생을 뜻한다. 시각, 미각, 촉각, 후각, 청각, 근육감각 등의 사람의 감각과 연관된 이미지들이 있다. 비유적 이미지는 그 이미지가 비유적으로 사용되는 경우를 말한다. 이러한 이미지는 직유, 은유, 제유, 환유, 의인법 등의 비유 형식을 띠고 나타난다. 상징적 이미지는 작품 속에서 계속 반복되어 나타나는 이미지이다. 시의 전체 구조 속에서 하나의 동일한 이미지가 반복되어 특정한 이미지가 상징성을 띠게 된다면, 이는 상징적 이미지이다.

박목월의 「청노루」는 '청노루'의 눈에 '구름'이 돈다고 표현함으로써 청색의 색채 이미지를 잘 드러낸다. 이러한 유형은 ㉠ 이다. 정지용의 「향수」의 '전설 바다에 춤추는 밤물결 같은 / 검은 귀밑머리 날리는 어린 누의와'라는 시구에서는 '검은 귀밑머리'를 '전설 바다에 춤추는 밤물결'로 빗대어 표현하고 있다. 이러한 유형은 ㉡ 이다. 김소월의 「진달래꽃」에서 화자는 '영변의 약산'에서 '진달래꽃'을 본다. 이후 화자는 '진달래꽃'을 뿌리면서 사뿐히 밟고 가라고 한다. '진달래꽃'의 이미지는 시의 전체에 반복되면서 화자의 사랑을 뜻하는 꽃이 된다. 이러한 유형은 ㉢ 이다.

	㉠	㉡	㉢
①	정신적 이미지	비유적 이미지	상징적 이미지
②	정신적 이미지	상징적 이미지	비유적 이미지
③	비유적 이미지	정신적 이미지	상징적 이미지
④	비유적 이미지	상징적 이미지	정신적 이미지

06 〈지침〉에 따라 〈개요〉를 작성할 때 ㉠~㉣에 들어갈 내용으로 적절하지 않은 것은?

〈지침〉

○ 서론은 중심 소재와 관련된 현재의 상황과 행위의 원인을 1개의 장으로 작성할 것.
○ 본론은 제목에서 밝힌 내용을 2개의 장으로 구성하되 각 장의 하위 항목끼리 대응되도록 작성할 것.
○ 결론은 앞 내용을 포괄할 수 있는, 기대 효과와 향후 과제를 1개의 장으로 작성할 것.

〈개요〉

○ 제목: 반려동물 구매의 문제점과 해결 방안
  Ⅰ. 서론
    1. 반려동물 구매의 현황
    2. ㉠
  Ⅱ. 반려동물 구매의 문제점
    1. ㉡
    2. 반려동물을 생산하고 유통하는 과정에서 동물 학대 발생
  Ⅲ. 반려동물 구매 문제의 해결 방안
    1. 반려동물 구매에 관한 인식 개선
    2. ㉢
  Ⅳ. 결론
    1. ㉣
    2. 반려동물의 상품화를 막고 유기 동물 입양을 활성화할 수 있는 대책 마련

① ㉠: 사람들이 반려동물을 구매하는 이유
② ㉡: 생명을, 사고파는 상품으로 인식하는 문제
③ ㉢: 반려동물의 생산 및 유통 과정에서의 규제 강화
④ ㉣: 반려동물 산업의 합법화를 통한 경제적 이익 창출

명사 파생 접미사 '-(으)ㅁ'은 주로 동사나 형용사의 어간과 결합하여 명사를 만든다. 명사 '기쁨'은 형용사인 '기쁘다'에 명사 파생 접미사 '-(으)ㅁ'이 @붙어서 만들어진 것이다. 반면 명사형 전성 어미 '-(으)ㅁ'은 절에 붙어서 그 절을 명사절로 만들어 주는 역할을 한다. 예를 들어, '그녀가 범인이다'라는 절을 명사절로 만들고 싶다면 명사형 전성 어미 '-(으)ㅁ'을 붙여 '그녀가 범인임'이라는 명사절로 만들 수 있다.

명사 파생 접미사 '-(으)ㅁ'과 명사형 전성 어미 '-(으)ㅁ'은 모양이 같기 때문에 표면상으로는 구분되지 않는다. 따라서 이를 구분하기 위해서는 먼저 단어가 어떤 수식어의 수식을 받는지 파악해야 한다. 관형어의 수식을 받는다면 명사 파생 접미사 '-(으)ㅁ'과 결합한 명사이고, 부사어의 수식을 받는다면 명사형 전성 어미 '-(으)ㅁ'과 결합한 용언의 활용형이다. 또한, 서술성의 유무에 따라서도 구분할 수 있다. 서술성이 있다면 명사형 전성 어미 '-(으)ㅁ'과 결합한 용언의 활용형이고, 서술성이 없다면 명사 파생 접미사 '-(으)ㅁ'과 결합한 명사이다.

가령, '㉠춤을 ㉡춤'에서 ㉠과 ㉡의 형태소를 분석하면 '추- + -ㅁ'으로 동일하지만 ㉠은 명사 파생 접미사가 결합하였고, ㉡은 명사형 전성 어미가 결합하였다는 점에서 차이가 있다.

07 밑줄 친 부분이 윗글의 ㉠과 가장 유사한 것은?

① 별은 낮에도 반짝임을 왜 몰랐을까?
② 누나는 유화 그림을 즐겨 보러 다닌다.
③ 찬바람이 불어옴은 겨울이 오고 있다는 증거이다.
④ 선생님은 아이들이 시끄러움을 보고 주의를 주었다.

08 문맥상 @의 의미와 가장 가까운 것은?

① 전신주에 광고 쪽지가 붙어 있었다.
② 생명이 붙어 있는 날까지 도전하겠다.
③ 담당 직원이 제자리에 붙어 있지 않는다.
④ 아무래도 그놈들과 싸움이 한판 붙을 것 같다.

09 다음 글에 대한 이해로 적절한 것은?

인디언 언어 중 미크맥어의 경우를 보자. 이 언어에서 색을 표현하는 말은 늘 동사이다. 자연에 존재하는 색은 대부분 자연의 변화와 관련되기 때문이다. 영어로 '붉은색'이라고 하면 그 말은 대개 붉은 물감 색을 가리키는 경우가 많지만 미크맥어에서 '붉다'는 말뜻은 색 자체보다 잘 익었다거나, 타오른다거나, 얼굴이 달아오른다는 것을 나타낸다. 또, 이 언어에는 명사가 별로 없다. 모든 물체는 생명을 가진 것으로서 움직이고 다른 사물들과 관계를 맺는 것이니 이들은 다 동사로 표현된다. 우리말에도 형용사와 동사가 발달한 것은 미크맥어와 같은 맥락이라고 할까. 동사와 형용사가 발달한 언어를 쓰는 민족은 객관적인 존재보다도 그 존재와 맺는 관계를 중요하게 생각한다. 왜냐하면 동사는 내가 다른 대상에게 영향을 주거나 받은 것을 표현하는 말이고, 형용사는 그러한 영향의 결과를 나타내는 말이기 때문이다.

① 미크맥어의 색채어는 동사보다 형용사가 많다.
② 미크맥어의 명사를 분석해 보면 사물 간의 연관성을 파악할 수 있다.
③ 한국어는 미크맥어와 달리 대상의 개별성과 객관성에 초점이 맞춰져 있다.
④ 미크맥어는 영어에 비해 하나의 색채어로 표현할 수 있는 의미가 다양하다.

10 다음 글에서 추론할 수 있는 내용으로 적절하지 않은 것은?

어떤 사진 속 물체의 색깔과 형태로부터 그 물체가 사과인지 아닌지를 구별할 수 있도록 인공 신경망을 학습시키는 경우를 생각해 보자. 먼저 학습을 위한 입력값들 즉 학습 데이터를 만들어야 한다. 학습 데이터를 만들기 위해서는 사과 사진을 준비하고 사진에 나타난 특징인 색깔과 형태를 수치화해야 한다. 이 경우 색깔과 형태라는 두 범주를 수치화하여 하나의 학습 데이터로 묶은 다음, '정답'에 해당하는 값과 함께 학습 데이터를 인공 신경망에 제공한다. 이때 같은 범주에 속하는 입력값은 동일한 입력 단자를 통해 들어가도록 해야 한다. 그리고 사과 사진에 대한 학습 데이터를 만들 때에 정답인 '사과이다'에 해당하는 값을 '1'로 설정하였다면 출력값 '0'은 '사과가 아니다'를 의미하게 된다.

인공 신경망의 작동은 크게 학습 단계와 판정 단계로 나뉜다. 학습 단계는 학습 데이터를 입력층의 입력 단자에 넣어 주고 출력층의 출력값을 구한 후, 이 출력값과 정답에 해당하는 값의 차이가 줄어들도록 가중치를 갱신하는 과정이다. 어떤 학습 데이터가 주어지면 이때의 출력값을 구하고 학습 데이터와 함께 제공된 정답에 해당하는 값에서 출력값을 뺀 값 즉 오차값을 구한다. 이 오차값의 일부가 출력층의 출력 단자에서 입력층의 입력 단자 방향으로 되돌아가면서 각 계층의 퍼셉트론별로 출력 신호를 만드는 데 관여한 모든 가중치들에 더해지는 방식으로 가중치들이 갱신된다.

이러한 과정을 다양한 학습 데이터에 대하여 반복하면 출력값들이 각각의 정답값에 수렴하게 되고 판정 성능이 좋아진다. 오차값이 0에 근접하게 되거나 가중치의 갱신이 더 이상 이루어지지 않게 되면 학습 단계를 마치고 판정 단계로 전환한다. 이때 판정의 오류를 줄이기 위해서는 학습 단계에서 대상들의 변별적 특징이 잘 반영되어 있는 서로 다른 학습 데이터를 사용하는 것이 좋다.

① 학습 단계에서 정답값과 출력값의 차이가 0에 수렴하게 되면 다음 단계의 작업을 진행할 수 있다.

② 정답과 식별되는 특징을 지닌 학습 데이터를 다양하게 입력하면 판정 오류가 발생할 확률이 낮아진다.

③ 인공 신경망에 제공하는 학습 데이터를 만들기 위해서는 각 범주에 해당하는 값이 모두 수치화되어야 한다.

④ 서로 다른 범주에 속하는 입력값이 동일한 입력 단자를 통해 들어가는 경우 출력값이 정상적으로 출력된다.

바로 채점하기   정답·해설 _약점 보완 해설집 p.23

| 01 | ② | 02 | ④ | 03 | ② | 04 | ① | 05 | ① |
| 06 | ④ | 07 | ② | 08 | ① | 09 | ④ | 10 | ④ |

출제 예상 어휘 퀴즈

헷갈리기 쉬운 어휘

[01~06] 다음 중 알맞은 어휘를 고르시오.

01 (이제 / 인제) 며칠만 지나면 방학이다.

02 과일의 품질에 따라 등급을 (매겼다 / 메겼다).

03 (뻐꾸기 / 뻐꾹이) 한 마리가 숲 속으로 날아갔다.

04 그 가게의 사장은 손님을 (깍듯이 / 깎듯이) 대접한다.

05 (설거지 / 설겆이)를 끝내고 나니 정오가 훨씬 지나 있었다.

06 (내노라하는 / 내로라하는) 예능인들이 연말 공연을 준비할 예정이다.

고유어와 한자어의 대응

[07~12] 밑줄 친 어휘와 바꿔 쓸 수 있는 것을 ㉠~㉤에서 고르시오.

07 성난 주민들이 군청으로 <u>몰려갔다</u>.

08 전염병이 전 세계적으로 급속히 <u>퍼지고</u> 있다.

09 늦어도 6시까지는 보고서 작성을 <u>끝내야</u> 한다.

10 손을 <u>깨끗하게</u> 해야 다양한 질병을 예방할 수 있다.

11 여러분이 제시한 의견을 <u>모아서</u> 해결 방안을 논의하겠습니다.

12 그들은 협상을 유리하게 진행하기 위해 <u>꾸며낸</u> 사진을 내밀었다.

㉠ 완료(完了)하다

㉡ 수렴(收斂)하다

㉢ 이동(移動)하다

㉣ 확산(擴散)하다

㉤ 조작(造作)하다

㉥ 청결(淸潔)하다

정답 | **01** 이제 **02** 매겼다 **03** 뻐꾸기 **04** 깍듯이 **05** 설거지 **06** 내로라하는
07 ㉢ **08** ㉣ **09** ㉠ **10** ㉥ **11** ㉡ **12** ㉤

01 다음 글의 내용에 부합하지 않는 것은?

문신(文身)은 말 그대로 몸에 새기는 무늬이다. 문신 문화에 관한 고고학이나 인류학, 그리고 역사학의 자료를 참조하면 문신은 특정 문화권에 한정된 현상이 아니라 인류 보편의 문화 현상이었다. 알프스에서 발견된 5천여 년 전 청동기 시대의 사냥꾼 미라에도 문신이 있었고 19세기 또는 20세기 초까지 석기 시대의 삶을 살고 있었던 남태평양의 섬이나 중국 서남부의 여러 민족들도 문신 습속을 지니고 있었다. 우리 역시 삼한 시대에 문신 습속이 있었다.

인류 문화의 보편적 현상인 문신은 고통스러운 신체 장식술을 통해 특정한 사회적 의미를 표현한다. 역사서의 기록이나 구술 전승에 따르면 문신은 어로·수렵 등 생산 활동 중에 있을 수 있는 동물들의 공격으로부터 신체를 보호하는 주술적 기능을 수행했다. 또 문신에는 문신을 하지 않거나 다른 형태의 문신을 한 종족과 동일 문신의 종족을 구별해 주는 종족 표지 기능도 있었다. 그리고 문신은 위치나 형태를 통해 신분의 고하(高下)나 결혼의 유무 등 사회적 신분을 표시하는 기능도 수행하는데 이때 문신하기는 일종의 통과 의례이다. 그러나 문신에는 이와 같은 종교적·실용적 기능 외에도 미적 기능이 있다. 옷이 신분을 드러내는 표지이면서 동시에 아름다움의 표현이듯이 문신 역시 문신 사회에서는 아름다움의 표현이었다.

오늘날에도 원시 사회의 문신이 지니고 있던 이런 기능들은 축소되거나 변형된 채 여전히 지속되고 있다. 집단적 성격을 가지고 있던 주술 문신은 늘 승부에 몸을 던지는 스포츠 선수들의 몸 위에 남아 있다. 그들은 문신을 통해 심리적 위안을 얻고 승리를 기원한다. 문신의 미적 기능 역시 눈썹을 그리는 미용 문신의 이름으로 여성들의 신체에 남아 있으며, 예술 문신이라는 이름의 새로운 장르로 태어나고 있는 중이다. 한편, 종족 표지의 기능을 수행하던 문신은 범죄 집단에서 구성원들의 결속력을 강화하기 위한 수단으로 왜곡되어 나타나기도 한다.

우리 사회에서 문신은 죄의 대가로 새기는 형벌 문신의 영향과 유가적(儒家的) 신체관의 유산 때문에 반사회적·반윤리적 이미지를 불러일으키는 불온한 상징물로 간주된다. 하지만 다른 한편에서 그것은 유가적 신체관으로부터 자유로운 세대들의 자의식을 드러내는 도전적 상징물이고, 몸을 화폭으로 삼아 새겨 내는 전위적 예술이기도 하다.

① 몸에 새긴 무늬 모양에 따라 종족을 구별할 수 있었다.

② 원시 사회뿐만 아니라 오늘날에도 문신은 다양한 기능을 수행한다.

③ 종족 표지의 기능을 하던 문신은 오늘날 범죄 수단으로 왜곡되었다.

④ 사냥꾼 미라에 새겨진 문신은 불행이나 재해를 막고자 했던 바람이 담겨 있을 것이다.

02 다음 조건에 따라 작성한 것으로 가장 적절한 것은?

○ 나눔의 의의를 밝힌다.
○ 의문문 형식을 활용한다.
○ 동아리 가입을 권하며 글을 마무리한다.

① 생활 속에서 쉽게 실천할 수 있는 나눔에는 어떤 것들이 있을까요? 우리 동아리에서 함께 나눔을 실천하며 보람을 느껴 보세요.

② 나눔은 내가 베푼 마음이 타인에게 퍼져 모두를 행복하게 만드는 것입니다. 우리 동아리에서 나눔을 함께 실천해 보지 않으시겠어요?

③ 나눔은 다른 사람이 도움을 필요로 할 때 나의 희생이 함께하면서 시작되는 것입니다. 각자의 자리에서 나눔을 실천할 수 있는 방법을 찾아볼까요?

④ 나눔은 베푸는 마음에서 시작되는 것입니다. ○○동아리에 가입한다면 여러분의 재능과 나눔의 마음이 합해져 우리 주변은 희망으로 가득 찰 것입니다.

03 다음에서 설명한 의사소통 방법으로 가장 적절한 것은?

> '나-전달법'은 갈등 상황에서 타인에 대한 부정적인 생각을 드러내는 대신, 자신이 느끼는 감정에 집중하는 의사소통 방법이다. '나-전달법'의 메시지는 크게 '사건, 감정, 기대'로 구성할 수 있는데, 상대방을 비난하거나 비판하지 않고 자신의 감정을 상대방이 이해할 수 있도록 돕는 것이 목적이다.

① A: 그거 못 보던 옷인데, 혹시 내 옷이니? 너 진짜 생각 없다.
　B: 미안해. 너무 급해서 그냥 입고 나와 버렸어.

② A: 그거 나도 아직 한 번도 안 입은 새 옷인데, 빌려 가면 어떡해? 나 좀 속상하다.
　B: 아, 그래? 새 옷인 줄은 몰랐어. 미안해.

③ A: 내 옷을 입고 싶었으면 말을 하고 빌려 가야지. 이렇게 말도 없이 가져가는 게 어디 있어?
　B: 언니도 평소에 내 옷 많이 입잖아. 피차일반이야.

④ A: 네가 나한테 말도 안 하고 내 옷을 빌려 입어서 화가 났어. 앞으로는 입고 싶은 옷이 있으면 나한테 먼저 얘기해 줄래?
　B: 미안해, 언니. 내가 생각이 짧았어.

04 다음 글의 ㉠~㉢에 들어갈 말을 적절하게 나열한 것은?

> 　문학은 삶과 밀접한 관련을 맺고 있으며, 독자는 문학을 통해 인간과 세계를 이해하고 바람직한 삶의 의미를 깨닫게 되며, 미적으로 삶을 고양할 수 있다. 문학이 인간과 세계에 대한 이해를 돕는다는 것은 문학의 인식적 기능에 해당하며 문학을 통해 삶의 의미나 교훈을 깨닫게 된다는 것은 문학의 윤리적 기능에 해당한다. 또한 문학이 정서적·미적으로 삶을 고양한다는 것은 문학의 미적 기능이라고 할 수 있다.
> 　문학의 ┌㉠┐는 「채봉감별곡」 전반부에서 찾아볼 수 있다. 작품 전반부에는 가을밤의 호젓한 장면이 묘사되어 있다. 이는 아름다운 외모를 가진 '채봉'의 외롭고 쓸쓸한 마음을 간접적으로 드러내기 위해 애상적인 분위기를 형성한 것이다. 독자는 이를 통해 아름다움과 동시에 섬세한 감성을 느끼게 된다.
> 　한편 「채봉감별곡」에서 '채봉'의 아버지 '김 진사'에게 관직을 주는 대신 '채봉'을 첩으로 들일 것과 뇌물을 요구했던 '허 판서'가 역적죄로 파면되는 장면은 권선징악의 메시지를 전한다. 이는 문학의 ┌㉡┐라고 할 수 있다.
> 　「채봉감별곡」에서 양반 출신인 '필성'은 아버지의 빚을 갚기 위해 기생이 된 '채봉'과 혼인을 하고자 신분의 전락을 받아들이고 중인인 이방이 된다. 이를 통해 독자는 인간이란 소중한 것을 지키기 위해서라면 자신이 가진 것을 희생할 수 있는 숭고한 존재임을 알게 된다. 또한 매관매직이 성행하는 당시 세태를 보여 줌으로써 우리가 살아가는 세계가 언제나 밝은 면만 존재하는 것이 아니라 어두운 면도 갖고 있음을 이해하게 된다. 이것이 문학의 ┌㉢┐이다.

	㉠	㉡	㉢
①	미적 기능	인식적 기능	윤리적 기능
②	미적 기능	윤리적 기능	인식적 기능
③	인식적 기능	윤리적 기능	미적 기능
④	윤리적 기능	미적 기능	인식적 기능

언론에 있어 '진실'이란, 첫째, 사물을 부분만 보지 말고 전체를 보아야 한다는 것을 뜻한다. '진실'이 알려지는 것을 두려워하는 사람들은, 신문이 사건이나 문제의 전모(全貌)를 밝히는 것을 저지하기 위해 자기들에게 유리한 부분만을 ⑦부풀려 선전하기도 하고, 불리한 면은 은폐하여 알리지 않으려고 한다. 공정한 논평에 있어 가장 중요한 점은 사고의 자유로운 활동이다. 자기에게 불리하다고 해서 문제를 그런 식으로 생각하면 안 된다거나, 이 문제는 이런 방향, 이런 각도로만 생각해야 한다고만 주장한다면, 이것이 곧 진실과 반대가 되는 곡필(曲筆) 논평(論評)이 된다. 곡필은 어느 선 이상은 생각을 하지 않는다는 데 그 특징이 있다. 자유롭게 다각도로 사고를 하면 진실이 ⓒ밝혀지기 때문이다.

둘째, 언론에 있어 '진실한 보도와 논평'을 하기 위해서는 사물을 역사적으로 관찰할 줄 아는 안목이 있어야 한다. 어떠한 사물을 옳게 보도하거나 논평할 수 있으려면, 그 사물의 의미 또는 가치를 올바르게 평가할 수 있어야 한다. 어떠한 가치에 서서 사물을 보느냐에 따라 사람의 안목은 결정된다. 안목이 있는 사람이란, 발전하는 새로운 가치의 입장에서 사물을 볼 줄 아는 사람을 말한다. 사회적 가치란 사회적 이해와 ⓒ깊은 관계가 있다. 자기의 이해관계에 따라 사물을 보는 태도가 서로 달라진다. 어떤 사람에게는 긍정적 가치인 것이 어떤 사람에게는 부정적 가치가 된다. 이것은 이해관계가 서로 다르기 때문이다. 따라서 사물을 볼 때에는 소수의 이익이 아니라 다수의 이익, 퇴보의 가치가 아니라 발전하는 가치라는 원칙에 따라 판단하고 평가해야 한다. 〈중 략〉

신문이 (가) 진실을 보도해야 한다는 것은 새삼스러운 설명이 필요 없는 당연한 이야기이다. 올바른 보도를 하기 위해서는 문제를 전체적으로 ⓔ보아야 하고, 역사적으로는 새로운 가치의 편에서 봐야 하며, 무엇이 근거이고, 무엇이 조건인가를 명확히 해야 한다고 했다. 신문은 스스로 자신들의 임무가 '사실 보도'라고 말한다. 그 임무를 다하기 위해 신문은 자신들의 이해관계에 따라 진실을 왜곡하려는 권력과 이익 집단, 그 구속과 억압의 논리로부터 자유로워야 한다.

05 밑줄 친 (가)에 대한 필자의 견해로 볼 수 없는 것은?

① 사건의 부분이 아니라 사건의 전체를 볼 수 있어야 한다.

② 사회 문제를 대하는 자신만의 사고방식이 확고해야 한다.

③ 사물이 누구에게 이익이 되는가를 판단할 수 있어야 한다.

④ 특정한 권력 집단이나 이익 집단으로부터 간섭받지 않아야 한다.

06 ⑦~ⓔ과 바꿔 쓸 수 있는 유사한 표현으로 적절하지 않은 것은?

① ⑦: 과장하여

② ⓒ: 규정되기

③ ⓒ: 밀접한

④ ⓔ: 관망해야

07 (가)와 (나)를 전제로 할 때 빈칸에 들어갈 결론으로 가장 적절한 것은?

> (가) 데스크톱을 구매한 사람은 노트북을 구매하지 않는다.
> (나) 태블릿 PC를 구매한 사람은 노트북을 구매한다.
> 따라서 _____

① 태블릿 PC를 구매한 사람은 데스크톱을 구매한다.

② 데스크톱을 구매한 사람 중 어떤 사람은 태블릿 PC를 구매한다.

③ 데스크톱을 구매한 사람 중 태블릿 PC를 구매한 사람은 없다.

④ 태블릿 PC를 구매하지 않은 사람은 데스크톱을 구매하지 않는다.

08 다음 글의 빈칸에 들어갈 내용으로 가장 적절한 것은?

> 매출에서 총비용(= 고정비* + 변동비*)을 빼면 이윤이 나온다. 매출이 총비용보다 많다면 이윤을 벌 수 있으므로 기업은 당연히 생산 활동을 해야 한다.
> 그런데 매출이 부진해 총비용보다 적은 경우가 있다. 손실을 피할 수 없다. 그렇다고 바로 생산을 멈춰야 한다는 뜻은 아니다. 매출이 변동비보다 많은지 적은지를 따져야 한다.
> 매출이 변동비보다 많다고 하자. 이 경우 생산을 중단하면 매출은 0이며, 변동비도 들어가지 않는다. 그래도 고정비는 계속 들어간다. 코로나19 팬데믹으로 사회적 거리 두기를 해 영업을 할 수 없었을 때도 임대료와 급여는 꼬박꼬박 나가야 한다. 대출로 비싼 장비를 구매한 공장은 직원 집단 휴가로 생산을 멈추더라도 대출 이자는 변함없이 내야 한다. 따라서 기업은 손실을 최소화하려면 _____
>
> * 고정비: 생산량의 변동 여부에 관계없이 일정하게 지출되는 비용으로 매장 임대료, 직원 급여 등이 이에 속한다.
> * 변동비: 생산량의 변동 여부에 따라 변화하는 비용으로 재료비, 일정 기간 동안 생산 설비를 이용하는 정도와 관계있는 비용이다.

① 고정비에 대한 지출을 줄이기 위해서라도 생산을 중단해야 한다.

② 변동비로 인해 발생하는 손실을 막기 위해 생산량을 늘려야 한다.

③ 고정비의 일부라도 메우기 위해서 생산을 지속하는 것이 합리적이다.

④ 변동비에 대한 손실을 최소화하기 위해 직원의 급여를 삭감해야 한다.

[09~10] 다음 글을 읽고 물음에 답하시오.

테니스 선수 그라프는 1992년에 우승을 통해 거액을 벌었지만, 유독 숙적인 셀레스에게는 계속해서 패하였다. 그러나 이듬해 ㉠그가 사고를 당해 더 이상 경기에 참여할 수 없게 되자, 그라프는 경기 능력에 큰 변화가 없었음에도 불구하고 이후 승률이 거의 두 배 이상 상승했다. 이에 따라 ㉡그의 우승 상금은 물론 광고 출연 등의 부수적 이익 또한 전보다 크게 증가했다. 이런 현상은 '위치적 외부성'의 개념으로 설명된다. 앞선 상황과 같이 ㉢어떤 이의 보상이 ㉣다른 이의 행동에 영향을 받은 것임에도, 그에 대한 대가를 지불하지 않거나, 대가를 받지 않는 것과 같은 현상을 외부성이라고 한다. 〈중 략〉

위치적 외부성이 개입되어 있는 상황에서 사람들은 자신의 위치를 높이는 행동을 하려고 한다. 예컨대 한 경쟁자가 성과를 향상시키기 위해 지출을 늘리면, 이는 다른 경쟁자들의 위치에 영향을 미치게 되므로 다른 경쟁자들 또한 지출을 늘리게 된다. 그러나 모든 경쟁자가 동시에 자신의 위치를 향상시키기 위해 지출을 반복적으로 늘린다면, 경쟁자 간의 실질적인 위치는 변하지 않을 가능성이 크다. 그리고 다른 경쟁자의 상대적인 성과에 따른 각 경쟁자의 위치적 보상 정도가 클수록 이와 같은 투자의 유인은 커진다.

위치적 외부성이 존재하면 사람들은 성과를 향상시키기 위하여 경쟁적으로 투자를 늘린다. 그러나 경쟁자의 위치에 따른 이익이 한정되어 있고 투자의 결과 각자의 위치에 별 효과가 없다면 소모적인 지출일 가능성이 크다. 이와 같은 투자 행태를 군비 경쟁에 비유하여 '위치적 군비 경쟁'이라고 부른다. 위치적 군비 경쟁은 사회 전체의 입장에서 볼 때 경제적 비효율성을 가져오는데, 이는 개인의 유인과 사회 전체의 유인이 다른 데서 비롯된 것이다.

09 윗글의 내용을 잘못 이해한 사람은?

① 창훈: 이번 기말고사가 어렵다는 소식을 듣고 독학하던 전교 1등이 학원에 다니기 시작한다면 다른 학생들도 학원을 등록할 가능성이 높군.

② 민지: 하지만 모든 학생들이 학교와 학원 수업을 병행하며 공부를 열심히 하면, 학업 성취 수준이 상향 평준화되어 등수 변화는 없을 거야.

③ 한나: 시간과 돈을 들여 학원을 다님에도 불구하고 전교생의 등수 변화가 크지 않다면 학생들 사이의 경쟁은 '위치적 군비 경쟁'이라고 볼 수 있겠네.

④ 초아: 성적이나 등수에 변화가 없더라도 노력한 모든 학생들에게 동일한 보상이 주어진다면, 학습에 대한 동기가 부여되어 성적 향상을 위한 학생들의 투자 유인은 늘어날 거야.

10 문맥상 ㉠~㉣ 중 지시 대상이 같은 것끼리 묶인 것은?

① ㉠, ㉡ / ㉢, ㉣
② ㉠, ㉣ / ㉡, ㉢
③ ㉠, ㉡, ㉣ / ㉢
④ ㉠, ㉢, ㉣ / ㉡

바로 채점하기   정답·해설 _약점 보완 해설집 p.27

01	③	02	②	03	④	04	②	05	②
06	②	07	③	08	③	09	④	10	②

출제 예상 어휘 퀴즈

헷갈리기 쉬운 어휘

[01~06] 다음 중 알맞은 어휘를 고르시오.

01 그와는 진작부터 (아름 / 알음)이 있었다.

02 그는 한 30세 (가량 / 가령)은 되어 보였다.

03 오랜만에 만난 그녀의 얼굴은 (핼쓱했다 / 해쓱했다).

04 잠들었던 아이가 눈을 뜨고 (부스스 / 부시시) 일어났다.

05 화장지 중 (두루말이 / 두루마리) 화장지가 가장 수요가 많다.

06 어리숙해 보이는 첫인상과 달리 그의 성질은 꽤 (맵짜다 / 맵자하다).

고유어와 한자어의 대응

[07~12] 밑줄 친 어휘와 바꿔 쓸 수 있는 것을 ㉠~㉥에서 고르시오.

07 어머니가 낡은 구두를 <u>고쳐</u> 오셨다.

08 고용주는 피고용인에게 임금을 <u>주어야</u> 한다.

09 재활용 센터에서 폐지와 빈 병을 <u>거두어</u> 갔다.

10 경찰은 그를 유력한 용의자로 <u>보고</u> 수사에 착수했다.

11 그의 고향은 하루에 버스가 한 번 <u>다니는</u> 시골 마을이다.

12 유기농으로 재배한 감자를 <u>거두어들이느라</u> 눈코 뜰 새 없이 바쁘다.

㉠ 지급(支給)하다
㉡ 수확(收穫)하다
㉢ 운행(運行)하다
㉣ 수거(收去)하다
㉤ 수선(修繕)하다
㉥ 간주(看做)하다

정답 | 01 알음 02 가량 03 해쓱했다 04 부스스 05 두루마리 06 맵짜다
07 ㉤ 08 ㉠ 09 ㉣ 10 ㉥ 11 ㉢ 12 ㉡

01 다음 대담에 대한 설명으로 적절한 것은?

> 사회자: 자율주행차가 머지않아 상용화될 것이라고 합니다. 오늘은 전문가를 모시고 이에 대하여 들어 보겠습니다. 교수님, 먼저 자율주행차란 무엇인가요?
>
> 교수: 자율주행차란 인공지능을 탑재하여 운전자가 핸들과 가속 페달, 브레이크 등을 조작하지 않아도 스스로 목적지까지 찾아가는 차를 말합니다.
>
> 사회자: 사람이 개입하지 않아도 차 스스로 운전을 한다면, 편하기는 해도 위험하지 않을까요?
>
> 교수: 그렇지 않습니다. 기계는 사람과 달리 오차가 없지요. 때문에 자율주행차는 차선을 정확히 지킬 뿐 아니라 횡단보도 앞에 정확하게 멈추고, 차 간격을 일정하게 유지하여 목적지까지 안전하게 주행할 수 있습니다.
>
> 사회자: 편리성과 안전성을 겸비한 기술이라니, 정말 멋지네요. 하지만 자율주행차가 장점만을 갖고 있지는 않을 것 같습니다.
>
> 교수: 네. 자율주행차는 기계이므로 이에 따르는 한계도 분명 있습니다. 예를 들어 사이버 테러가 발생하여 테러리스트들이 자율주행차들에 급발진과 같은 지시를 내린다면, 도시는 금방 아비규환의 상태에 빠질 것입니다. 그뿐만 아니라 사회적으로 운전과 관련된 직업이 모두 사라지면서 운전을 직업으로 삼던 사람들의 생계가 위협을 받게 되는 단점이 있습니다.
>
> 사회자: 그렇다면 자율주행차의 상용화가 야기할 현상 및 사고를 예측한 후 대비책을 마련하는 것이 반드시 필요하겠군요.

① 교수는 사회자의 답변에서 모순점을 지적하고 있다.

② 교수는 자율주행차의 상용화에 대하여 부정적인 반응을 보이고 있다.

③ 사회자는 교수에게 특정한 내용에 대하여 설명할 것을 유도하고 있다.

④ 사회자는 주제에 대한 찬반의 입장을 정리하며 대담을 마무리하고 있다.

02 다음 글의 글쓰기 전략으로 볼 수 없는 것은?

> 나와 대화를 할 때 그 친구는 늘 딴짓을 한다. 나를 무시한 채 내가 모르는 사람과 한참 수다를 떨기도 한다. 다른 일이 생기면 말을 걸어도 한참 동안이나 대꾸를 하지 않는다. 급한 일이 있으면 인사도 없이 자리를 박차고 나가 버리기까지 한다. 이런 식으로 구는 친구와 과연 우정을 계속 이어 갈 수 있을까?
>
> 하지만 우리는 이미 이런 식으로 우정을 나누고 있다. 인터넷 메신저만 해도 그렇다. 사람들은 자기 일을 하며 대화창을 열어 놓는다. 한 사람과 메신저로 이야기를 나누며, 다른 친구와 동시에 대화를 나누는 경우도 흔하다. 피곤해서 대답하기 싫으면 대화창이 깜박여도 그냥 무시해 버린다. 나중에 바빴다고 핑계 대면 그만일 테니까.
>
> 인터넷은 인간관계를 넓게 벌려 놓았다. 인터넷 동호회, 블로그 등 사람들과 만나는 자리는 넘치도록 많다. 그럼에도 여전히 세상은 외로움에 한숨 쉬는 사람들로 넘친다. 관계 맺는 이들이 늘어나는데도 마음은 점점 더 헛헛해져만 간다. 왜 이럴까?
>
> "예쁜 꽃을 본다고 저절로 그림이 그려지지는 않는다." 심리학자 에리히 프롬의 말이다. 우정도 마찬가지다. 멋진 사람을 만났다 해서 가슴 든든한 우정이 절로 만들어지지는 않는다. 인간관계도 연습해야 느는 법이다. 인터넷 공간은 언제든 대꾸 안 하고 관계를 끊어 버려도 무리가 없는 곳이다. 반면에, 일상생활에서는 상대가 밉고 싫어도 우정을 쉽게 내려놓지 못한다. 매일 얼굴을 봐야 하는 친구 사이라면 더더욱 그렇다. 애정은 둘 사이에 숱한 감정이 쌓이면서 무르익어 간다. 오프라인 친구가 진짜처럼 느껴지는 이유다.

① 의문형 문장을 사용하여 독자의 주의를 환기한다.

② 전문가의 말을 직접 인용하여 글의 주제를 강조한다.

③ 용어의 정의를 명시하고 이를 바탕으로 주장의 정당성을 강화한다.

④ 일상에서 경험할 수 있는 사례를 화두로 제시하여 독자의 흥미를 유발한다.

03 다음 글을 통해 추론할 수 없는 것은?

공격욕이 강한 사람이 원하는 것은 파괴이다. 그들은 자신이 아닌 다른 누가 잘되는 것을 인정하지 못한다. 타인이 행복하거나 성공하면 참지 못하고 강한 분노와 적의를 드러내 파괴하려고 한다.

그러한 데에는 개인적인 이해가 얽힌 경우도 있다. 공격욕이 강한 사람은 자신의 바람과 이익만 생각하기 때문에 방해가 되는 사람에게는 공격의 칼날을 세운다. 이를테면 어떤 자리를 차지하기 위해 경쟁자를 뒤에서 헐뜯어 밀어내는 경우가 전형적인 예다. 그들은 자신의 행동이 다른 사람들에게 얼마나 큰 혼란을 야기하고 피해를 줄지에 대해서는 전혀 생각하지 않는다.

하지만 이런 유형의 이기주의자는 의외로 의도를 알아채기 쉬워서 대처하기 어렵지는 않다.

골치 아픈 유형은 자신의 이익이 얽힌 것도 아닌데, 특정 사람에게 타격을 주어 상대의 일을 망쳐버리고 때로는 인격까지 파괴하려는 사람이다. 그런 유형의 사람은 악의를 감추고 공격하는 경향이 있는데, 때로는 자신의 악의를 자각하지 못한 채 잔혹한 짓을 서슴지 않는 경우도 있다. 그들은 종종 "당신을 위해서라고 생각해서 그랬다", "그런 이유 때문에 그랬다" 하는 식으로 말하는데, 그 선량하고 상냥한 가면 뒤에 모종의 악의를 감추고 있다.

① 공격욕이 강한 사람은 본심을 숨기기 위해 타인에게 자신의 행동을 합리화하는 경향이 있다.

② 공격욕이 강한 사람은 자신의 행동이 유발할 결과를 예측하여 방어적인 태도로 타인을 대한다.

③ 공격욕이 강한 사람은 다른 사람의 성공을 인정하지 못할 경우 그 사람을 무너뜨리려는 성향이 있다.

④ 공격욕이 강한 사람은 때로 자신에게 돌아올 이득이 없더라도 타인에게 악의적인 행동을 서슴지 않는다.

04 다음 글의 ㉠~㉢에 들어갈 말로 적절한 것은?

의문문은 '의문사'의 존재 여부에 따라 판정 의문문과 설명 의문문으로 나뉘는데, 의문사는 '누구', '언제', '무엇'과 같이 의문이 초점이 되는 사물이나 사태를 지시하는 말이다. 판정 의문문에는 의문사가 나타나지 않으며, 상대편에게 '예', '아니요'의 대답을 요구한다. 반대로 설명 의문문에는 의문사가 나타나며 상대의 구체적인 설명을 요구한다.

중세국어에는 현대국어처럼 용언의 어간에 의문형 종결 어미가 결합하여 의문문을 형성하는 방법뿐 아니라, 체언 뒤에 직접 결합하여 의문을 뜻을 나타내면서 문장을 끝맺는 특이한 보조사를 결합해 의문문을 만드는 방법도 존재했다. 이때 의문문을 형성하는 보조사를 '의문보조사'라고 한다. 의문보조사는 의문문의 성격에 따라 문장에서 다양한 형태로 실현되었다. 우선 판정 의문문에서는 의문보조사가 '가/아'의 형태로 실현되었다. 이와 달리 설명 의문문에서는 의문보조사가 '고/오'의 형태로 나타났다. 이때 '가', '고'는 모음 또는 받침 'ㄹ' 뒤에서 '아', '오'의 형태로 나타난다.

이러한 이유로 중세국어에 '얻논 藥(약)이 ㉠⎯⎯⎯[얻는 약이 무엇인가?]', '이 두 사르미 眞實(진실)로 네 ㉡⎯⎯⎯[이 두 사람이 진실로 너의 주인가?]', '엇뎨 일훔이 ㉢⎯⎯⎯[어찌 이름이 선야인가?]'와 같은 형태의 문장들이 문헌에서 자주 발견된다.

	㉠	㉡	㉢
①	므스것가	항것고	船若(선야)가
②	므스것고	항것고	船若(선야)아
③	므스것고	항것가	船若(선야)고
④	므스것고	항것가	船若(선야)오

[05 ~ 06] 다음 글을 읽고 물음에 답하시오.

우리는 자칫 의미라는 것을 두고 마치 어떤 사물이 땅에 묻혀 있다가 발견되는 것처럼 생각하기 쉽다. 그러나 ㉠그것은 구성되는 것이지 발견되는 것이 아니다. 어떤 움직임이 사건이 된다는 것은 ㉡그것이 언어를 통해 마름질된다는 것을 뜻한다. 사건을 두고 이야기하더라도 ㉢그것이 단독으로는 큰 의미를 지니지 못한다. 의미란 사건과 또 다른 사건들을 이음으로써, 달리 말해 계열화함으로써 형성된다. 우리는 매체들이 ㉣그것들을 취사선택하고 해석하여 전달한다고 했다. 취사선택한다는 것은 세계의 숱한 생성에서 사건들을 마름질한다는 것이고, 해석한다는 것은 하나의 사건을 어떤 다른 사건들과 계열화해 의미를 만들어 냄을 뜻하는 것이다.

05 윗글을 가장 잘 요약한 것은?

① 언어가 없다면 일어나는 사건들이 지각되지 않는다.

② 언어를 통해 의미를 구성하는 방향으로 사건이 발생한다.

③ 언어를 통해 사건에 의미를 부여하지만 그 의미는 확정적인 것은 아니다.

④ 의미는 처음부터 존재하는 것이 아니라 언어를 통해 연계가 이루어져 구성되는 것이다.

06 문맥상 ㉠ ~ ㉣ 중 지시 대상이 같은 것만으로 묶인 것은?

① ㉡, ㉢

② ㉢, ㉣

③ ㉠, ㉡, ㉢

④ ㉡, ㉢, ㉣

07 ㉠ ~ ㉣을 문맥에 맞게 수정하는 방안으로 적절한 것은?

인터넷 실명제란 이용자의 실명과 주민등록번호가 확인되어야만 인터넷 게시판에 의견이나 자료를 올릴 수 있게 하는 제도이다. 초고속 정보 통신망이 구축되고 인터넷을 이용한 정보 교환이 활발해지면서 악성 댓글 달기, 거짓 정보 유포, 사생활 침해와 같은 역기능이 생겨났다. 인터넷 실명제는 책임 있는 글쓰기를 통해 이러한 역기능을 ㉠최소화하자는 취지에서 나온 것이다.

한편 인터넷 실명제 시행은 인간의 기본적인 권리를 침해할 ㉡가능성도 있다. 인터넷 실명제는 이용자들의 ㉢개인주의를 조장할 수 있다. 이용자들은 자신의 사생활을 침해당하지 않으면서 자신의 의견을 솔직하게 나타내고 싶어 한다. 인터넷 실명제는 이러한 활동을 제약하고 자유로운 민심의 동향을 읽을 수 없게 한다. 이 제도는 일시적으로 건전한 사이버 문화 형성에 도움이 될 수 있겠지만, 장기적으로 볼 때 ㉣자유로운 의사소통을 위축시킬 수 있다.

① ㉠을 '간소화하자는'으로 고친다.

② ㉡을 '가능성을 제거한다'로 고친다.

③ ㉢을 '표현의 자유를 억압할 수 있다'로 고친다.

④ ㉣을 '공동체 의식을 저해할 수 있다'로 고친다.

08 다음 글에서 추론한 내용으로 적절한 것은?

상품은 생산되자마자 물리적 마모를 시작한다. 현대에 오면서 더 중요한 마모는 사회적 마모이다. 사회적 마모를 촉진시키는 주범은 당연히 기업이다. 생산이 지속되어야 기업은 이윤을 남긴다. 늘 수요에 비해서 과잉 생산을 하는 기업이 살아남을 수 있는 길은 상품의 사회적 마모를 짧게 해서 소비를 계속 유발시키는 것이다. 자동차나 가구 같은 내구 소비재는 성능만이 아니라 디자인 또한 그에 못지않게 중요해진다. 이제는 성능의 향상 기간보다 디자인 변화 기간을 짧게 하는 것이 오히려 소비 촉진에는 더 효율적인 방법이 된다.

① 상품의 과잉 소비는 기업의 이윤을 오히려 떨어뜨릴 것이다.
② 상품의 디자인 변화는 상품의 물리적 마모 기간을 축소시킬 것이다.
③ 기업은 이윤을 위해 생산해 낸 상품이 좀 더 짧은 기간만 유행하기를 바랄 것이다.
④ 기업은 이윤을 위해 상품의 물리적 마모 기간을 늘려 사회적 마모 기간을 줄일 것이다.

09 다음 글의 내용과 부합하는 것은?

향가 가운데 다섯 줄 사뇌가는 마지막 줄 서두에 종결을 위한 신호가 있어 홀수 줄로 끝나는 것이 시조와 같다. 사뇌가는 다섯 줄이고, 시조는 세 줄인 것이 미적 범주 선택과 관련된다. 사뇌가에서는 숭고를 추구하고, 시조는 우아를 소중하게 여겼다. 사뇌가의 주인인 중세 전기의 귀족은 주관적 관념론자여서 현실을 넘어서는 숭고를, 시조를 만들어낸 중세 후기의 사대부는 객관적 관념론자여서 현실 안팎의 우아를 선호했다. 사뇌가 시대에는 서정시만 있고, 시조는 교술시인 가사와 공존한 것도 세계관 차이의 반영이다.

시조는 고려 말에 신흥 사대부가 중세 후기를 이룩하는 선도자로 대두해 문학 갈래를 비롯한 문화 양상을 대폭 개편할 때, 출현했다. 우탁(禹倬), 이조년(李兆年), 이존오(李存吾), 이색(李穡) 등 일련의 작자가 남긴 작품이 안정되고 성숙한 모습을 보인 것이 시조가 정착된 증거이다. 그때의 시조가 구두로 창작되어 구전되다가 후대에 정착된 것은 자연스러운 일이다. 훈민정음이 창제되어 표기 문자가 마련된 다음에도, 시조는 구두로 창작되고 전달되는 것이 상례였다. 문헌 기록은 부수적인 방법이었다.

① 사뇌가와 시조의 형태적 차이는 당시 향유 계층의 신분 차이와 관련이 있다.
② 시조는 고려 시대에 등장하여 훈민정음 창제 이후 하나의 문학 갈래로 자리 잡게 되었다.
③ 시조는 주로 구두로 창작되었으며, 훈민정음 창제 이후에도 문헌으로 기록되기보다는 구전의 방식으로 전해졌다.
④ 사뇌가에는 주로 현실과 관련을 맺고 있는 숭고미가 나타나고, 시조에는 주로 현실을 초월하는 우아미가 나타난다.

10 다음 중 ㉠과 같은 논증 방식이 사용된 것은?

㉠유비 논증은 두 대상이 몇 가지 점에서 유사하다는 사실이 확인된 상태에서 어떤 대상이 추가적 특성을 갖고 있음이 알려졌을 때 다른 대상도 그 추가적 특성을 가지고 있다고 추론하는 논증이다. 유비 논증은 이미 알고 있는 전제에서 새로운 정보를 결론으로 도출하게 된다는 점에서 유익하기 때문에 일상생활과 과학에서 흔하게 쓰인다. 특히 의학적인 목적에서 포유류를 대상으로 행해지는 동물 실험이 유효하다는 주장과 그에 대한 비판은 유비 논증을 잘 이해할 수 있게 해 준다.

① 마라톤은 수영과는 다르다. 마라톤은 육지에서 하는 운동이고, 수영은 물에서 하는 운동이라는 점에서 그렇다.

② A동물원에 가서 본 기린도 목이 길고, B동물원에 가서 본 기린도 목이 길었다. 아마 모든 기린이 목이 길 것이다.

③ 과자의 공급이 늘어나면, 과자의 가격은 내려간다. 과자의 가격은 내려가지 않았다. 그러므로 과자의 공급도 늘어나지 않았을 것이다.

④ 이전 판례에서는 가해자가 심신미약자라는 점, 고의가 아니었다는 점을 고려하여 무죄 판결이 내려졌다. 이번 사건에서도 가해자가 심신미약자이고, 고의가 아니었으므로 무죄 판결이 나올 가능성이 크다.

바로 채점하기 정답·해설 _약점 보완 해설집 p.30

01	③	02	③	03	②	04	④	05	④
06	②	07	③	08	③	09	③	10	④

출제 예상 어휘 퀴즈

헷갈리기 쉬운 어휘

[01~06] 다음 중 알맞은 어휘를 고르시오.

01 그는 나이를 (가늠 / 가름)하기가 어렵다.

02 안경의 도수를 (돋굴 / 돋울) 때가 되었나 보다.

03 엄마는 김치를 (담가 / 담궈) 언니에게 보내주었다.

04 안전 수칙을 지키지 않더니 결국 (사단 / 사달)이 났다.

05 그녀는 말주변이 좋았고, (옷거리 / 옷걸이)에 맵시가 있었다.

06 이 일을 잘 (추스르지 / 추스리지) 못하면 더 큰 문제가 생길 것이다.

고유어와 한자어의 대응

[07~12] 밑줄 친 어휘와 바꿔 쓸 수 있는 것을 ㉠~㉥에서 고르시오.

07 갖은 보석으로 거울을 곱게 <u>꾸몄다</u>.

08 그는 가정 형편 때문에 고등학교까지만 <u>나왔다</u>.

09 그녀는 그동안 <u>모은</u> 돈을 전부 부모님께 드렸다.

10 휴가철인 7~8월에 <u>버려지는</u> 반려견들이 가장 많다.

11 아버지는 30년간 교직에 몸담으시며 아이들을 <u>가르치셨다</u>.

12 그가 가해자라는 증거가 더 이상 발견되지 않자 경찰은 수사를 <u>끝냈다</u>.

㉠ 졸업(卒業)하다
㉡ 유기(遺棄)하다
㉢ 장식(裝飾)하다
㉣ 교육(敎育)하다
㉤ 저축(貯蓄)하다
㉥ 종결(終結)하다

정답 | 01 가늠 02 돋굴 03 담가 04 사달 05 옷거리 06 추스르지
07 ㉢ 08 ㉠ 09 ㉤ 10 ㉡ 11 ㉣ 12 ㉥

01 '수입 식료품 안전 관리 강화'와 관련하여 작성한 개요이다. 수정 방안으로 적절하지 않은 것은?

주제문: 수입 식료품의 안전 관리를 강화해야 한다.

Ⅰ. 서론
 1. 식료품 수입 상황
  – 해외로부터의 식료품 수입량이 늘어나고 있음 … ㉠
 2. 수입 식료품 안전 관리 현황
  – 수입 식료품 안전 관리가 부실함 ………… ㉡

Ⅱ. 본론
 1. 수입 식료품 관리의 문제점
  1) 통관의 문제점
   – 검사 인력 부족
   – 검사 단계의 비체계성
   – 특정 국가에 한정된 해외 식료품 수입 …… ㉢
  2) 인식의 문제점
   – 수입 업체의 위생에 관한 의식 부족
   – 국가적 차원에서 수입 비중이 높은 국가와 위생
    약정 체결 확대 추진 ………………………… ㉣
 2. 수입 식료품 안전 관리를 위한 대책
  1) 통관 과정상의 대책
   – 전문 검사 요원의 확충
   – 체계적인 검사 방법 마련
  2) 의식적 차원의 대책
   – 수입 업체를 대상으로 정기적 위생 교육 실시

Ⅲ. 결론
 체계적이고 효율적인 통관 검사 실시

---

① ㉠: 내용을 구체적으로 뒷받침하기 위해 식료품 수입 상황을 연도별로 제시한다.

② ㉡: 수입된 식료품 중 유해 물질이 포함된 사례를 제시한다.

③ ㉢: 주제와 관련이 없는 내용이므로 삭제한다.

④ ㉣: 상위 항목과 관련이 없으므로 'Ⅱ-2-2)'의 하위 항목으로 옮긴다.

02 다음 글에서 추론한 내용으로 적절하지 않은 것은?

스티브 잡스가 창조적이라고는 하지만 그가 완전히 발명한 것은 하나도 없고 모두 누군가가 먼저 한 것을 가져다가 완벽하게 다듬어 상품화시킨 것이다. 그래서 그의 천재성은 발명이 아니라 '편집'에 있다고 말하는 사람도 있다. 1973년 출시된 초기의 개인 컴퓨터 매킨토시의 운영체제도 제록스의 알토 컴퓨터를 모방한 것이다. 이에 대해 그는 '훌륭한 예술가는 모방하고, 위대한 예술가는 훔쳐 온다'는 피카소의 말을 인용했다.

여기서 오해가 발생한다. 마치 훔치는 행위를 뻔뻔스럽게 정당화하기 위해 그가 피카소의 말을 인용한 것으로 많은 사람들은 이해한다. 그러나 이 인용문에 대해서는 좀 더 인문학적인 이해가 필요하다. 〈중 략〉

과거의 대가들은 모두 자연을 모방하는 화가였다. 그러나 지금부터 위대한 화가는 더 이상 모방하지 않는다. 다만 창조할 뿐이다. 창조란 무엇인가? 그것은 신의 방식이 아닌가? 예술가는 그 신의 방식을 훔쳐 오는 사람이다. 즉 창조하는 사람이다. 이것이 스티브 잡스가 인용했던 피카소의 말이다. 물건을 훔치는 파렴치한 행위를 정당화하는 것이 아니라 '남들이 보기에 모방처럼 보이지만 이건 모방이 아니라 창조다'라는 이야기이다.

---

① 스티브 잡스는 피카소의 예술론에 동의했다.

② 매킨토시의 운영체제는 초창기 컴퓨터 업계의 혁신을 주도했다.

③ 스티브 잡스가 말하는 모방이란 타인의 아이디어를 훔치는 행위와는 구별된다.

④ 스티브 잡스는 기존에 있는 요소들의 장점을 합해 새로운 상품을 만드는 것도 창조라고 생각했다.

03 다음 대화를 분석한 내용으로 가장 적절한 것은?

갑: 질병 치료를 목적으로 하는 인간 배아의 유전자 편집 기술은 허용되어야 한다고 생각해. 유전자 편집 기술을 활용하면 인류는 유전자로 인한 질병으로부터 해방될 수 있어. 더불어 유전자와 관련된 질병으로 인한 사회경제적인 비용도 감소해 사회 전체의 이익이 증진될 거야. 국민건강보험공단에 따르면 질병으로 인해 발생하는 사회경제적 비용이 140조 원에 달한다고 해. 만약 유전자 편집 기술을 활용해 질병 발병률을 줄인다면, 그 비용을 오히려 다른 분야에 투자할 수 있을 거야.

을: 질병으로 인해 발생하는 사회경제적 비용이 140조원에 달한다고 한 것 말이야. 과연 그게 유전자와 관련된 질병으로 인해서만 발생한 비용일까? 나는 그렇지 않다고 봐.

갑: 공단에서 발표한 자료에 의하면 네가 말한 대로 그 비용이 모두 유전자와 관련된 질병에 대한 비용은 아니야. 그렇지만 대다수의 질병이 유전자와 관련된 것들이었어.

병: 그렇다고 해도 유전자 편집 기술은 문제가 많아. 그 기술은 안정성도 아직 검증되지 않았을 뿐더러 그런 새로운 기술은 소수만이 혜택을 받게 될 거야. 그렇게 되면 사회적 불평등이 심화되는 것은 불 보듯 뻔하지

갑: 그건 맞아. 하지만 기술이 점점 발전하면 비용도 낮아질 거야. 그럼 혜택이 많은 사람들에게 돌아갈 수도 있어.

을: 그건 알 수 없어. 비용이 낮아질 때까지 얼마나 걸릴지 모르고, 그 사이에 사회적 불평등은 심화될 거야.

① 병은 과거의 사례를 인용함으로써 갑의 주장을 반박한다.
② 갑과 병은 상이한 전제에서 합의를 통해 절충안을 마련한다.
③ 을은 갑이 제시한 자료의 적절성에 의문을 제기하며 근거의 타당성을 지적한다.
④ 갑은 병의 주장 중 일부를 수용하고 일부는 실현 가능한 대안을 제시함으로써 반박한다.

04 (가)~(라)를 문맥에 맞게 배열한 것은?

(가) 도르래의 원리를 엘리베이터에 이용할 때 가장 문제가 되었던 것은 추락 사고다. 1861년 오티스라는 발명가가 이러한 문제를 해결한다. 그는 '역회전 방지 장치'로 엘리베이터 특허를 받았고, 고층 건물 시대의 서막을 화려하게 열었다. 보통 '엘리베이터 브레이크'라고 부르는 이 장치 덕분에 엘리베이터가 천천히 움직일 경우에는 도르래가 양방향으로 움직이지만 추락 상황같이 빠른 속도로 움직일 때는 도르래의 움직임을 멈춰 낙하를 방지한다. 이와 같은 원리는 자동차의 안전벨트를 생각하면 좀 더 쉽게 이해할 수 있다. 즉 안전벨트를 서서히 잡아당기면 벨트가 자연스럽게 풀리지만, 힘을 주어 확 잡아당기면 벨트가 당겨오지 않는 것과 같은 이치다.

(나) 엘리베이터가 움직일 때 끈의 각 부분에는 양쪽으로 잡아당기는 힘이 존재하게 되며, 이 힘을 장력이라 부른다. 장력은 서로 잡아당길 때 생기는 힘으로, 밀거나 누르는 힘인 압축력과 다르다. 또한 장력의 두 힘은 혼자서는 존재할 수 없는 힘들이다. 줄다리기를 생각해 보면 쉽게 이해할 수 있다. 줄다리기의 경우 한 쪽에서 가만히 있으면 줄은 일방적으로 다른 쪽으로 끌려갈 것이다. 엘리베이터 박스와 평형추 사이의 힘도 마찬가지다. 엘리베이터 박스만 있고 평형추가 없다면 박스의 무게를 전동기의 힘으로만 감당해야 한다. 그런데 다른 쪽에 엘리베이터 박스와 평형을 이룰 수 있는 추가 있다면 그 무게만큼 전동기가 부담해야 할 힘은 분산될 것이다.

(다) 엘리베이터는 도르래의 원리를 이용한 것이다. 도르래는 고정 도르래와 움직 도르래가 있다. 고정 도르래는 우물물을 긷는 것처럼 힘의 방향을 바꿀 때 사용한다. 반면 움직 도르래는 힘의 방향을 바꿀 수 없지만 작은 힘으로 큰 무게를 움직일 때 사용한다. 이 두 가지 중 엘리베이터는 고정 도르래를 이용한 것이다.

(라) 엘리베이터의 움직임을 이해하기 위해 그 구조를 살펴보자. 우선 도르래는 수직 통로의 맨 위에 고정되어 있다. 이 도르래는 전동기의 출력 장치와 연결되어 엘리베이터를 움직이는 에너지를 전달한다. 그 옆에는 보조 도르래가 있다. 엘리베이터의 힘은 끈을 통해 작용하는데 한쪽 끈에는 사람들이 타는 엘리베이터 박스가, 다른 쪽 끈에는 평형추가 달려 있다. 엘리베이터 박스와 평형추는 전동기의 힘으로 아래, 혹은 위로 움직인다.

① (가) - (다) - (라) - (나) ② (가) - (라) - (나) - (다)
③ (다) - (가) - (나) - (라) ④ (다) - (라) - (나) - (가)

[05 ~ 06] 다음 글을 읽고 물음에 답하시오.

스타이컨은 로댕을 대리석상 〈빅토르 위고〉 앞에 ㉠두고 찍은 사진과, 청동상 〈생각하는 사람〉을 찍은 사진을 합성하여 하나의 사진 작품으로 만들었다. 이렇게 제작된 사진의 구도에서 어둡게 나타난 근경에는 로댕이 〈생각하는 사람〉과 서로 마주 보며 비슷한 자세로 앉아 있고, 반면 환하게 보이는 원경에는 〈빅토르 위고〉가 이들을 내려다보는 모습으로 배치되어 있다. 단순히 근경과 원경을 합성한 것이 아니라, 두 사진의 피사체들이 작가가 의도한 바에 따라 하나의 프레임 속에서 자리 잡을 수 있도록 당시로서는 고난도인 합성 사진 기법을 동원한 것이다. 또한 인화 과정에서는 피사체의 질감이 억제되는 감광액을 사용하였다.

스타이컨은 1901년부터 거의 매주 로댕과 예술적 교류를 하며 그의 작품들을 촬영했다. 로댕은 사물의 외형만을 재현하려는 당시 예술계의 경향에서 벗어나 생명력과 표현성을 강조하는 조각을 하고 있었는데, 스타이컨은 이를 높이 평가하고 깊이 공감하였다. 스타이컨은 사진이나 조각이 작가의 주관과 감정을 표현할 수 있으며 문학 작품처럼 해석의 대상도 될 수 있다고 생각했는데, 로댕 또한 이에 동감하여 기꺼이 사진 작품의 모델이 되어 주기도 하였다.

05 윗글의 내용과 부합하지 않는 것은?

① 스타이컨은 로댕뿐만 아니라 로댕의 작품까지도 피사체로 활용했다.
② 로댕이 활동했을 당시에 예술계는 사물의 외형만을 재현하려는 경향이 있었다.
③ 스타이컨은 예술 작품을 해석하면 작가의 주관이나 감정을 느낄 수 있다고 생각했다.
④ 스타이컨이 합성한 사진은 원경의 로댕이 근경의 대리석상과 청동상을 내려다보는 모습으로 배치되어 있다.

06 문맥상 ㉠의 의미와 가장 가까운 것은?

① 열쇠는 눈에 잘 띄지 않는 곳에 두도록 해라.
② 목표를 어디에 두느냐에 따라 인생이 달라진다.
③ 도대체 머리는 두었다가 어디에 쓰려고 그러니?
④ 그는 산에 숨어 세상 사람들과 거리를 두고 지냈다.

07 (가)~(라)에 들어갈 말로 가장 적절한 것은?

> 한글로 쓰인 현존하는 최초의 책은 《용비어천가》다. 물론 한글이 창제된 후 한글과 관련해 처음 만들어진 책은 한글의 제자 원리를 설명한 《훈민정음 해례》다. (가) 이 책은 한문으로 쓰였기 때문에 한글로 쓰인 최초의 책은 《용비어천가》라고 해야 할 것이다. (나) 한글로 쓰인 최초의 책을 알아야 하는 이유는 무엇일까? 중요한 것일수록 먼저 하는 것이 일반적이기 때문이다. (다) 가장 먼저 만들어진 책을 통해 한글의 창제 목적을 보다 분명하게 파악할 수 있다는 것이다. (라) 《용비어천가》가 어떤 책이기에 세종은 한글 창제 후 이를 가장 먼저 편찬했을까?

	(가)	(나)	(다)	(라)
①	그러나	그런데	즉	그럼
②	게다가	그래서	또한	그리고
③	하지만	그리고	요컨대	그래서
④	그렇지만	하지만	그러므로	아무튼

08 (가)와 (나)에 들어갈 내용으로 가장 적절한 것은?

> 어떠한 검사를 통해 양질의 데이터를 수집하고자 한다면 양질의 데이터를 추출할 수 있는 검사 도구가 필요하다. 검사 도구를 선정할 때 고려해야 하는 것이 바로 검사 도구의 '양호도(usability)'이다.
>
> 검사 도구의 양호도를 구성하는 요인은 크게 신뢰도, 타당도, 실용도이다. 평가 도구의 양호도 중에서 가장 주요하게 다루는 요인은 신뢰도와 타당도이다. 신뢰도는 어떻게 재고 있는지와 관련된 개념으로, 측정하고자 하는 것을 얼마나 오차 없이 일관되게 측정하고 있는가를 의미한다. 즉 동일 조건에서 대상을 여러 번 검사하였을 때, 모든 결과 값이 일관되게 도출된다면 그 검사 도구는 신뢰도가 높다고 할 수 있다. 한편 타당도는 무엇을 재고 있는지와 관련된 개념으로 연구자가 측정하고자 하는 것을 검사 도구가 얼마나 잘 측정하는가를 의미한다. 검사의 결과가 검사 의도를 잘 반영한다면 타당도가 높다고 할 수 있다. 만약 연구자가 지능을 측정하기 위해 실험 참가자 100명을 대상으로 A 검사를 실시했을 때, 검사 기준에 따라 일관된 결과가 측정되었으나, 그 결과가 사실은 성격과 관련된 것이었다면 A 검사는 (가) 을 알 수 있다.
>
> 그렇다면 신뢰도는 타당도와 어떤 관계가 있을까? 검사 도구가 타당하려면 먼저 신뢰도를 확보해야 한다. 만약 검사 도구가 일관성이 없는 결과를 가져온다면, 그것이 무엇을 측정하는지를 신뢰할 수 없기 때문에 타당한 결과 값이라고 할 수 없다. 즉 신뢰도가 없으면 타당도도 없는 것이다. 이를 통해 (나) 을 알 수 있다.

① (가): 신뢰도는 있으나 타당도는 없음
   (나): 신뢰도는 타당도의 필요조건임

② (가): 신뢰도는 있으나 타당도는 없음
   (나): 신뢰도는 타당도의 충분조건임

③ (가): 신뢰도는 없으나 타당도는 있음
   (나): 신뢰도는 타당도의 필요조건임

④ (가): 신뢰도는 없으나 타당도는 있음
   (나): 신뢰도는 타당도의 충분조건임

[09~10] 다음 글을 읽고 물음에 답하시오.

시조는 고려 후기부터 발달한 한국 고유의 정형시이다. 시조의 특징은 3·4조 또는 4·4조의 4음보, 3장 6구 45자 내외의 기본형, 종장의 첫 음보는 세 글자라는 것이다. 고려 말에 이미 이러한 형식이 갖추어졌으며, 유교적 충의 사상을 주제로 한 시조가 다수이다. 이 시기의 시조로는 정몽주의 〈단심가〉가 대표적이다.

조선 전기에는 새로운 형식의 시조가 등장하였다. 두 수 이상의 시조를 나열하여 하나의 작품을 만드는 연시조가 바로 그것이다. 대표적인 작품으로는 맹사성의 〈강호사시가〉가 있다. 이 작품은 춘사, 하사, 추사, 동사로 나열되는데, 화자는 각 계절에 따라 한 수씩 읊으며 자연과 함께 한가로운 생활을 보내는 것을 임금의 은혜로 ㉠돌린다. 한편, 사대부들만이 시조를 창작했던 과거와 달리 조선 전기에는 기녀들이 창작한 시조도 등장했다.

조선 후기에는 사설시조가 등장하였는데, 이는 초·중장이 제한 없이 길고 종장도 어느 정도 길어진 시조를 의미한다. 사설시조는 대개 평민들이 창작하였으며 세태에 대한 풍자가 솔직하게 표현되어 있다는 점에서 의의가 있다. 작자 미상의 〈댁들에 동난지이 사오~〉가 이에 속한다. 이 시조는 상품 거래 장면을 보여 주고 있는데, 쉬운 말 대신 어려운 한자어로 게를 묘사하고 있는 장수의 말을 인용하여 그의 현학적인 태도를 풍자하고 있다.

09 윗글에 대한 이해로 가장 적절한 것은?

① 조선 후기에는 사대부가 아닌 평민들만 시조를 창작했다.

② 〈강호사시가〉의 춘사는 종장이 어느 정도 길어진 형식이다.

③ 〈단심가〉는 3장 6구 45자 내외의 기본형으로 이루어져 있다.

④ 〈댁들에 동난지이 사오~〉는 평민이 창작하였기 때문에 한자어가 쓰이지 않았다.

10 문맥상 ㉠의 의미와 가장 가까운 것은?

① 그는 자신의 실수를 동료에게 돌렸다.

② 젊어서 몸을 마구 돌리면 나중에 고생한다.

③ 어제는 전기가 끊겨 공장을 돌릴 수 없었다.

④ 사회자는 화제를 다른 것으로 돌리려고 애를 썼다.

바로 채점하기   정답·해설 _약점 보완 해설집 p.33

01	④	02	②	03	③	04	④	05	④
06	①	07	①	08	①	09	③	10	①

출제 예상 어휘 퀴즈

헷갈리기 쉬운 어휘

[01~06] 다음 중 알맞은 어휘를 고르시오.

01 아이가 사탕을 한 (움큼 / 웅큼) 집었다.

02 그는 동생을 (꼭두각시 / 꼭둑가시)처럼 조종했다.

03 오늘 저녁에는 (육계장 / 육개장)을 끓여 먹어야겠다.

04 그 일은 국무총리의 (결단 / 결딴)과 지시로 이루어졌다.

05 장례식장은 자식들의 (애끊는 / 애끓는) 울음소리로 가득 찼다.

06 갑자기 일이 생겨 주말 계획이 (얽혀 / 엉켜 / 엉겨) 버리고 말았다.

고유어와 한자어의 대응

[07~12] 밑줄 친 어휘와 바꿔 쓸 수 있는 것을 ㉠~㉲에서 고르시오.

07 그 회사는 최근에 신입 사원을 <u>뽑았다</u>.

08 서울 상공에 미확인 비행 물체가 <u>나타났다</u>.

09 그는 가수가 되려는 꿈을 <u>버리고</u> 직장을 구했다.

10 심판은 부상으로 쓰러진 선수를 보고 시합을 <u>멈추었다</u>.

11 대다수의 전문가들이 올해의 경기가 낙관적일 것이라고 <u>본다</u>.

12 셰익스피어는 약 24년간을 극작가로 활동하면서 약 37편의 작품을 <u>내놓았다</u>.

㉠ 채용(採用)하다

㉡ 발표(發表)하다

㉢ 중단(中斷)하다

㉣ 포기(抛棄)하다

㉤ 전망(展望)하다

㉲ 출현(出現)하다

정답 | **01** 움큼 **02** 꼭두각시 **03** 육개장 **04** 결단 **05** 애끓는 **06** 엉켜
07 ㉠ **08** ㉲ **09** ㉣ **10** ㉢ **11** ㉤ **12** ㉡

⏱ 제한 시간 10분 타이머를 맞추고 시작하세요.

맞은 개수: _____개 / 10개

01 〈공공언어 바로 쓰기 원칙〉에 따라 〈공문서〉의 ㉠ ~㉣을 수정한 것으로 적절하지 않은 것은?

─〈공공언어 바로 쓰기 원칙〉─
○ 불필요한 사동 표현이나 피동 표현을 삼갈 것.
○ 어려운 한자어 대신 이해하기 쉬운 용어를 사용할 것.
○ 어문 규범에 맞는 표현을 사용할 것.
○ 대등한 것끼리 접속할 때는 구조가 같은 표현을 사용할 것.

─〈공문서〉─
○○ 소방서

수신 수신자 참고
제목 소방통로확보훈련에 따른 업무협조 요청

────────────

1. 평소 소방 행정 발전을 위하여 협조하여 주시는 ㉠귀청에 감사드립니다.
2. ㉡불법 주, 정차 차량 즉시 강제 훈련이 다음과 같이 실시되오니 협조하여 주시기 바랍니다.
   가. 훈련목적: 소방 활동 취약 지역에 대한 현장 대응 능력을 ㉢제고하기 위함
   나. 훈련일시: 20○○. 11. 20.(수) 13:00~17:00
   다. 훈련장소: 서울 ○○ 마을 일대
   라. 훈련내용
      ○ ㉣관계 기관 합동으로 소방 통로 확보 훈련 및 단속 관련 교육 병행
      ○ 소방차 길 터주기 홍보물 배부 등 주민홍보 활동 전개

① ㉠: 귀 청
② ㉡: 불법 주, 정차 차량 즉시 강제 훈련을 다음과 같이 실시하오니
③ ㉢: 높이기
④ ㉣: 관계 기관 합동으로 소방 통로를 확보하는 훈련 및 단속과 관련된 교육을 병행

02 글쓴이의 견해를 바탕으로 할 때, 〈보기〉의 상황에서 '혜수'가 할 대답으로 가장 적절한 것은?

사람들은 타인의 말에 의해 형성된 자아 개념으로 다시 타인과 의사소통을 하는데 자신의 자아 개념은 타인과 의사소통하는 방식에 영향을 미친다. 즉, 긍정적인 메시지를 많이 들어서 건강한 자아 개념을 가진 사람은 자신을 적극적으로 드러내며 타인의 반응을 능동적으로 수용하지만, 부정적인 메시지를 주로 들어서 건강하지 못한 자아 개념을 가진 사람은 타인과 의사소통하는 데 소극적이다. 〈중 략〉 즉, 부정적인 메시지를 계속 받아서 부정적인 자아 개념이 형성된 사람은, 부정적인 자아 개념을 가진 사람의 의사소통 방식으로 소극적이고 비판적으로 상대를 대하게 된다.

─〈보기〉─
혜수는 어릴 때부터 숙제를 하거나 발표를 했을 때 칭찬보다 부정적인 피드백을 받은 경험이 많았다. 혜수의 기획안을 본 동료가 기획 요소 A는 매우 참신하지만, 기획 요소 B는 다른 팀원이 제안한 기획 요소 C를 참고하여 보완하는 것이 어떻겠냐고 제안하였다. 이 상황에서 혜수는 어떻게 대답했을까?

① 기획 요소 A는 어떤 점에서 참신하게 느끼셨나요?
② 기획 요소 B와 C의 장점을 결합해 보는 건 어떨까요?
③ 기획 요소 C의 어떤 점을 참고해야 기획 방향에 부합할까요?
④ 기획 요소 B가 별로라면, A도 부족한 점이 있는 것 아닌가요?

03 다음 글에 대해 평가한 내용으로 가장 적절한 것은?

> 1930년대 한국 문학에서 모더니즘의 대표 주자인 김기림은 시에서 일제 강점기하 급격히 이루어지는 도시화와 산업화를 배경으로 한 현대적 삶의 복잡성을 주로 다룬다. 그는 도시의 일상, 현대 문명 등의 주제를 다루었으며, 현대 자본주의 사회에 대한 비판적인 시각을 드러냈다.
>
> 또한 김기림은 지성을 강조하였는데, 그는 시 창작에 있어 감정과 주관을 배제하고, 과학적이고 분석적인 접근을 통해 시를 창작하였다. 그는 복잡한 현대 사회의 문제를 논리적이고 이성적으로 분석하였다.
>
> 그의 시에는 시각적 이미지가 주로 사용되어 시의 회화성이 잘 드러난다. 다만 그는 시각적 이미지 자체를 전달하기보다는 이미지를 당시 시대정신과 결부하였다. 문학을 통해 시대의 가치를 전달하고 사회 참여를 독려하고자 한 것이다.
>
> 한편 시문학파 김영랑은 1930년대 순수 문학을 대표하는 시인이다. 그는 시 창작에 있어 어지러운 정치적, 현실적 세계와 거리를 두고 시인의 자연발생적인 순수 서정의 세계를 오롯이 보존하는 것에 집중하여 인간 내면의 순수한 감정을 섬세하게 표현하고자 했다. 따라서 감상이나 주관의 개입을 자연스러운 것으로 여겼다.
>
> 그의 시에는 섬세한 언어 감각이 잘 드러나 있다. 그는 언어의 조탁을 통해 우리말의 고유한 아름다움을 발굴하고자 하였는데, 어순을 도치하거나, 문법을 의도적으로 어겨 운율적 효과를 형성하는 시적 허용 등의 방법을 사용함으로써 여성적이면서도 부드럽고 섬세한 언어를 창조하였다. 따라서 그의 시에는 청각적 심상을 활용한 시의 음악성이 두드러진다.

① 문학이 시대를 비추는 거울이라는 주장은 김기림의 입장을 강화하지만 김영랑의 입장은 약화한다.

② 현실이 암울할수록 내면의 세계를 보존해야 한다는 주장은 김기림과 김영랑 모두의 입장을 약화하지 않는다.

③ 시를 창작할 때 이성과 감성이 적절한 조화를 이루어야 한다는 주장은 김기림과 김영랑의 입장을 모두 강화한다.

④ 1930년대 현대 시에는 시각적 이미지가 청각적 이미지보다 더 많이 발견된다는 주장은 김기림의 입장을 강화하지만 김영랑의 입장은 약화한다.

---

04 〈대화의 원리〉를 바탕으로 할 때, 〈보기〉의 대화에 대한 설명으로 적절한 것은?

〈대화의 원리〉
- ○ 요령의 격률: 상대의 부담 최소화, 상대의 혜택 최대화
- ○ 관용의 격률: 자신의 부담 최대화, 자신의 혜택 최소화
- ○ 칭찬의 격률: 상대에 대한 칭찬 최대화, 상대에 대한 비방 최소화
- ○ 겸양의 격률: 자신에 대한 칭찬 최소화, 자신에 대한 비방 최대화
- ○ 태도의 격률: 모호하거나 중의적인 표현 지양, 간결하고 조리있게 말하기

〈보기〉

대화(1) A: 오늘 몇 시에 만날까?
　　　　 B: 난 아무 때나 다 괜찮아.
대화(2) A: 어제 축구 경기에서 결승전까지 갔다며?
　　　　 B: 대진표 운이 좋았을 뿐이야.
대화(3) A: 죄송하지만, 가방 좀 옆으로 옮겨 주시겠습니까?
　　　　 B: 네, 여기 앉으세요.
대화(4) A: 감기 기운이 있는데 어디서 찬바람이 들어오네요.
　　　　 B: 아, 제가 문 가까이에 있으니 닫아 드릴게요.

① 상대방이 결정하도록 보류하는 것으로 보아 대화(1)의 B는 태도의 격률을 지켜 표현했다.

② 자신을 내세우지 않고 칭찬을 최소화하는 걸 보니 대화(2)의 B는 칭찬의 격률을 지켜 표현했다.

③ 상대방에게 부담을 주는 표현을 최소화하고 있는 것으로 보아 대화(3)의 A는 관용의 격률을 지켜 표현했다.

④ 간접적이고 우회적인 표현법을 사용하여 자신의 의도를 말하고 있는 것으로 보아 대화(4)의 A는 요령의 격률을 지켜 표현했다.

05 다음 글을 이해한 내용으로 가장 적절한 것은?

> 피그말리온 효과와 스티그마 효과는 모두 사람의 행동이나 성과에 영향을 미치는 심리적인 현상이다. 이 둘의 주요한 차이점은 효과가 작용하는 방향성에 있다. 그리스 신화에 나오는 조각가 피그말리온은 자신이 만든 아름다운 여인 조각상을 사랑하게 되어 여신 아프로디테에게 조각상과 결혼할 수 있게 해달라고 간절히 소원을 빈다. 이러한 피그말리온의 모습에 감동한 아프로디테가 조각상에 생명을 주었고, 결국 피그말리온의 사랑과 기대 덕분에 조각상은 진짜 여인이 될 수 있었다. 여기에서 유래한 것이 바로 '피그말리온 효과'이다. 피그말리온 효과란 타인이 자신에게 기대와 관심을 보이면 이에 부응하기 위해 노력하게 되어 좋은 결과를 얻거나 능률이 향상되는 현상을 가리키는 말이다.
>
> 한편 스티그마 효과는 타인에게 무시를 당하거나 부정적인 낙인이 찍히면 실제로도 나쁜 쪽으로 변하게 되는 현상을 일컫는다. 예를 들어 사회적 규범에 벗어난 행동을 한 사람을 부정적으로 평가하고 일탈자라는 낙인을 찍으면 그 사람이 점점 더 나쁜 행동을 하게 되고, 실제로 범죄자가 된다는 것이다. 즉, 당사자의 행위가 실제 범죄가 아님에도 사회적 규범이라는 판단 기준으로 낙인을 찍어 범죄를 유발하게 될 수 있다. 이 두 가지 개념은 우리가 사회적 상호작용을 이해하고 개선하는 데 중요한 도구가 될 수 있다.

① 피그말리온 효과는 다양한 사회적 편견과 낙인으로 인해 발생한다.

② 스티그마 효과는 범죄자의 재활 프로그램에 긍정적 영향을 미칠 수 있다.

③ 피그말리온 효과는 타인의 시선에 영향을 받는 현상이지만 스티그마 효과는 그렇지 않다.

④ 피그말리온 효과는 긍정적 기대가 성과를 향상시키는 반면, 스티그마 효과는 부정적인 기대가 성과를 저하시킨다.

06 ㉠ ~ ㉢에 들어갈 접속어를 순서대로 나열한 것은?

> 편견과 개념적 체계는 모두 역사 인식의 과정에 영향을 미친다. 하지만 그 영향력이 같은 차원에서 작용하는 것일까? 그렇지는 않다. 편견은 어떤 합리적 근거를 가지지 못한 견해이기 때문에 객관적인 진리 획득을 방해하는 심각한 장애물이 된다. 그것은 사실의 인식을 왜곡시킨다. (㉠) 역사학이 객관성을 추구하는 한 편견은 배제해야 할 대상인 것이다. (㉡) 합리적 근거를 가지고 있는 개념적 체계는 사실의 특정한 측면이 우리에게 드러나도록 한다. 이는 인식의 왜곡이라기보다는 인식의 제한이라고 보는 것이 옳다. (㉢) 편견은 배제되어야 할 것이지만, 개념적 체계는 유지되어야 할 주관적 요인이다.

	㉠	㉡	㉢
①	즉	그리고	한편
②	따라서	그러나	그러므로
③	또한	하지만	즉
④	그래서	그런데	또한

07 다음 글을 이해한 내용으로 가장 적절한 것은?

역사학자들이 가장 많은 연구 업적을 낸 시대 가운데 하나가 조선 왕조 중흥기인 영조와 정조 시대일 것이다. 〈중 략〉

성군(聖君), 탕평(蕩平), 민국(民國), 정학(正學)은 이 시대를 상징하는 가장 중요한 열쇠 말(키워드)이다. 이 네 가지 단어는 서로 독립되어 있는 것이 아니다. 최고의 목표는 민국 건설이고, 이를 실천하는 방법이 탕평, 정학, 그리고 성군이다. 민국은 '백성과 나라'를 뜻하기도 하고, '백성의 나라'를 뜻하기도 했다. 양반 문벌(兩班門閥)이 지배하는 나라를 중하층 백성들, 이른바 소민층(小民層)의 정치, 경제, 사회, 복지, 인권 차원에서 향상시킨다는 지향성을 가진 말이다. 오늘날의 주권 재민에 바탕을 둔 민주 공화국의 민국과는 다르지만, 거기에 바짝 다가간 모습이 바로 민국이다. 그 말이 이 시대부터 유행하여 1897년에 건설된 대한제국(大韓帝國)은 대한민국(大韓民國)으로도 불렸다. 1919년 일제 강점기에 수립된 대한민국 임시 정부도 대한제국의 국호를 계승했다. 1948년에 탄생한 대한민국의 국호도 마찬가지다. 오늘날 우리나라의 민주화도 이런 2백여 년에 걸친 민국 운동의 전사(前史)를 바탕으로 전개되고 있다는 점을 주목할 필요가 있다.

① 오늘날 주권 재민에 바탕을 둔 민주 공화국의 '민국'은 '백성의 나라'를 의미한다.

② 조선 중흥기의 목표였던 '민국'은 오늘날 우리나라의 민주화에도 영향을 미치고 있다.

③ 영조와 정조 시대에는 근본적으로 문벌제도를 부정하고 중하층 백성의 인권을 향상시키고자 하였다.

④ 정조가 짧은 기간에 엄청난 문화적 업적을 쌓을 수 있었던 것은 성군, 탕평, 민국, 정학을 중요시했기 때문이다.

08 다음 진술이 모두 참일 때 반드시 옳은 것은?

○ 프로그래머는 모두 문제 해결 능력이 뛰어나다.
○ 프로그래머는 모두 창의력이 뛰어나다.
○ 프로그래머인 사람이 적어도 한 명 있다.

① 프로그래머 중 창의력이 뛰어나지 않은 사람이 있다.

② 문제 해결 능력이 뛰어난 사람은 모두 창의력이 뛰어나다.

③ 문제 해결 능력이 뛰어난 어떤 사람은 창의력이 뛰어나다.

④ 창의력이 뛰어나지 않은 사람은 모두 문제 해결 능력이 뛰어나다.

[09~10] 다음 글을 읽고 물음에 답하시오.

프레임의 구성은 미장센의 주요 작업 중 하나로, 인물과 물체 등을 직사각형의 프레임 공간 내에 적절히 배열하는 것을 말한다. 이때 프레임 안에 포함된 대상들은 형상, 색조, 선, 질감 등 모든 시각적이고 조형적인 측면에서 배열되며, 일반적으로 어떤 균형감이나 통일성, 혹은 조형적인 아름다움의 성취를 ㉠지향한다.

프레임 안에 무엇을 집어넣고 무엇을 빼야할지 정하는 작업은 미장센에서 매우 기본적이고도 중요한 과정이다. 우리가 사는 현실에는 굉장히 많은 요소들이 존재하는데, 실제로 영상 속에 그것들을 전부 집어넣게 되면 그 장면이 뜻하는 바가 명확히 전달되지 못할 수 있다. 따라서, 감독은 영화 전개상 불필요하다고 판단되는 요소들은 프레임 밖으로 빼고, 또 프레임 안에 들어가는 요소들은 서로 조화를 이루도록 배열해야 한다. 프레이밍(framing)은 바로 이렇게 필요한 것과 불필요한 것을 취사선택하고 조절하는 과정, 즉, 혼돈 상태의 현실로부터 질서와 통일이 부여된 프레임을 잡아내는 과정이다.

프레임에 인물이 들어갈 때 그 인물이 화면 어느 곳에 위치하느냐는 중요한 의미를 갖는다. 대체로 인물이 프레임 위쪽에 배치되면 권위나 ㉡장엄함 같은 것을 상징하게 되며, 화면 아랫부분에 배치된 인물은 취약함, 무력함, ㉢굴종 등을 상징하는 경우가 많다.

원칙적인 단계에서 화면 중앙에는 가장 중요한 요소가 배치된다. 대개 관객의 시선은 자연스럽게 화면 중앙을 향하므로, 프레임 안에 여러 인물이 들어가야 할 경우 가장 중심이 되는 인물을 가운데에 위치시키고 상대적으로 덜 중요한 인물은 가장자리에 배치하게 된다. 그러나 이는 하나의 원칙일 뿐, 이를 지나치게 ㉣고수하다 보면 극적 흥미와 미적 자극을 주지 못하고 자칫 화면이 지루해질 수 있다. 때로는 가장 중요한 인물이나 사물을 화면 가장자리에 위치시켜 흥미를 유발하는 것도 좋은 방법이다.

09 윗글에서 추론한 내용으로 적절하지 않은 것은?

① 일반적인 프레임 구성에 따르면 왕은 위쪽에, 죄인은 아래쪽에 배치할 것이다.

② 감독은 부정적인 이미지가 지배적인 사물은 프레임 안에 배치하지 않을 것이다.

③ 사소한 물건이라도 프레임 안에 위치한다면 영화 전개에 필요한 의미를 지닐 수 있다.

④ 사건 전개의 중요한 단서를 가지고 있는 인물을 의도적으로 눈에 띄지 않게 배치하여 긴장감을 조성할 수 있다.

10 ㉠~㉣ 중 단어의 뜻풀이가 가장 적절한 것은?

① ㉠'지향하다'는 '더 높은 단계로 오르기 위하여 어떠한 것을 하지 않다'라는 뜻이다.

② ㉡'장엄하다'는 '공경하면서 두려워할 만하다'라는 뜻이다.

③ ㉢'굴종'은 '제 뜻을 굽혀 남에게 복종함'이라는 뜻이다.

④ ㉣'고수하다'는 '홀로 시름에 잠기다'라는 뜻이다.

출제 예상 어휘 퀴즈

헷갈리기 쉬운 어휘

[01~06] 다음 중 알맞은 어휘를 고르시오.

01 목욕탕에 가 (묵은 / 묶은) 때를 벗겼다.

02 날이 맑아지자 (비로서 / 비로소) 마음이 놓였다.

03 그 일을 생각하면 (어쨋든 / 어쨌든) 고마운 일이다.

04 우리에겐 그 사실을 뒤집을 만한 (반증 / 방증)이 없다.

05 믿기 힘든 소식을 듣고 그녀는 정신이 (마뜩했다 / 아뜩했다).

06 눈썹의 (숱 / 숫)이 많고 적음에 따라 얼굴 분위기가 달라질 수 있다.

고유어와 한자어의 대응

[07~12] 밑줄 친 어휘와 바꿔 쓸 수 있는 것을 ㉠~㉥에서 고르시오.

07 영화제에 작품을 내어놓았다.

08 나는 회사에서 가까운 곳에 살고 있다.

09 협상을 제의한 그들의 속셈이 너무도 뚜렷하다.

10 태풍 피해가 심각한 옆 나라로 구급 대원들을 보냈다.

11 잠깐 문이 열린 틈에 취재 기자들이 사무실 안으로 들어왔다.

12 이 옥수수는 친환경 공법을 들여와 경작한 최초의 농산물입니다.

㉠ 난입(亂入)하다
㉡ 명백(明白)하다
㉢ 도입(導入)하다
㉣ 출품(出品)하다
㉤ 근접(近接)하다
㉥ 파견(派遣)하다

정답 | 01 묵은 02 비로소 03 어쨌든 04 반증 05 아뜩했다 06 숱
07 ㉣ 08 ㉤ 09 ㉡ 10 ㉥ 11 ㉠ 12 ㉢

01 다음 대화에 나타난 말하기 방식을 설명한 것으로 적절하지 않은 것은?

> 정 사장: 이번에 A기업이 ○○시에서 지역 주민과 직원들이 함께하는 지역 축제를 개최해 반응이 아주 좋았다고 해요. 우리 회사도 이미지 제고를 위해 A기업처럼 지역 축제를 개최해 보고자 하는데 여러분의 생각은 어떤가요?
>
> 박 상무: 사장님 말씀처럼 □□시에 연고를 두고 있는 우리 회사가 지역 주민과 함께하는 축제를 개최한다면 지역 내 기업 이미지 제고에 큰 도움이 될 것 같습니다. 그렇지만 아직 우리 회사의 규모가 A기업만큼 크지 않기 때문에 단독으로 개최하는 것은 다소 우려가 됩니다.
>
> 김 상무: 그렇다면 우리 회사처럼 □□시에 연고를 둔 B기업과 공동으로 축제를 기획하고 개최하는 것은 어떨까요? 공동으로 축제를 개최한다면 축제 규모도 더 키울 수 있고, 추후 우리 회사와 B기업 간의 협업도 더욱 수월해질 것으로 보입니다.

① 박 상무는 정 사장이 제안한 일부 의견에 공감을 표시하고 있다.

② 김 상무는 대안을 통해 얻을 수 있는 부수적인 기대 효과를 언급하고 있다.

③ 정 사장은 자신이 전해 들은 바를 토대로 화제를 제시하며 대화를 시작하고 있다.

④ 박 상무는 정 사장의 제안이 그대로 실행할 때의 애로 사항을 밝히며 이익보다 손해가 클 것임을 언급하고 있다.

02 다음 글을 읽고 음운 변동 사례에 대한 이해로 적절한 것은?

> 우리는 '설날에 떡국을 먹는다'라는 문장을 발음할 때 원래의 음운 그대로 발음하지 않는다. [설라레 떡꾸글 멍는다]라고 음운을 바꾸어 발음한다. 이처럼 음운이 바뀌어 소리 나는 현상을 음운 변동이라고 한다. 국어에서 음운 변동은 교체, 탈락, 첨가, 축약이라는 4가지 유형으로 분류할 수 있다.
>
> 교체는 하나의 음운이 다른 음운으로 바뀌는 현상이다. '낮'이 [낟]으로 발음될 때, 'ㅈ'이 'ㄷ'으로 바뀌었으므로 교체가 일어난 것이다. 탈락은 원래 있던 음운이 없어지는 현상이다. '삶'이 [삼:]으로 발음될 때, 'ㄻ'에서 'ㄹ'이 없어졌으므로 탈락이 일어난 것이다. 첨가는 없던 음운이 새로 덧붙는 현상이다. '솜이불'이 [솜:니불]로 발음될 때, 'ㅣ'에 'ㄴ'이 새로 덧붙었으므로 첨가가 일어난 것이다. 축약은 두 음운이 결합하여 제3의 음운으로 바뀌는 현상이다. '맏형'이 [마텽]으로 발음될 때, 'ㄷ'과 'ㅎ'이 결합하여 'ㅌ'이 되었으므로 축약이 일어난 것이다.
>
> 교체가 일어나면 음운의 개수가 변화하지 않지만, 나머지 경우에서는 음운의 개수가 변화한다. 탈락과 축약에서는 음운의 개수가 줄어들고, 첨가에서는 음운의 개수가 늘어난다. 또한, 음운의 변동이 단어 내에서 한 번만 일어나는 경우도 있지만, 똑같은 유형의 변동이 여러 번 일어나는 경우도 있고, 서로 다른 유형이 여러 번 일어나는 경우도 있다.

① '국화[구콰]'는 탈락이 한 번 일어났고, 음운의 개수가 줄었다.

② '식용유[시굥뉴]'는 첨가가 한 번 일어났고, 음운의 개수가 늘었다.

③ '벽난로[병날로]'는 교체가 한 번 일어났고, 음운의 개수가 변화하지 않았다.

④ '숱하다[수타다]'는 교체 및 축약이 한 번씩 일어났고, 음운의 개수가 변화하지 않았다.

03 밑줄 친 ⊙의 전제로 가장 적절한 것은?

1976년에 미국의 수학자 아펠과 하켄은 지도의 채색과 관련된 '사색(四色)문제'를 증명했다고 발표했다. 사색문제는 한 세기 이상 수학자들을 괴롭혀 오던 문제로, 어떠한 지도라도 네 가지 색만 있으면 지도상의 모든 지역(국가, 도, 시, 군 등)을 구별하여 나타낼 수 있음을 증명하는 문제이다. 〈중 략〉

그런데 아펠과 하켄의 증명에서 수학자들의 관심을 끈 점은 증명했다는 사실 자체보다는 그 증명이 이루어진 방법이었다. 그 증명 과정에는 고려해야 할 경우가 대단히 많고 필요한 계산의 양도 엄청났다. 그들은 4년 동안의 집중적인 연구를 통하여 약 만 가지의 기본적인 경우를 분석했으나, 인간인 수학자가 그 모든 과정을 점검하기란 불가능했다. 결국 증명 과정은 컴퓨터에 의존할 수밖에 없었으며, 컴퓨터도 이를 해결하는 데 무려 1,200시간이나 걸렸다. 그에 따라 증명의 결정적인 부분은 인간이 직접 확인할 수 없는 상태로 남게 되었다. ⊙이것은 수학적 증명의 개념이 바뀌어야 함을 의미한다. 현대적인 컴퓨터가 개발된 이래 언젠가는 나타날 것으로 예상했던 사건이 드디어 터진 것이다.

① 증명은 사람이 직접 점검해야 한다.
② 컴퓨터에 의한 계산도 증명으로 간주할 수 있다.
③ 수학자들은 사색문제의 증명에 동의하지 않는다.
④ 사색문제를 증명하는 과정에서 새로운 수학 이론이 나왔다.

04 다음 글의 ⊙의 사례가 포함되어 있지 않은 것은?

부속 성분은 주로 주성분을 꾸며 주는 역할을 하는 성분으로, 부속 성분인 부사어는 용언 및 다른 부사, 절, 문장 전체 등을 꾸며 준다. 부사어는 부속 성분이므로 대부분의 경우 문장에서 필수적이지 않지만, 부사어 중에 문장에서 반드시 필요한 것이 있다. 이를 ⊙필수적 부사어라고 부른다. 예를 들어, '나는 너를 친구로 여긴다'라는 문장에서 '친구로'는 필수적 부사어이다. '여기다'가 주어, 목적어, 필수적 부사어라는 세 가지 문장 성분을 요구하기 때문이다. 그러므로 '친구로'가 빠지면 자연스럽지 못한 문장이 된다. 반대로 '네가 친구로 좋다'라는 문장에서 '친구로'는 필수적 부사어가 아니다. '좋다'가 주어라는 한 가지 성분만 요구하고, '친구로'가 빠져도 문장이 자연스럽기 때문이다.

① 아이의 눈이 슬기로 빛난다.
② 이 고장은 돼지갈비로 유명하다.
③ 그는 친구의 아들을 사위로 삼았다.
④ 아버지의 건강 상태가 예전과 다르다.

[05~06] 다음 글을 읽고 물음에 답하시오.

지문은 진피 부분이 ㉠다치지 않는 한 평생 변하지 않는다. 이 때문에 홍채, 정맥, 목소리 등과 함께 지문은 신원을 확인하기 위한 중요한 생체 정보로 널리 사용되고 있다. 지문 인식 시스템은 등록된 지문과 조회하는 지문이 ㉡같은지 판단함으로써 신원을 확인하는 생체 인식 시스템이다. 지문을 등록하거나 조회하기 위해서는 지문 입력 장치를 통해 지문의 융선과 골이 잘 드러나 있는 지문 영상을 ㉢얻어야 한다. 지문 입력 장치는 손가락과의 접촉을 통해 정보를 얻는데, 이때 지문의 융선은 접촉면과 닿게 되고 골은 닿지 않는다. 따라서 지문 입력 장치의 융선과 골에 ㉣알맞은 빛의 세기, 전하량, 온도와 같은 물리량에 차이가 나타난다.

05 윗글의 내용과 가장 거리가 먼 것은?

① 지문의 고유한 특성
② 지문 인식 시스템의 원리
③ 지문 인식 시스템의 장단점
④ 신원을 확인할 수 있는 생체 정보

06 ㉠~㉣과 바꿔쓸 수 있는 유사한 표현으로 적절하지 않은 것은?

① ㉠: 손상되지
② ㉡: 동일한지
③ ㉢: 획득해야
④ ㉣: 대비되는

07 글의 내용을 바탕으로 (가)에 들어갈 말을 추론할 때, 가장 적절한 것은?

우리 낫은 최소한 8번의 단조 과정에 수백 번을 두드리는 공정을 거쳐 만들어지고, 낫의 날 부위와 다른 부위와의 강도 차이를 주기 위하여 특수한 열처리를 하게 된다. 이 열처리는 단조가 끝난 낫을 달구어 물방울을 날 부위에 올리고 마치 구슬을 굴리듯 굴려 부분 열처리를 하게 된다. 따라서 낫의 날 부위는 냉각 속도가 빨라 조직이 치밀하고 강도가 높게 되지만, 낫등 부위로 갈수록 달궈진 낫에서 나오는 열로 냉각 속도는 상대적으로 느려져 강도가 날 부위에 비하여 떨어지게 된다.

이러한 강도의 변화를 줌으로써 낫으로 나뭇가지를 쳤을 때 낫날에 걸리는 충격을 날 뒷부분으로 전달시켜 낫등이 충격을 흡수함으로써 낫이 부러지지 않게 된다. 여기서 우리는 선조들의 과학 슬기를 엿볼 수 있다. 이에 반해 왜낫은 그 두께가 얇기 때문에 [(가)] 따라서 이 낫은 벼나 풀을 베는 데는 큰 문제가 없으나 나뭇가지를 치게 되면 그 충격을 흡수하지 못하고 부러져 버리는 결과를 초래하게 된다.

① 충격을 흡수할 수 있는 낫날이 충분히 두껍지 않다.
② 냉각 속도가 빨라 낫 전체의 강도가 높고 균일하게 된다.
③ 오랜 시간 사용하기에는 유리하나 낫 자체의 수명은 길지 않다.
④ 두꺼운 낫보다 열처리가 빠르게 이루어져 단조 시간을 단축할 수 있다.

08 〈지침〉에 따라 〈개요〉를 작성할 때 ㉠~㉣에 들어갈 내용으로 적절하지 않은 것은?

〈지침〉

○ 서론은 대상의 개념을 필요성과 함께 제시하고, 대상의 현황을 1개의 장으로 제시할 것.

○ 본론은 제목에서 밝힌 내용을 2개의 장으로 구성하되 각 장의 하위 항목끼리 대응되도록 작성할 것.

○ 결론은 본론의 해결 방안 요약과 향후 과제를 각각 1개의 장으로 제시할 것.

〈개요〉

○ 제목: 우리나라 재생 에너지의 사용에 대한 문제점과 활성화 방안

Ⅰ. 서론
　1. 화석 연료 고갈로 인한 자원 확보 경쟁에서 생존하기 위해 필요한 재생 에너지에 대한 정의
　2. 　　　　　㉠　　　　　

Ⅱ. 우리나라 재생 에너지 사용의 문제점
　1. 　　　　　㉡　　　　　
　2. 재생 에너지 발전 시설 설치에 대한 지역 주민의 부정적 인식

Ⅲ. 우리나라 재생 에너지 사용 활성화 방안
　1. 정부의 투자 및 지원을 통한 재생 에너지 인프라 확충
　2. 　　　　　㉢　　　　　

Ⅳ. 결론
　1. 재생 에너지 생산 관련 인프라 확충 및 지역 주민 인식 제고를 통한 재생 에너지 생산 확대
　2. 　　　　　㉣　　　　　

① ㉠: 세계 주요국 중·하위권에 그친 한국의 재생 에너지 사용 비중

② ㉡: 재생 에너지 생산 확대를 위한 관련 시설 부족

③ ㉢: 재생 에너지 생산 수익을 지역 주민에게 배분하여 지역 주민의 인식 제고

④ ㉣: 원자력 발전 시설 설치로 인한 지역 주민의 피해 보상 대책 마련

09 다음 진술이 모두 참일 때 반드시 참인 것은?

○ 홍차를 마시는 사람은 콜라를 마신다.
○ 커피를 마시지 않는 사람은 홍차를 마신다.
○ 콜라를 마시지 않는 사람은 주스를 마시지 않는다.

① 콜라를 마시지 않는 사람은 커피를 마신다.

② 주스를 마시지 않는 사람은 콜라를 마신다.

③ 커피를 마시는 사람은 홍차를 마시지 않는다.

④ 홍차를 마시는 사람은 주스를 마시지 않는다.

10 글쓴이의 견해에 부합하지 않는 것은?

포렌식(Forensic)은 범죄 수사에 쓰이는 과학적인 수단이나 방법, 기술 등을 모두 포괄하는 개념이다. 〈중 략〉 최근에는 컴퓨터와 디지털 기록 매체 등을 통해 범죄 사실에 대한 증거를 확보하는 것이 중요해지면서 디지털 정보를 분석해 범죄 단서를 찾는 수사 기법인 '디지털 포렌식'이 등장하였다. 이미 검찰, 경찰 등 국가 수사기관에서 적극적으로 디지털 포렌식을 사용하고 있으며, 일반 사기업이나 금융 기관에서도 그 중요성이 점차 높아지고 있다.

디지털 포렌식을 포함한 모든 포렌식의 핵심은 공개적인 자리에서 누구나 인정할 수 있는 객관성을 담보하는 데에 있다. 따라서 포렌식을 진행할 때는 다섯 가지 원칙을 반드시 지켜야 한다. 첫째, 모든 증거는 적법한 절차를 거쳐서 획득한 것이어야 한다. 위법한 절차로 획득한 증거는 증거 능력이 없다. 예를 들어 피의자의 컴퓨터를 불법 해킹하여 찾은 증거는 증거로 활용될 수 없다. 둘째, 증거 확보는 신속해야 한다. 컴퓨터의 내부 정보는 휘발성을 가진 것이 많기 때문에 디스크, 메모리 등에 존재하는 정보를 온전히 확보하기 위해서는 신속하고 정확히 움직여야 한다.

셋째, 증거가 수집되고 법정에 제출되기까지의 과정이 명확하고, 이 과정에 대한 추정이 가능해야 한다. 이는 연계 보관성의 원칙이라고도 하는데, 연계 보관성을 만족하려면 증거를 전달하고 전달받는 과정에 관여한 담당자와 책임자가 명시되어야 한다. 그리고 이와 동시에 네 번째 원칙인 무결성이 지켜져야 한다. 증거는 각 단계를 거치는 과정에서 위변조되어서는 안 되므로 매번 이러한 사항을 확인하고, 위변조가 없었음을 기록으로 남겨 두어야 한다. 마지막으로 재현의 원칙이 지켜져야 하는데, 법정에 제출된 증거가 효력이 있으려면 동일한 환경에서 같은 결과가 나와야 한다.

① 디지털 포렌식은 범죄 수사뿐 아니라 다양한 분야에서 활용될 수 있다.

② 포렌식을 통해 확보한 증거는 연계 보관성과 무결성이 충족되어야 한다.

③ 디지털 정보는 위변조될 위험이 높으므로 디지털 포렌식의 절차가 세분화되어 있다.

④ 디지털 포렌식으로 얻은 정보의 검증에 문제가 있다면 역추적을 통해 책임 소재를 규명할 수 있다.

바로 채점하기　　　　정답·해설 _약점 보완 해설집 p.39

01	④	02	②	03	②	04	①	05	③
06	④	07	②	08	④	09	①	10	③

출제 예상 어휘 퀴즈

헷갈리기 쉬운 어휘

[01~06] 다음 중 알맞은 어휘를 고르시오.

01 즘 앞산에는 진달래가 (한참 / 한창)이다.

02 설날에 가족들과 함께 만두를 (빗었다 / 빚었다).

03 그녀는 아이의 잘못을 호되게 (나무랐다 / 나무랬다).

04 저 사람은 내가 (엇그저께 / 엊그저께) 만났던 사람이다.

05 골목길로 들어서던 정아는 (웬지 / 왠지) 섬뜩한 느낌이 들었다.

06 서랍과 고리의 (이음새 / 이음매) 보수 작업을 했는데도 결국 떨어지고 말았다.

고유어와 한자어의 대응

[07~12] 밑줄 친 어휘와 바꿔 쓸 수 있는 것을 ㉠~㉯에서 고르시오.

07 두 작품의 특징을 <u>견주어</u> 보자.　　　　　　　㉠ 관람(觀覽)하다

08 다른 사람을 함부로 <u>업신여겨선</u> 안 된다.　　　㉡ 모방(模倣)하다

09 국립 극장에서 상연하는 뮤지컬을 <u>보러</u> 갔다.　㉢ 탈락(脫落)하다

10 농업 혁명은 인류의 삶을 이전보다 <u>나아지게</u> 했다.　㉣ 비교(比較)하다

11 갑작스러운 부상으로 인해 대표 팀에서 <u>빠지게</u> 되었다.　㉤ 무시(無視)하다

12 그는 유명 작가의 작품을 <u>본뜬</u> 그림을 팔아 근근이 먹고 살았다.　㉥ 진보(進步)하다

정답 | **01** 한창　**02** 빚었다　**03** 나무랐다　**04** 엊그저께　**05** 왠지　**06** 이음매
　　　07 ㉣　**08** ㉤　**09** ㉠　**10** ㉥　**11** ㉢　**12** ㉡

01 다음은 가족 여행을 다녀온 후에 쓴 소감문의 초고이다. 고쳐 쓰기 방안으로 가장 적절하지 않은 것은?

> 제목: 추억의 장소 경주를 다녀와서
>
> 경주는 내가 초등학생 때 수학여행을 갔던 곳이다. 그 당시 나는 경주를 역사적 유적지만 가득한 재미없는 곳이라 ㉠여겼었다.
>
> 하지만 최근 여러 매체를 통해 경주의 아름다운 모습을 자주 접하게 되었고, 다시 한번 경주에 방문해 보고 싶었다. 나는 적극적으로 가족들에게 경주로 여행을 떠나자고 주장했고, ㉡우연히 우리 가족은 경주로 떠났다.
>
> 경주에 도착하고 가장 먼저 눈에 띈 것은 버스 정류장이었다. 단풍나무와 조화를 이룬 ㉢오래된 경주역 앞의 버스 정류장은 무척 운치 있게 느껴졌고, 이번 여행이 기대가 되기 시작했다. 〈중 략〉
>
> 저녁에는 야경을 보러 한 궁궐터에 방문했다. 여기저기 설치해 둔 조명이 유적지와 주변의 자연들을 더욱 아름다워 보일 수 있게 해 주었다. 내 눈길과 발걸음이 닿는 곳이 모두 별천지라 걸음이 절로 느려졌고, 아름다운 야경 속에 있는 유적지는 내가 초등학생 때 보았던 그 모습과 달리 보였다. ㉣특히 경주가 유네스코에서 선정한 세계 10대 유적지에 포함된다는 사실을 알게 되니 더더욱 방문해 보고 싶은 마음이 커졌다. 문득 초등학생이었던 내 모습이 떠오르며 내가 이만큼 자랐구나 싶어 감회가 새로웠다.

① ㉠은 문맥에 맞지 않으므로 '여겼을 것이다'로 고친다.

② ㉡은 부사의 쓰임이 적절하지 않으므로 '결국'으로 고친다.

③ ㉢은 수식 관계가 분명하지 않으므로 '경주역 앞의 오래된 버스 정류장'으로 고친다.

④ ㉣은 글의 통일성을 해치므로 2문단으로 이동한다.

02 다음 대담에 대한 설명으로 적절하지 않은 것은?

> 진행자: 오늘은 우리나라의 건축에 대한 책『한국 건축의 멋과 쓰임』을 집필하신 교수님과 이야기를 나눠 보겠습니다. 김 교수님, 우리나라 건축물의 멋과 쓰임을 이야기한 책 내용이 흥미로웠는데요. 그중에서도 수원 화성 이야기가 참 인상 깊었습니다.
>
> 김 교수: 네, 수원 화성은 사람들의 생활 공간이자 적군의 침입을 대비한 군사 시설이기도 한 계획도시였는데, 조선 후기 토목 건축의 백미로 꼽히고 있습니다.
>
> 진행자: 교수님께서는 어떤 점을 백미로 꼽으시나요?
>
> 김 교수: 무엇보다도 동서양 건축술이 조화를 이루었다는 점입니다. 화성은 동양의 건축 양식에 서양의 건축 방법을 동원하여 건설되었지요.
>
> 진행자: 그렇군요. 화성에 적용된 서양의 건축 방법이란 어떤 것입니까?
>
> 김 교수: 정조는 조선 최고의 실학자인 정약용에게 도시 설계를 맡겼습니다. 그래서 정약용은 중국을 통해 들어온 서양의 여러 도시에 관한 책을 참고하여 화성 제작에 나섰습니다. 도시의 기본 틀과 구체적인 건축 방법, 그리고 첨단 기계가 도입되어 예상 완공 시기보다 훨씬 빠른 2년 9개월 만에 완성될 수 있었지요.
>
> 진행자: 그 웅장한 건축물이 2년 9개월 만에 지어지다니, 정말 대단하네요. 화성 건축에 도입되었던 첨단 기계가 무엇이었는지 궁금한데, 더 설명해 주시겠습니까?

① 진행자는 김 교수에게 추가적인 설명을 요청하고 있다.

② 진행자는 김 교수가 특정 주제에 대해 설명하도록 유도하고 있다.

③ 김 교수는 질의응답 방식을 통해 진행자와 이야기를 나누고 있다.

④ 진행자는 자신의 생각을 밝히며 김 교수의 설명을 보완하고 있다.

03 다음 글에서 추론한 내용을 적절하지 않은 것은?

가정 소설은 가정 내에서 일어날 수 있는 사건을 소재로 한 소설을 칭한다. 가정 소설은 조선 후기에 주로 창작되었는데, 그 명맥은 현대 소설의 가족사 소설로 이어진다. 두 장르는 가정을 배경으로 한다는 점과 가족 구성원을 등장인물로 삼는다는 점에서는 일맥상통하다. 다만 동일한 장르로 보기는 어렵다.

조선 후기 대표적인 가정 소설 「창선감의록」은 일부다처제와 대가족 제도 아래에서 일어나는 사대부 가문 내의 갈등과 그것의 해소 과정을 다룬다. 작품에서는 악처(惡妻)와 마음씨 착한 첩 간의 갈등을 앞세우면서도 사대부 집안의 가장으로서의 삶과 가문의 운명을 다룬다. 그 과정에서 충의(忠義) 정신, 형제간의 우애와 같은 유교적 이념과 권선징악의 결말을 통해 교훈적 의미를 강조한다. 즉 조선 후기의 가정 소설의 목적은 올바른 사대부 가문의 표상을 소설을 통해 제시함으로써 조선 후기 무너져 가는 삼강(三綱)과 오상(五常)의 도를 회복하는 것에 있었던 것이다.

1920년대 대표적인 가족사 소설인 염상섭의 「삼대」는 일제 강점기 서울 중산층 집안에서 일어나는 재산 상속을 둘러싼 인물들 간의 갈등과 삼대 간의 세대 차이를 중심으로 사건이 전개된다. 「삼대」는 제목처럼 삼대(三代) 구조를 띠는데, 할아버지, 아버지, 아들은 각각 당시 세대의 전형을 상징한다. 「삼대」에서 주목할 것은 삼대에 걸친 가족의 삶을 중심으로 일제 강점기 중산층 가족 내의 갈등과 사회적 계층 간의 대립을 통해 급변하고 있는 1920년대 사회상을 세밀히 보여준다는 점이다. 이를 통해 가족사 소설은 사회 현실의 역사적인 인식을 추구하며, 한 가족의 이야기를 통해 가족 문제를 넘어 역사, 사회가 한 가족에 미치는 영향을 드러내는 것에 목적이 있었음을 알 수 있다.

① 가정 소설과 가족사 소설은 모두 당시 사회상과 관련이 있다는 점에서 공통적이다.

② 「창선감의록」은 '가정'을 이념 실현의 공간으로, 「삼대」는 '가정'을 당시 사회상을 보여 주는 축소판으로 인식한다.

③ 가정 소설은 가정 내의 문제를 가정 내에서 해결하지만 가족사 소설은 가정 내의 문제가 사회적 문제로 확장된다.

④ 갈등이 해소되는 과정을 통해 「창선감의록」은 독자에게 교훈을 전달하고 「삼대」는 세대 간의 화합이라는 의미를 전달한다.

04 (가)~(라)를 문맥에 맞게 배열한 것은?

(가) 기계론적 관점은, 세계에는 어떤 궁극의 목적이란 존재하지 않고 오직 기계적인 법칙만이 존재한다고 보는 관점이다. 이 관점에 따르면 세계는 정교한 기계이기 때문에 이를 설명하는 데 필요한 질량, 속도 등의 역학적 개념들만으로 세계의 현상들을 설명해야 한다고 본다. 따라서 세계가 오늘날과 같이 변화한 것에 어떤 궁극적인 목적은 없고 오직 인과 관계의 법칙성만이 존재한다고 본다. 이와 달리, 목적론적 관점은, 세계에는 어떤 궁극적인 목적이 전제되어 있고 세계는 이것을 향해 운동하고 있다고 보는 관점이다. 그래서 세계가 오늘날과 같이 변화한 것은 이상적인 목적을 향해 가는 과정이기 때문에 지금의 세계는 완전하지 않다고 본다.

(나) 기계론적 관점에서 아낭케는 법칙성이라는 의미의 필연을 뜻한다. 데모크리토스의 이론은 이런 기계론적 관점의 아낭케를 잘 보여 준다. 이성의 작용도 일종의 원자 운동이라고 본 데모크리토스는 모양, 위치, 배열이라는 특징을 지니는 원자들이 특정하게 부딪치면 그것이 원인이 되어 정해진 결과들이 나온다는 역학적 인과 관계의 법칙만을 인정한다. 이런 법칙성이 바로 기계론적 관점에서 말하는 아낭케이다.

(다) '아낭케'는 고대 그리스 신화에서 피할 수 없는 운명이나 필연성 등을 상징하는 여신으로 등장한다. 이처럼 신화적 상상력으로 세계의 현상들을 바라보는 관점이 지배적이었던 시기에 아낭케는 '운명으로서의 필연'이라는 의미를 가지고 있었다. 그런데 철학적 사유가 생겨남에 따라 아낭케는 일종의 이론적인 개념이 되었다. 이 과정에서 아낭케는 세계의 현상을 바라보는 관점들에 따라서 여러 가지 의미를 가지게 되었다. 특히 철학적 개념으로서의 아낭케는 세계의 현상을 바라보는 두 가지 서로 다른 관점인 기계론적 관점과 목적론적 관점에 따라 상당히 다른 의미를 지니게 된다.

(라) 이와 달리 목적론적 관점에서 아낭케는 질료적 조건이라는 의미의 필연을 뜻한다. 여기서 '질료(質料)'는, 이상적인 목적인 '형상(形相)'이 현실에서 구현되기 위해 필연적으로 존재하는 조건이다. 목적론적 관점을 지닌 플라톤은, 현실에 구현되기 이전의 형상은 그 자체로 완벽한데, 질료가 형상을 그대로 담아내지 못하기 때문에 현실에 오차나 무질서가 있다고 생각한다. 즉 플라톤이 생각하는 아낭케는, 형상이 현실에 구현되기 위해 반드시 있어야 하는 질료적 조건으로서의 필연이라는 의미를 지닌다.

① (가) - (나) - (라) - (다)   ② (가) - (다) - (나) - (라)

③ (다) - (가) - (나) - (라)   ④ (다) - (나) - (라) - (가)

[05～06] 다음 글을 읽고 물음에 답하시오.

어느 곳에서든 특별석이 일반석보다 더 비싸지만 야구장은 CEO와 우편배달부가 나란히 앉아 무언가를 즐기는 몇 안 되는 공공장소 가운데 하나다. 이곳에서는 누구나 똑같이 싸구려 핫도그를 먹고, 가난한 사람이나 부자나 비가 오면 똑같이 관람석에서 비를 맞고, 그 고장 주민이라면 누구나 홈팀의 운명에 따라 울고 웃는다.

하지만 그것도 이제 과거 이야기인지 모른다. 요즘은 더 많은 수익을 챙기려는 구단주들이 경기장 운영 방식에 변화를 가하면서 모든 부류의 사람들이 ㉠어울릴 수 있는 분위기, 스포츠와 민주주의 발전의 토대가 되는 의식 등이 흐려지고 있다. 급격히 늘어난 호화로운 VIP 관람석인 스카이박스가 부유층 사람들과 일반 시민들을 멀찍이 떨어뜨려 놓는다. 또 만일 해당 팀의 연고지인 시 정부가 스타디움을 위해 거액의 지원금을 내놓지 않으면 구단주가 팀을 다른 도시로 옮기는 경우도 있다(또는 그렇게 하겠다고 으름장을 놓는다).

VIP 관람석 유행은 풋볼팀 댈러스 카우보이스가 텍사스 스타디움에 호화로운 관람실을 만들면서부터 시작되었다. 평범한 시민들이 앉아 있는 관람석 위쪽의 우아하고 안락한 공간에 VIP 룸을 만들자 많은 기업들이 고객을 접대하기 위해 최고 150만 달러까지 지불했다. 댈러스 카우보이스의 선례를 따라 1980년대에 10여 개 팀들이 야구장 위쪽 유리벽으로 된 방에 부유층 팬들을 고이 모셨다.

1980년대 후반 의회가 이 호화 관람석에 대해 세금 공제 혜택을 줄였지만 그래도 이 쾌적한 공간에 대한 수요는 줄지 않았다. 스포츠팀들은 VIP 관람석에서 나오는 수입을 두 팔 벌려 환영하지만 그러한 관람석의 증가는 팬들과 경기 사이의 관계, 그리고 팬들 사이의 관계에 나쁜 변화를 일으킨다.

05 윗글의 시사점으로 적절한 것은?

① 홈팀이 연고지를 다른 지역으로 옮기지 않도록 해당 지역 주민들과 구단주 간의 화합이 필요하다.

② 빈부의 차이와 관계없이 스포츠를 즐기기 위해 일반석도 VIP 관람석처럼 환경을 조성하는 것이 필요하다.

③ VIP 관람석 이용자에게 많은 세금을 부과하여 운영난을 겪는 스포츠팀의 구단주에게 경제적 지원을 해야 한다.

④ 구단주의 팀 운영에 대한 결정 권한을 일정 부분 규제하여 스포츠 경기가 지나치게 상업적으로 이용되는 것을 방지해야 한다.

06 문맥상 ㉠의 의미와 가장 가까운 것은?

① 들판에는 꽃과 풀들이 한데 어울려 있었다.

② 학생은 학생 신분에 어울리는 말과 행동을 해야 한다.

③ 그는 처음 만나는 사람들과도 잘 어울릴 줄 아는 사람이었다.

④ 건축을 할 때는 건축물과 주변 환경이 잘 어울릴지 고려해야 한다.

07 다음 글의 빈칸에 들어갈 내용으로 적절하지 않은 것은?

　반의 관계는 서로 반대되거나 대립되는 의미를 가진 단어들 간의 관계를 의미한다. 반의 관계는 두 단어 사이에 서로 공통되는 의미 요소를 지님과 동시에 단 하나의 의미 요소만 다를 때 성립한다. 예를 들어 '할아버지'와 '할머니'는 두 단어가 여러 공통의 의미 요소를 가지면서도 '성별'이라는 단 하나의 의미 요소가 다르기 때문에 반의 관계가 성립한다.

　반의어는 성격에 따라 다양하게 분류할 수 있는데, 그중에서도 '상보 반의어'는 한 영역 안에서 양분적인 대립관계에 있어 상호 배타적 영역을 지닌 반의어를 말한다. '살다'와 '죽다'로 예를 들어 보면, 이 세상의 모든 생명체는 살거나 죽는다. 하지만 살아 있으면서 죽어 있는 상태는 존재하지 않는다. 이렇듯 두 단어가 상보적 반의 관계에 놓여 있다는 것은 일정한 의미 영역을 두 단어가 양분하여 나눠 가지며 중간 항이 존재하지 않음을 의미한다. 따라서

　　　　　　　　　　　　　　　　　　　

① '매우'와 같이 정도를 나타내는 표현을 사용할 수 없다.

② 두 단어를 동시에 긍정하거나 동시에 부정하면 모순이 발생한다.

③ 한쪽의 긍정은 다른 한쪽의 부정이 되고, 한 쪽의 부정은 다른 한쪽의 긍정이 된다.

④ '보다'와 같이 서로 차이가 있음을 비교하는 표현을 사용해도 모순이 발생하지 않는다.

08 다음 조건을 따랐을 때 반드시 참인 것만을 고르면?

○ 오늘은 사무실이 조용하다.
○ 오늘은 박 사원이 출근한 날이다.
○ 박 사원은 부서 회의가 있는 날에만 출근한다.
○ 문 팀장은 부서 회의가 없는 날에만 넥타이를 매지 않는다.

① 오늘은 부서 회의가 없는 날이다.

② 문 팀장은 오늘 넥타이를 매고 출근한다.

③ 부서 회의가 있는 날마다 사무실이 조용하다.

④ 박 사원이 출근하지 않는 날에는 사무실이 조용하다.

[09~10] 다음 글을 읽고 물음에 답하시오.

누구나 잘 알고 있듯 시장이란 인격을 갖고 있지 않은 존재다. 또한 시장이 하나의 통합된 조직을 갖고 있어 상황에 따라 적절한 판단을 내릴 수 있는 것도 아니다. 그러므로 ㉠이것의 기능이 제대로 발휘되려면 개별적으로 행동하는 경제 주체들의 움직임을 조정해 줄 수 있는 매개체의 역할을 하는 것이 존재해야 한다. 시장에서 ㉡이것의 기능을 수행하는 것이 바로 가격이며, 이런 이유로 시장 기구란 말은 때때로 가격 기구라는 말로 바뀌어 사용되기도 한다.

시장에서 가격이 수행하는 주요한 역할은 다음 두 가지로 요약해서 설명할 수 있다. 첫째로 가격은 경제 안에 존재하는 상품을 배급하는 기능을 수행하는데, 우리는 이를 가격의 배급 기능이라고 부른다. 만약 아무 가격도 지불하지 않고 어떤 상품을 얻을 수 있으면 사람들은 이를 무한정 많이 소비하려 들 것이다. 즉 ㉢이것은 가장 높은 가치로 평가하는 사람들에게 상품을 배급함으로써 희소한 상품을 과도하게 소비하려는 욕구를 통제하는 기능을 수행한다.

둘째로 가격은 생산 자원이 경제의 여러 부문들 사이로 배분되어 가는 과정에서 신호를 전달해 주는 역할을 한다. 이것을 가격의 배분 기능이라고 부르는데, 아담 스미스가 말한 '보이지 않는 손'은 바로 이 기능을 가리키는 말이다. 어떤 상품의 공급에 비해 수요가 너무 크면 가격이 오르고 그 상품의 생산자는 평균 수준 이상의 이윤을 얻게 된다. 이것은 그 상품이 귀해졌으니 더 많이 생산하는 것이 필요하다는 신호로 작용하고, 이에 따라 더욱 많은 생산 자원이 그 산업으로 투입되는 결과가 나타난다. 반면에 수요가 너무 작을 경우에는 ㉣그것이 내려가고 손실이 발생해 생산 자원이 다른 산업으로 빠져나가게 된다. 바로 이런 것들이 가격이 수행하는 배분 기능의 좋은 예가 된다.

완전한 의미에서의 통제 경제라 할 수 있는 사회주의 경제 체제를 현실에서 발견하기 힘든 것처럼, 시장 기구에 모든 것을 내맡기는 순수한 시장 경제 체제 역시 현실에서 그 예를 찾기가 무척 어렵다. 정도의 차이는 있을 수 있으나 시장 경제 체제를 표방하는 거의 모든 나라에서 정부도 상당히 중요한 경제적 역할을 수행하고 있다.

09 윗글에 대한 이해로 적절하지 않은 것은?

① 시장이 단독적으로 경제적 역할을 수행하기에는 한계가 있을 것이다.

② 시장 가격은 상품에 대한 수요의 증감을 생산자들에게 알리는 역할을 수행할 것이다.

③ 순수한 시장 경제 체제란 시장 가격을 통해 독자적인 경제 주체들을 완전히 통제하는 경제 체제일 것이다.

④ 시장 가격은 특정 상품의 공급이 수요에 비해 적을 때 그 상품의 생산이 증가하기 전까지 수요를 억제하는 기능을 할 것이다.

10 문맥상 ㉠~㉣ 중 지시 대상이 같은 것만으로 묶인 것은?

① ㉠, ㉡

② ㉢, ㉣

③ ㉠, ㉡, ㉣

④ ㉠, ㉢, ㉣

바로 채점하기　　정답·해설 _약점 보완 해설집 p.42

| 01 | ① | 02 | ④ | 03 | ④ | 04 | ③ | 05 | ④ |
| 06 | ③ | 07 | ④ | 08 | ② | 09 | ③ | 10 | ② |

출제 예상 어휘 퀴즈

헷갈리기 쉬운 어휘

[01~06] 다음 중 알맞은 어휘를 고르시오.

01 자식들 (뒤치다꺼리 / 뒤치닥거리)에 바쁘다.

02 떡을 빚기엔 반죽이 너무 (질박하다 / 질벅하다).

03 시골집에 며칠 더 (머물어 / 머물러) 있을 생각이다.

04 내일 우리가 오를 산은 매우 (야트막하다 / 얕으막하다).

05 그는 나름 (텃새 / 텃세)를 부릴 만큼 이 지역에 오래 살았다.

06 그가 성공할 수 있었던 것은 우수한 성적 덕이라며 (으스댔다 / 으시댔다).

고유어와 한자어의 대응

[07~12] 밑줄 친 어휘와 바꿔 쓸 수 있는 것을 ㉠~㉴에서 고르시오.

07 운동을 열심히 하기로 <u>다짐했다</u>. ㉠ 선출(選出)하다

08 친구의 사업이 최근 눈에 띄게 <u>좋아지고</u> 있다. ㉡ 입주(入住)하다

09 뇌물을 받았다는 뉴스로 인해 그는 명예를 <u>잃었다</u>. ㉢ 결심(決心)하다

10 타인에게 자신의 잘못을 <u>뒤집어씌우는</u> 것은 옳지 못하다. ㉣ 발전(發展)하다

11 이번 선거는 우리 지역구 국회의원을 다시 <u>뽑기</u> 위해 실시합니다. ㉤ 실추(失墜)하다

12 우리 가족은 아이를 얻은 지 30년 만에 새 아파트에 <u>들어가게</u> 되었다. ㉥ 전가(轉嫁)하다

정답 | **01** 뒤치다꺼리 **02** 질벅하다 **03** 머물러 **04** 야트막하다 **05** 텃세 **06** 으스댔다
07 ㉢ **08** ㉣ **09** ㉤ **10** ㉥ **11** ㉠ **12** ㉡

01 다음 대화에 대한 설명으로 적절한 것은?

A: 아까 회의 시간이 그렇게 지루했어요? 하품을 엄청 하시던데요. 오죽하면 팀장님이 '김 대리 입이 엄청 크네'라고 말씀하셨겠어요? 그런데 거기서 '그렇죠? 제가 입이 커서 웃는 모습이 시원시원합니다'라고 하다니. 용기가 정말 대단하시네요.

B: 지루했던 게 아니라, 제가 어제 잠을 못 자서 그런지 하품이 계속 나오더라고요. 혹시 제가 무슨 실수한 건가요?

A: 그럼 팀장님 말씀이 정말 칭찬이라고 생각하고 대답하셨다는 거예요?

B: 칭찬이 아니면 뭐겠어요? 팀장님께서 제가 늘 웃고 다니는 게 보기 좋다고 말씀하셨잖아요.

A: 김 대리님, 오늘 회의 자료도 미흡하게 준비해 왔고, 회의 내내 하품만 하고 있으셨죠? 누가 봐도 회의하기 싫은 사람의 모습이었다고요. 그런 걸 종합해서 보면 팀장님이 하신 말씀은 '입이 커서 보기 좋다'가 아니라 '하품 좀 그만하고 회의에 집중해라'라는 의미가 된단 말이에요. 회의 준비를 제대로 못하셨으면 하품이 나올 때 가리기라도 하던가, 팀장님이 말씀하실 때 '죄송하다'라고 대답이라도 하셨어야죠.

① B는 반어적인 표현을 통해 A를 비판하고 있다.

② A는 팀장의 발화에 담긴 이면적인 의미까지 파악해 이해하고 있다.

③ A는 B의 부적절한 태도를 비언어적 표현의 측면에서만 지적하고 있다.

④ B는 자신의 행위에 대한 이유를 다른 사람의 반응을 근거로 들어 말하고 있다.

02 다음 글을 읽고 〈보기〉의 ㉠에 들어갈 문장으로 가장 적절한 것은?

높임 표현은 화자가 청자나 어떤 대상에 대해 높고 낮음을 말로 표현한 것이다. 높임 표현의 종류는 주체 높임, 객체 높임, 상대 높임까지 세 가지가 있다. 주체 높임은 문장에서 주체를 높이는 것으로, 주격 조사나 어미, 특수 어휘를 통해 실현된다. 예를 들어, '아버지께서 소설을 읽으십니다'라는 문장에서는 문장의 주체인 '아버지'를 높이기 위해 주격 조사 '께서'와 선어말 어미 '-(으)시-'가 사용되었다. 객체 높임은 문장에서 객체를 높이는 것으로, 특수 어휘나 부사격 조사를 통해 실현된다. 예컨대, '할머니를 모시고 밥을 먹었다'라는 문장에서는 문장의 객체인 '할머니'를 높이기 위해 '모시다(모시고)'라는 특수 어휘가 사용되었다.

상대 높임은 청자를 대상으로 하는데, 다른 높임 표현과 차이가 있다. 주체 높임에는 주체를 높이려는 의도가, 객체 높임에는 객체를 높이려는 의도가 포함되어 있지만, 상대 높임에는 청자를 높이는 것뿐만 아니라 높이지 않는 것도 포함되어 있다. 상대 높임은 종결 어미로 실현되는데, '하십시오체', '해요체', '하오체'에만 높임의 의도가 포함되고, '하게체', '해체', '해라체'에는 높임의 의도가 포함되지 않는다. 예를 들어, '엄마, 밥 먹어'라는 표현에서는 '해체'가 사용되었으므로 높임의 의도가 없지만, '엄마, 밥 먹어요'라는 표현에서는 '해요체'가 사용되었으므로 높임의 의도가 포함되었다.

〈보기〉

주체 높임, 객체 높임, 상대 높임 모두에서 높임의 의도가 포함된 문장은 (㉠) 이다.

① 어제 희수가 할머니를 모시고 식당에 갔습니까?

② 명수 어머니, 명수가 좋아하는 양갱을 싸 드릴까요?

③ 고모께서 할아버지께 정중한 태도로 고개를 숙이셨어.

④ 아버지께서 의사 선생님을 뵙고 진찰을 받으셨습니다.

03 제시문에 대해 반박하는 글을 〈보기〉에서 근거를 찾아 쓰려고 한다. 글에 담길 내용으로 가장 적절한 것은?

로봇 사용으로 일자리가 줄어들 것이라는 이유 때문에 로봇세의 필요성이 대두되었다. 하지만 오랜 세월을 두고 볼 때 새로운 기술로 인해서 전체 일자리가 줄어든 사례는 없었다. 산업 혁명을 지나면서 새로운 기술에 대한 걱정은 항상 존재했지만, 산업 전반에서 일자리가 오히려 증가했다는 것이 이를 지지한다. 그러므로 로봇의 사용으로 인해 일자리가 감소할 가능성은 낮다.

〈보기〉

로봇 기술의 발달로 로봇의 생산 능력이 급진적으로 발전하고 있다. 이는 로봇 한 대당 대체 가능한 인간 노동자의 수가 계속해서 증가한다는 의미이다. 로봇의 사용이 사회 전반으로 빠르게 퍼지는 상황을 고려한다면, 로봇 사용으로 인한 일자리 대체 규모가 기하급수적으로 커질 것을 예상할 수 있다.

① 로봇의 생산성 증가는 산업 혁명처럼 인간의 새로운 일자리 창출에 기여할 것이다.

② 로봇을 사용함에 따라 밀려난 인간 노동자의 생산 능력 향상을 위한 제도적 지원 방안이 마련되어야 한다.

③ 로봇세 도입을 통해 회사가 로봇의 생산성 향상에 기여하도록 해야지 인간의 일자리 감소를 막을 수 있다.

④ 로봇의 실제적인 생산 능력을 생각하지 않고 이전의 예만을 근거로 일자리가 줄지 않는다고 주장하는 것은 타당하지 않다.

04 ㉠을 평가한 내용으로 적절한 것만을 〈보기〉에서 모두 고르면?

㉠아비투스(habitus)는 프랑스 사회학자 피에르 부르디외가 제시한 개념으로, 인간이 어떻게 사회적 존재로 거듭나는지를 설명한다. 사회 내 각 계층은 그들만의 특정한 환경을 조성하는데, 아비투스는 아동이 이러한 환경과 상호작용을 하는 과정에서 형성되는 영구적인 성향 체계이다. 다시 말해, 아비투스는 사회화 과정에서 아동이 획득하는, 계층에 의해 습관화된 생활 방식을 의미한다.

아비투스는 인간의 실천을 이끄는 바탕이자 사회적 무의식이다. 우리는 모두 자신의 의지대로 행동한다고 생각하지만, 실제로는 사회적으로 형성된 아비투스를 통해 생각하고 행동한다. 아비투스의 형성에는 아동기의 교육과 경험이 결정적 요소가 되는데, 아동이 가정에서 반복적으로 받은 교육과 주변 환경과의 상호작용을 통해 지속적인 성향 체계로서 내면에 깊숙이 자리 잡는다. 이렇게 형성된 아비투스는 우리의 사고와 행동의 범위를 제한하며, 쉽게 변하지 않아 개인의 선택에 큰 영향을 미친다.

〈보기〉

ㄱ. 상류층 집안에서 성장한 A씨가 집안이 경제적으로 몰락한 뒤에도 사치를 즐긴다는 일화는 ㉠을 강화한다.

ㄴ. 가난한 가정에서 자라 왔으나 자수성가한 B씨가 여전히 서민 음식을 즐겨 먹는다는 기사는 ㉠을 약화한다.

ㄷ. 왕족으로 부유한 생활을 영위하던 석가모니가 궁전 밖에서 인간의 고통을 목도하고 출가해 무소유의 삶을 살았다는 사실은 ㉠을 약화한다.

① ㄱ, ㄴ

② ㄱ, ㄷ

③ ㄴ, ㄷ

④ ㄱ, ㄴ, ㄷ

05 다음 글에 대한 이해로 적절하지 않은 것은?

굴뚝 효과는 빌딩 내외에서 공기 밀도의 차이가 있을 때 나타난다고 했는데, 공기 밀도는 온도가 증가함에 따라 감소하며, 습도가 증가함에 따라 약간 감소한다. 겨울철에는 외부의 밀도가 높아져 지면 수준에서 건물로의 공기 침입이 발생하게 되고, 건물 내에서 위 방향으로 유동이 발생한다. 반대로 여름철에는 건물 상부에서 침입이 일어나 아래 방향으로의 유동이 일어난다. 이 영향으로 건물 내부에서 내부 압력과 외부 압력이 같아지는 수직 지점이 존재하게 되는데 이 위치를 중립 압력 수준(neutral pressure level)이라고 한다. 이론적으로 균열 및 개구부가 수직으로 일정하게 분포되어 있다면, 중립 압력 수준은 정확히 건물 중앙에 위치한다.

우리나라에도 중동의 사막만큼이나 바람이 많은 제주도가 있다. 그러나 제주도의 전통 초가에는 굴뚝이 없다. 제주도의 여름은 그나마 바닷바람으로 견딜 수 있으나 문제는 겨울이다. 겨울의 매서운 칼바람에 굴뚝까지 가세하면 통풍이 너무 잘되는 탓에 금세 땔감이 재로 변할 것이다. 그렇게 되면 밤새 따뜻함을 유지할 수 없기 때문에 공기를 차단할 목적으로 굴뚝을 없앤 것이다.

① 낮은 지점에서 건물 안으로 들어오는 외부의 공기는 밀도가 높다.

② 겨울철 실내 보온을 위해 제주도의 전통 가옥에는 굴뚝을 설치하지 않았다.

③ 건물 내 공기의 움직임으로 인해 중립 압력 수준이 건물 안에 존재하게 된다.

④ 공기의 밀도는 온도에 따라 변하며, 습도에 따라 변하거나 변하지 않는 경우도 있다.

06 〈보기〉에 이어질 글의 전개 순서로 가장 자연스러운 것은?

〈보기〉

동양에서 '천(天)'은 그 함의가 넓다. 모든 존재의 근거가 그것으로부터 말미암지 않는 것이 없다는 면에서 하나의 표본이었고, 모든 존재들이 자신의 생존을 영위하고 그 존재 가치와 의의를 실현하는 데도 그것의 이치와 범주를 벗어날 수 없다는 면에서 하나의 기준이었다. 그래서 현실 세계 안에서 인간의 삶을 모색하는 데 관심을 두었던 동양에서는 인간이 천을 어떻게 이해하느냐에 따라 삶의 길이 달리 설정되었을 만큼 천에 대한 이해가 다양하였다.

(가) 천은 자연현상 가운데 인간에게 가장 크게 영향을 미치는 것이자 가장 크고 뚜렷하게 파악되는 현상으로 여겨졌다. 농경을 주로 하는 문화적 특성상 자연현상과 기후의 변화를 파악하는 것이 중시된 만큼 천의 표면적인 모습 외에 작용 면에서 천을 파악하려는 경향이 짙었다. 그래서 천은 자연적 현상과 작용 등을 포괄하는 '자연천(自然天)' 개념으로 자리를 잡았다.

(나) 그러나 독점적이고 배타적인 천명에 근거한 권력 행사는 부작용을 가져왔다. 도덕적 경계심이 결여된 통치자의 권력 행사는 백성에 대한 억압의 계기로 작용하였다. 통치의 부작용이 심화됨에 따라 천에 대한 반성이 제기되었고, 도덕적 반성을 통해 천명 의식은 수정되었다. 그리고 '천은 명을 주었다가도 통치자가 정치를 잘못하면 언제나 그 명을 박탈해 간다.', '천은 백성들이 원하는 것을 들어준다.'는 생각이 현실화되었다.

(다) 이러한 천 개념하에서 인간은 도덕적 자각이 없었을 뿐만 아니라 자연 변화의 원인과 의지도 알 수 없었다. 이에 따라 천은 신성한 대상으로 숭배되었고, 여러 자연신 가운데 하나로 생각되었다. 특히 상제(上帝)와 결부됨으로써 모든 것을 주재하는 절대적인 권능을 가진 '상제천(上帝天)' 개념이 자리 잡았다. 길흉화복을 주재하고 생사여탈권까지 관장하는 종교적인 의미로 그 성격이 변화한 것이다. 가치중립적이었던 천이 의지를 가진 절대적 권능의 존재로 수용되면서 정치적인 개념으로 '천명(天命)'이 등장하였다. 그리고 통치자들은 천의 명령을 통해 통치권을 부여받았고, 천의 의지인 천명은 제사 등을 통해 통치자만 알 수 있는 것으로 규정되었다. 그리하여 천명은 통치자가 권력을 행사하고, 정권의 정통성을 보장하는 근거가 되었다.

① (가) – (나) – (다)　　② (가) – (다) – (나)

③ (나) – (가) – (다)　　④ (다) – (나) – (가)

07 다음 글을 이해한 내용으로 가장 적절한 것은?

최근 들어 애그플레이션(Agflation)에 대한 우려가 일파만파로 번지고 있다. 애그플레이션은 '농업(Agriculture)'과 '인플레이션(Inflation)'의 합성어로, 곡물 가격이 상승함에 따라 일반 물가도 상승하는 현상을 의미한다. 이러한 애그플레이션이 발생하는 이유는 곡물의 수요와 공급의 불균형 때문이다. 가뭄, 고온 현상과 같은 이상 기후로 곡물 생산량이 줄어드는 상황에서 세계 인구 증가로 곡물의 수요가 증가하면서 옥수수, 콩, 밀 등의 가격이 상승하게 된 것이다. 게다가 옥수수가 대체 에너지의 일종인 바이오 에탄올의 생산 원료로 사용되면서 곡물 가격이 더욱 급등하게 되었다. 이러한 곡물 가격 상승세는 앞으로도 지속될 것으로 전망된다. 문제가 되는 것은 한국의 경우 밀, 옥수수 등 곡물에 대한 수입 의존도가 높은 만큼 애그플레이션이 발생했을 때 큰 타격을 입게 된다는 것이다. 따라서 한국은 곡물의 자급률을 제고하는 방안을 마련하는 한편, 해외 생산 곡물을 안정적으로 확보할 수 있는 대책을 강구하는 데에도 힘써야 할 것이다.

① 곡물의 수요와 공급이 불균형한 이유 중 하나로 이상기후 현상을 꼽을 수 있다.

② 애그플레이션의 발생 원인은 곡물의 수요가 줄어드는 반면 공급이 증가하기 때문이다.

③ 곡물의 가격과 일반 물가는 반비례 관계를 이루며, 앞으로도 물가 상승세가 지속될 것으로 예상된다.

④ 애그플레이션이 발생하더라도 곡물 수입 의존도가 낮은 나라는 물가 상승의 영향을 전혀 받지 않는다.

08 (가)와 (나)를 전제로 할 때 빈칸에 들어갈 결론으로 가장 적절한 것은?

(가) 시를 즐겨 읽는 사람은 모두 수필을 즐겨 읽지 않는다.
(나) 소설을 즐겨 읽지 않는 사람은 모두 시를 즐겨 읽는다.
따라서 [   ]

① 수필을 즐겨 읽는 사람은 모두 소설을 즐겨 읽는다.

② 소설을 즐겨 읽는 사람은 모두 수필을 즐겨 읽는다.

③ 소설을 즐겨 읽는 사람 중 시를 즐겨 읽는 사람이 있다.

④ 수필을 즐겨 읽지 않는 사람은 모두 소설을 즐겨 읽지 않는다.

[09～10] 다음 글을 읽고 물음에 답하시오.

교사는 독서를 수행하는 학생의 머릿속을 들여다 볼 수 없으므로 다양한 평가 방법을 통해 독서 수행에 대한 사고 과정을 평가한다. 독서 과정 평가의 대표적인 방법으로는 '빈칸 메우기 검사'가 있다. '빈칸 메우기'란 텍스트의 일정한 부분을 규칙적인 간격으로 삭제한 뒤 독자로 하여금 빈칸이나 답안지에 답을 적도록 하는 방법이다. '빈칸 메우기'는 제작이 쉬울 뿐만 아니라 맥락을 통해 추론하는 독서 능력 또한 진단할 수 있다는 점에서 매우 유용하다.

빈칸 메우기 검사의 채점 방법은 '정확 단어 채점법'과 '허용 단어 채점법'으로 나눌 수 있다. '정확 단어 채점법'이란 빈칸에 들어갈 원본 텍스트의 내용을 그대로 적어 낸 것에 한하여 정답으로 인정하는 방법이다. 따라서 ⬚(가)⬚ 이와 반대로 '허용 단어 채점법'은 학생이 빈칸에 적은 내용이 원본 텍스트와 다를지라도 문맥상 적절하다면 정답으로 인정하는 방법이다. 따라서 ⬚(나)⬚ 또한 학생이 맥락을 바탕으로 얼마나 텍스트의 내용을 잘 파악했는지 점검하기에 용이하다. 다만, 채점의 기준이 모호해질 수 있다는 한계를 ㉠지닌다.

09 윗글의 (가)와 (나)에 들어갈 내용으로 가장 적절한 것은?

① (가): 학생들의 추론 능력을 평가하기에는 어려움이 있다.
　(나): 채점자의 주관을 최대한 배제함으로써 객관성을 확보할 수 있다.

② (가): 학생들의 추론 능력을 평가하기에는 어려움이 있다.
　(나): 독서 중 수반되는 학생들의 다양한 반응을 적극 수용할 수 있다.

③ (가): 채점 기준이 명확하므로 교사는 효율적으로 업무를 수행할 수 있다.
　(나): 채점자의 주관을 최대한 배제함으로써 객관성을 확보할 수 있다.

④ (가): 채점 기준이 명확하므로 교사는 효율적으로 업무를 수행할 수 있다.
　(나): 독서 중 수반되는 학생들의 다양한 반응을 적극 수용할 수 있다.

10 문맥상 ㉠의 의미와 가장 가까운 것은?

① 현대인이라면 누구나 불안을 지니고 살아간다.
② 그는 막중한 임무를 지니고 구출 작전에 투입되었다.
③ 그는 언제나 품 안에 아버지의 유품을 지니고 다녔다.
④ 형님은 아들과의 추억을 평생 마음속에 지니고 살았다.

출제 예상 어휘 퀴즈

헷갈리기 쉬운 어휘

[01~06] 다음 중 알맞은 어휘를 고르시오.

01 그녀는 울었는지 두 눈이 (질퍽하다 / 질펀하다).

02 자꾸 (핑게 / 핑계) 대지 말고 묻는 말에 대답해라.

03 그는 (말쑥하게 / 말숙하게) 차려 입고 시내로 나갔다.

04 그는 기가 막혀 (아연한 / 안연한) 얼굴로 나를 쳐다보았다.

05 길을 걷던 아이는 자전거가 다가오자 옆으로 (비꼈다 / 비켰다).

06 그들이 음모를 꾸미고 있었다는 사실에 우리 모두는 (아연실색 / 아연질색)했다.

고유어와 한자어의 대응

[07~12] 밑줄 친 어휘와 바꿔 쓸 수 있는 것을 ㉠~㉥에서 고르시오.

07 적대국의 영해로 <u>들어가게</u> 되었다.

08 정부의 의도와 기업의 의도가 <u>들어맞았다</u>.

09 늦지 않게 목적지에 <u>이를</u> 수 있도록 서두르자.

10 침울한 마음을 <u>바꾸기</u> 위해 여행을 떠나기로 했다.

11 우리나라는 대부분의 천연 자원을 외국에서 <u>사오고</u> 있다.

12 숙직 근무를 하는 사람은 자정이 되면 관할 건물을 <u>둘러보아야</u> 합니다.

㉠ 부합(符合)하다
㉡ 도착(到着)하다
㉢ 수입(輸入)하다
㉣ 침범(侵犯)하다
㉤ 전환(轉換)하다
㉥ 순찰(巡察)하다

정답 | 01 질펀하다 02 핑계 03 말쑥하게 04 아연한 05 비켰다 06 아연실색
07 ㉣ 08 ㉠ 09 ㉡ 10 ㉤ 11 ㉢ 12 ㉥

01 밑줄 친 부분의 표현 효과를 〈보기〉에서 고르면?

> 박 과장: 김 대리는 정말 성실하군. 이렇게 일찍 출근해서 일을 하고 말이야.
> 김 대리: <u>아닙니다. 제가 워낙 느리다 보니 이렇게라도 해야 업무를 기한 내에 끝낼 수 있어서 그렇습니다.</u>
> 박 과장: 그래도 너무 무리하지 말게. 힘든 일 있으면 언제든 이야기하게나.
> 김 대리: 감사합니다. 과장님!

〈보기〉
ㄱ 겸양의 격률   ㄴ 관용의 격률
ㄷ 찬동의 격률   ㄹ 요령의 격률

---

① ㄱ   ② ㄴ

③ ㄷ   ④ ㄹ

02 다음 글의 중심 내용으로 가장 적절한 것은?

> 표준어가 다른 방언들보다 위세를 떨치게 된 것이 그 내재적 매력 때문은 아니라는 점을 지적해야겠다. 다시 말해 서울말의 위세는 이 말이 예컨대 강원도 방언이나 전라도 방언보다 본질적으로 더 섬세하다거나 명료하다거나 아름다워서 생긴 것이 아니다. 언어학의 지평에서는 서울말 역시 한국어의 한 방언일 뿐이고, 서울말과 다른 방언 사이에 위계를 설정하는 것은 불가능하다. 서울말의 위세가 큰 것은 그러니까 언어 바깥 사정, 구체적으로 이 언어를 쓰는 사람들의 힘 때문이다. 한국어 방언 가운데 영남 방언이 비교적 패기 있게 서울말에 맞서고 있는 사정 역시 이로써 설명할 수 있다.

① 서울말은 언어학적으로 다른 방언보다 우위에 있다.

② 방언 간의 위계는 없으나 내재적 특질의 차이는 존재한다.

③ 한 나라의 수도에서 쓰는 말이 표준어가 되는 것이 일반적이다.

④ 서울말이 표준어가 된 것은 언어 외적인 측면의 영향력 때문이다.

03 (가)를 바탕으로 (나)에 담긴 글쓴이의 생각을 적절히 추론한 것은?

> (가) 계몽주의 사상가들은 자연 세계를 지배하는 보편적 법칙들이 인간과 사회를 지배하며 바로 그 법칙들이 인간과 사회를 설명할 수 있다고 보았다. 이러한 관점에 반기를 들면서 발달한 역사주의에서는 역사적 사실이 가지는 고유하고 특수한 가치가 무엇보다도 중시되었다. 역사적으로 일어나는 일들은 그들 나름의 이유와 타당성을 가진 것들로 취급되었으며, 이들에 어떤 보편적 법칙이 작용한다고는 상정되지 않았다. 역사학자의 임무는 사료 조사를 통해서 역사적 사실의 특수성을 밝히는 데 있다.
>
> (나) 에페소스는 로마가 거대한 제국을 건설했던 시기에 번성했던 유명한 해양 도시였다. 그러나 지금은 거대한 원형 경기장을 비롯해서 대리석 기둥, 훌륭한 조각품의 잔재들만이 폐허로 변해 버린 도시 전체에 흩어져 있을 뿐이다. 이렇게 에페소스의 문명이 갑자기 몰락하게 된 원인은 무엇일까? 그 이유는 아직도 정확히 밝혀져 있지 않지만 아마도 생태계의 변화 때문이었을 것으로 추측된다. 〈중 략〉 기후가 건조해지면서 땅이 점점 메마르게 되자 에페소스에는 흉년이 거듭되었고, 풍요로웠던 문명의 뿌리는 흔들리기 시작하였다. 게다가 헐벗은 산의 표층토가 빗물에 씻겨 내려 서서히 바다가 메워지면서 에페소스의 교역도 사양길로 접어들어 해양 도시로서의 기능도 상실하고 말았다.

① 계몽주의 사상가는 원형 경기장과 같은 에페소스 문명의 유적을 중요한 사료로 다룰 것이다.

② 계몽주의 사상가와 역사학자는 모두 객관적인 사료를 토대로 에페소스 문명의 몰락 원인을 밝힐 것이다.

③ 에페소스 문명이 쇠퇴한 원인을 생태계의 변화라는 자연법칙으로 설명하는 것은 역사주의 사관을 따르는 것이다.

④ 역사학자는 에페소스 문명이 해양 도시로서의 기능을 상실하게 된 과정을 다른 문명에서 발견할 수 없는 특수한 역사적 사실로 볼 것이다.

04 다음 글의 ㉠~㉢에 들어갈 말을 적절하게 나열한 것은?

> 언어를 말소리(음성)와 의미의 결합체라고도 하지만 이때의 음성과 의미를 다른 용어로 부르는 경우도 있고, 또 그 둘의 관계에 대해서도 몇 가지 다른 견해가 있다. 스위스의 언어학자 소쉬르는 이 두 가지에 대해 시니피에(signifié)와 시니피앙(signifiant)이란 용어를 사용한다. 가령 '사람'이라는 말이 있다면 [saram]이라는 말소리가 시니피앙이고, 이 말소리가 나타내는 '人'이라는 의미가 시니피에에 해당한다. 따라서 시니피앙은 표현이며, 그것이 대표하는 의미는 피표현물이라 할 수 있다.
>
> 그렇다면 시니피앙과 시니피에, 즉 표현과 피표현물 사이는 어떤 관계가 있는가? '사람'이 대표하는 것은 실재하는 어떤 사람이기보다 우리 마음속에 형상화된 사람이라는 사실이다. 이 지구상에는 수많은 인종의 사람들이 살고 있는데 우리는 그 인종들의 공통점을 뽑아 마음속에 '사람'이라는 형상을 만들게 되고 '사람'이라는 말은 그 마음속의 형상을, 다시 말하면 그 심리적 영상(mental image)을 대표한다는 것이다.
>
> 우리는 이 심리적 영상을 흔히 관념(thought)이나 개념(concept)이라는 용어를 쓰기도 하고, 또한 이 개념이 말소리로 나타낸 것을 기호(symbol) 또는 명칭(name)이라 부르기도 한다. 말하자면 지구상에 존재하는 각양각색 인종의 실체가 ⟨ ㉠ ⟩이며, 사람이라는 말소리는 그 ⟨ ㉡ ⟩이며, 사람이라는 소리를 듣고 우리 머릿속에 떠오르는 영상이 곧 그 ⟨ ㉢ ⟩이 되는 것이다.

	㉠	㉡	㉢
①	개념 또는 관념	지시물 내지 대상	기호 내지 명칭
②	개념 또는 관념	기호 내지 명칭	지시물 내지 대상
③	지시물 내지 대상	기호 내지 명칭	개념 또는 관념
④	지시물 내지 대상	개념 또는 관념	기호 내지 명칭

05 다음 명제가 모두 참일 때 항상 옳은 것은?

> ○ 매운 음식을 잘 먹는 모든 사람은 김치찌개를 좋아한다.
> ○ 김치찌개를 좋아하는 모든 사람은 피자를 좋아하지 않는다.
> ○ 떡볶이를 좋아하는 모든 사람은 매운 음식을 잘 먹는다.

① 떡볶이를 좋아하는 모든 사람은 피자를 좋아한다.
② 피자를 좋아하는 모든 사람은 매운 음식을 잘 먹는다.
③ 매운 음식을 잘 먹는 모든 사람은 피자를 좋아하지 않는다.
④ 떡볶이를 좋아하는 모든 사람은 김치찌개를 좋아하지 않는다.

06 다음 글에 대해 평가한 내용으로 적절하지 않은 것은?

> 흔히 어떤 대상이 반드시 가져야만 하고 그것을 다른 대상과 구분해 주는 속성을 본질이라고 한다. 예컨대 모든 까투리가 그리고 오직 까투리만이 꿩이면서 동시에 암컷이므로, '암컷인 꿩'은 까투리의 본질이라고 생각된다. 그러나 암컷인 꿩은 애초부터 까투리의 정의라고 우리가 규정한 것이므로 그것을 본질이라고 말하기에는 허망하다. 다시 말해서 본질은 따로 존재하여 우리가 발견한 것이 아니라 까투리라는 낱말을 만들면서 사후적으로 구성된 것이다.
> 서로 다른 개체를 동일한 종류의 것이라고 판단하고 의사소통에 성공하기 위해서는 개체들이 공유하는 무엇인가가 필요하다. ⊙본질주의는 그것이 우리와 무관하게 개체 내에 본질로서 존재한다고 주장한다. 반면에 ⓒ반(反)본질주의는 그런 본질이란 없으며, 인간이 정한 언어 약정이 본질주의에서 말하는 본질의 역할을 충분히 달성할 수 있다고 주장한다. 이른바 본질은 우리가 관습적으로 부여하는 의미를 표현한 것에 불과하다는 것이다.
> '본질'이 존재론적 개념이라면 거기에 언어적으로 상관하는 것은 '정의'이다. 그런데 어떤 대상에 대해서 약정적이지 않으면서 완벽하고 정확한 정의를 내리기 어렵다는 사실은 반본질주의의 주장에 힘을 실어 준다. 사람을 예로 들어 보자. 이성적 동물은 사람에 대한 정의로 널리 알려져 있다. 그러면 이성적이지 않은 갓난아이를 사람의 본질에 반례로 제시할 수 있다.

① 개체의 본질이란 단지 인간의 가치가 투영된 것에 지나지 않는다는 견해는 ⓒ의 입장을 강화한다.
② 특정 대상에 의미를 부여함으로써 그 대상은 다른 대상과 구분된다는 견해는 ⓒ의 입장을 약화한다.
③ 까투리라는 종에 속하는 개체들이 공유하는 속성은 객관적으로 실재한다는 주장은 ⊙의 입장을 강화한다.
④ 본질을 찾으려는 모든 시도에서 대상의 본질을 명확하게 찾아내는 데 성공하지 못했다는 주장은 ⊙의 입장을 약화한다.

[07~08] 다음 글을 읽고 물음에 답하시오.

───〈보기 1〉───

　체화된 인지란 우리 몸의 감각 또는 행동이 정신에 영향을 미치는 현상이다. 슬픈 얼굴을 보면 우리도 모르게 슬픈 표정을 ㉠띠게 되면서 상대가 슬프다는 사실을 보다 확실히 인지하게 된다는 말이다. ＿＿＿(가)＿＿＿

　'좀 엉터리 같은데….' 체화된 인지 이론을 처음 접하면 이런 생각이 떠오르기 마련인데 뜻밖에도 이를 뒷받침하는 실험들이 많다. 예를 들어 한 그룹은 펜을 입술로 고정하게 하고(약간 화난 표정이 된다) 다른 그룹은 이로 물게 한 뒤(웃는 표정이 된다) 같은 카툰을 보게 한 뒤 평가하게 하면 펜을 이로 문 그룹이 더 재미있다고 평가한다. 펜을 입술로 고정한 그룹은 재미있는 내용을 봐도 웃음을 지을 수 없게 근육이 배치돼 있기 때문에 ＿＿＿(나)＿＿＿

　연구자들은 보톡스도 비슷한 작용을 한다고 설명한다. 즉 눈살을 찌푸리는 데 관여하는 근육(추미근과 비조근)이나 웃음을 짓는 데 관여하는 근육(눈둘레근)에 보톡스 주사를 맞을 경우, 슬픔이나 행복감에 관련된 자극을 접했을 때 표정 근육이 제대로 피드백을 못하게 된다. ＿＿＿(다)＿＿＿ 연구자들은 "사람들 사이의 의사소통에서 문제가 되는 건 미묘한 말이나 표정을 제대로 해석하지 못할 경우"라며 보톡스 주사의 인지심리학 측면을 간과해서는 안 된다고 주장했다.

───〈보기 2〉───

ㄱ. 표정 근육에서 피드백이 오지 않아 뇌가 덜 재미있다고 느낀다는 것이다.

ㄴ. 즉 얼굴의 표정 근육이 작동해 피드백을 해줘야 우리는 상대의 감정을 제대로 파악할 수 있다.

ㄷ. 이 경우 감정 상태가 명백한 자극일 경우는 큰 문제가 안 되지만 미묘할 경우는 이를 제대로 파악하지 못할 수도 있다.

07 〈보기1〉의 (가)~(다)에 들어갈 가장 적절한 문장을 〈보기2〉에서 고른 것은?

	(가)	(나)	(다)
①	ㄱ	ㄴ	ㄷ
②	ㄱ	ㄷ	ㄴ
③	ㄴ	ㄱ	ㄷ
④	ㄴ	ㄷ	ㄱ

08 문맥상 ㉠의 의미와 가장 가까운 것은?

① 중대한 임무를 띠다.

② 일에 전문성을 띠다.

③ 나는 홍조를 띠면서 말했다.

④ 언니는 미소를 띠기 시작했다.

[09～10] 다음 글을 읽고 물음에 답하시오.

사람들은 어떤 결과에는 항상 그에 ㉠맞는 원인이 존재한다고 생각한다. 원인과 결과의 필연성은 개별적인 사례들을 통해 일반화될 수 있다. 가령, A라는 사람이 스트레스로 병에 걸렸고, B도 스트레스로 병에 걸렸다면 이런 개별적인 사례들로부터 '스트레스가 병의 원인이다.'라는 일반적인 인과가 ㉡나오게 된다. 이때 개별적인 사례에 해당하는 인과를 '개별자 수준의 인과'라 하고, 일반적인 인과를 '집단 수준의 인과'라 한다. 사람들은 오랫동안 이러한 집단 수준의 인과가 필연성을 지닌다고 믿어 왔다.

그런데 집단 수준의 인과를 필연적인 것이 아니라 ㉢발생 가능성이 있는 것으로 파악해야 한다고 주장하는 사람들이 있다. 가령 '스트레스가 병의 원인이다.'라는 진술에서 스트레스는 병의 필연적인 원인이 아니라 단지 병을 발생시킬 확률을 높이는 요인일 뿐이라고 말한다. A와 B가 특정한 병에 걸렸다 하더라도 집단 수준에서는 그 병의 원인을 스트레스로 ㉣딱 잘라 말할 수 없다는 것이다. 그렇게 본다면 스트레스와 병은 필연적인 관계가 아니라 개연적인 관계에 놓인 것으로 설명된다. 이에 따르면 '스트레스가 병의 원인이다.'라는 집단 수준의 인과는, 'A가 스트레스를 받았지만 병에 걸리지 않은 경우'나 'A가 스트레스를 받았고 병에 걸리기도 했지만 병의 실제 원인은 다른 것인 경우' 등의 개별자 수준의 인과와 동시에 성립될 수 있다. 이렇게 되면 개별자 수준의 인과와 집단 수준의 인과는 별개로 존재하게 되는 것이다.

09 윗글의 내용에 부합하지 않는 것은?

① 개별자 수준의 인과를 일반화하면 집단 수준의 인과가 된다.

② 사람들은 개별적인 사례로부터 도출한 인과는 반드시 성립한다고 믿어 왔다.

③ 스트레스와 병이 필연적 관계가 아니라고 보는 입장에서는 개별자 수준의 인과와 집단 수준의 인과가 동일하지 않다고 본다.

④ 집단 수준의 인과가 필연적이라고 보는 입장에서는 '스트레스가 병의 원인이다'라는 진술에서 '스트레스'가 발병 확률을 높이는 원인이라고 본다.

10 ㉠～㉣과 바꿔쓸 수 있는 유사한 표현으로 적절하지 않은 것은?

① ㉠: 상응(相應)하는

② ㉡: 산출(算出)된다

③ ㉢: 개연적(蓋然的)인

④ ㉣: 단언(斷言)할

바로 채점하기
정답·해설 _약점 보완 해설집 p.49

| 01 | ① | 02 | ④ | 03 | ④ | 04 | ③ | 05 | ③ |
| 06 | ② | 07 | ③ | 08 | ④ | 09 | ④ | 10 | ② |

출제 예상 어휘 퀴즈

헷갈리기 쉬운 어휘

[01~06] 다음 중 알맞은 어휘를 고르시오.

01 내일은 날씨가 활짝 (갤 / 개일) 예정입니다.

02 어머니의 (가없는 / 가엾은) 은혜에 감사드립니다.

03 그는 항상 다른 사람들을 (낫잡아 / 낮잡아) 보았다.

04 그의 (넋두리 / 넉두리)를 하루 종일 듣느라 꽤나 지쳤다.

05 그는 캐나다로 이민을 간 후 연락을 (일체 / 일절) 하지 않았다.

06 어려운 상황 속에서도 너(마는 / 만은) 나에게 등을 돌리지 않을 거라 생각했어.

고유어와 한자어의 대응

[07~12] 밑줄 친 어휘와 바꿔 쓸 수 있는 것을 ㉠~㉥에서 고르시오.

07 머리에 열이 나서 해열제를 먹었다.

08 어제 집 앞에 차를 세우다가 사고를 냈다.

09 독수리 한 마리가 나의 머리 위를 돌고 있다.

10 시험이 끝나고 나면 긴장이 풀리며 피로가 몰려온다.

11 그들은 사회적 혼란을 유발하기 위해 국내에 숨어들었다.

12 빠르게 달라지는 시대의 흐름에 뒤처지지 않기 위해 노력하자.

㉠ 잠입(潛入)하다
㉡ 주차(駐車)하다
㉢ 선회(旋回)하다
㉣ 복용(服用)하다
㉤ 변화(變化)하다
㉥ 종료(終了)하다

정답 | 01 갤 02 가없는 03 낮잡아 04 넋두리 05 일절 06 만은
07 ㉣ 08 ㉡ 09 ㉢ 10 ㉥ 11 ㉠ 12 ㉤

01 다음 글에 나타난 전개 방식에 대한 설명으로 가장 적절한 것은?

복잡계는 단순한 구성 요소들의 끊임없는 상호 작용을 통해, 완전히 고정되거나 완전히 무질서한 상태에 빠지지 않고 보다 높은 수준의 새로운 질서를 형성해 낸다. 이를테면 단백질 분자들이 모여서 생명체를 형성해 내는 것을 생각해 볼 수 있다. 이때의 생명처럼, 구성 요소가 개별적으로 갖지 못한 특성이나 행동이 구성 요소를 모아 놓은 전체 구조에서 저절로 돌연히 출현하는 현상을 '창발성'이라 한다. 이처럼 하위 수준에는 없는 특성이 상위 수준에서 '창발'할 수 있는 것은 '자기조직화' 능력 때문이다.

① 어떤 대상을 그 구성 요소로 나누어 설명하는 방식이다.

② 어떤 대상에 대한 구체적인 예를 제시하여 설명하는 방식이다.

③ 둘 이상의 사물의 특성에 대해 서로 다른 점을 들어 설명하는 방식이다.

④ 어떤 대상을 유사하거나 공통적인 특성에 따라 나누어 설명하는 방식이다.

02 다음 글에 대한 이해로 가장 적절한 것은?

우리가 일상적으로 사람을 대하거나 사물을 보고 인식하는 것은 틀에 박힌 고정 관념(固定觀念)에 지나지 않는다. 그렇기 때문에 이미 알아 버린 대상에서는 새로운 모습을 찾아내기 어렵다. 아무개 하면, 자신의 인식 속에 들어와 이미 굳어 버린 그렇고 그런 존재로밖에 볼 수가 없는 것이다. 이건 얼마나 그릇된 오해인가. 사람이나 사물은 끝없이 형성되고 변모하는 것인데.

그러나 보는 각도를 달리함으로써 그 사람이나 사물이 지닌 새로운 면을, 아름다운 비밀을 찾아낼 수가 있다. 우리들이 시들하게 생각하는 그저 그렇고 그런 사이라 할지라도 선입견에서 벗어나 맑고 따뜻한 '열린 눈'으로 바라본다면 시들한 관계의 틀에 생기가 돌 것이다.

차를 즐기는 사람들은 흔히 이런 말을 한다. 어디서 나오는 무슨 차는 맛이 좋고, 어디 차는 맛이 시원치 않다고. 물론 기호에 따라 그렇게 말할 수도 있겠지만 차 맛에 어떤 표준이 있는 것은 아니다. 형편없는 찻감만 아니라면 한 잔의 차를 통해 삶에 대한 잔잔한 기쁨과 감사를 누릴 수 있을 것이다. 요는 그 차가 지닌 특성을 알맞게 우릴 때 바로 '그 차 맛'을 알 수 있다. 사람의 일도 마찬가지다. 인격에 고정된 어떤 틀이 있는 것은 아니다. 그 사람이 지닌 좋은 덕성(德性)을 찾아낼 수 있다면 그는 내게 좋은 친구가 될 것이다.

① 훌륭한 인품은 좋은 친구를 만들 수 있는 방법이 된다.

② 바쁜 하루 속에서 차 한 잔의 여유를 찾는 게 중요하다.

③ 사물이 지닌 비밀을 발견하면 고정 관념에서 벗어날 수 있다.

④ 열린 마음으로 세상을 바라보는 연습을 하면 인간관계에도 활력이 생긴다.

03 밑줄 친 부분이 ㉠의 예에 해당하지 않는 것은?

단어를 이루는 형태소 가운데 어근이나 어간에 붙어 특정한 의미 또는 기능을 부여하는 요소를 접사라 한다. 이러한 접사는 자립적이지 않으며 반드시 어근이나 어간과 함께 나타난다.

접사는 어근과 결합하는 위치에 따라 접두사와 접미사로 나뉘며, 그 기능에 따라 단어 파생에 기여하는 파생 접사와 문법적 기능을 하는 굴절 접사(어미)로 나누기도 한다. '풋사랑'의 '풋-'은 파생 접사이고, '-다', '-었/았-' 등은 굴절 접사에 속한다.

파생 접사는 어근과 결합하여 새로운 단어를 만드는데, 품사를 바꾸면서 만들기도 하고, 바꾸지 않으면서 만들기도 한다. 이때 어근의 품사를 바꾸는 접사를 ㉠ <u>지배적 접사</u>라 하고, 어근의 품사를 바꾸지 않는 접사를 한정적 접사라 한다. 예를 들어 '웃음', '공부하다'에서 '-(으)ㅁ', '-하다'는 어근의 품사를 바꾸므로 지배적 접사이고, '드높다', '가위질'에서 '드-'와 '-질'은 어근의 품사를 바꾸지 않으므로 한정적 접사이다. 이때 파생 접두사는 대부분 한정적 접사로 쓰이며, 파생 접미사는 어근의 품사를 바꾸는 지배적 접사와 바꾸지 않는 한정적 접사 모두로 쓰인다. 이를 통해 결국 파생 접미사가 파생어의 통사 범주를 결정한다고 볼 수 있다.

① 나는 매일 짝꿍에게 <u>지우개</u>를 빌렸다.

② <u>높다란</u> 하늘을 보니 가을이 온 게 실감이 났다.

③ 다른 사람들에게 들킬까 봐 자세를 <u>낮추고</u> 지나갔다.

④ 도시에 오니 <u>높이</u> 솟은 빌딩을 여기저기서 볼 수 있었다.

[04~05] 다음 글을 읽고 물음에 답하시오.

이상은 그의 소설에서 무기력하지만 강한 자의식을 가진 주인공이 세계 속에서 느끼는 극심한 분열감을 그려낸다. 작가는 1930년대 식민지 사회를 살아가는 지식인의 소외감이나 피해의식을 적나라하게 드러내며, 주인공 '나'의 비상식적인 인간관계나 무기력한 삶의 태도 등은 ㉠<u>그</u>의 자아 인식과 관련된다.

이상의 대표작 「날개」는 자아의 존재 방식에 대한 회의와 그로부터의 탈출 욕망을 형상화한 작품이다. 이 소설의 주인공인 ㉡'<u>나</u>'는 매춘부인 아내에게 기생하며 외부 세계와 단절된 채 방에서 기형적인 삶을 살아간다. 아내가 수상한 외출을 하거나 방에 외간 남자를 불러들여도, 그저 그들이 아내에게 왜 돈을 놓고 가는지 그것이 어리둥절할 뿐, ㉢<u>그</u>는 아내에게 불만조차 갖지 않는다. "우리 부부는 숙명적으로 발이 맞지 않은 ㉣<u>절름발이</u>"라는 표현처럼 아내와 '나' 사이에는 간극이 존재하는데, 두 사람의 이러한 모습은 해가 영영 들지 않고 초라한 '나의 방'과 볕이 들고 화려한 '아내의 방'으로 대비된다.

그러던 '나'는 아내로부터 받은 돈을 계기로 방에서 나와 외출을 꿈꾸게 된다. '나의 방'에서 '아내의 방'을 거쳐 바깥 세상으로의 외출은 폐쇄적 공간에서 개방된 공간으로 이동하는 것이다. 결국 ㉤<u>그</u>의 외출은 사회와 단절된 방에서의 탈출을 의미하며, 분열된 자아가 통일되는 사회성 획득을 의미하는 것으로 볼 수 있다. 이는 소설 결말에 "날개야 다시 돋아라. 날자. 날자. 날자. 한 번만 더 날자꾸나."라고 외치고 싶어 하는 주인공의 간절함을 통해 알 수 있다.

---

04 윗글에서 추론한 내용으로 적절하지 않은 것은?

① '나의 방'은 외부와 절연된 내면 공간을 의미한다.

② 아내는 성(性)마저도 상품화하며 자본의 논리에 편승한 인물이다.

③ '나'는 외출을 통해 자신의 능력을 시험하며 근대 사회에 적응하기 시작했다.

④ '날개'는 자아를 찾아 이상적으로 살아가기를 소망하는 탈출 의지를 상징한다.

---

05 문맥상 ㉠~㉣ 중 지시 대상이 같은 것만으로 묶인 것은?

① ㉠, ㉡

② ㉡, ㉣

③ ㉠, ㉢, ㉤

④ ㉡, ㉢, ㉤

06 다음 글의 글쓰기 방식에 대한 설명으로 적절한 것은?

> '채식주의자(vegetarian)'는 고기를 먹지 않으면서 달걀, 우유, 치즈 같은 동물성 식품은 허용하는 사람들을 일컫는 용어이다. 이 단어는 1847년 영국에서 '채식주의자협회'가 최초로 결성된 이래 50년 이상 통용되어 왔다. 이전 시대의 문헌들을 조사해 보면, 그때까지는 채식을 주로 먹는 개혁적 식사 방식을 보통 '피타고라스주의' 혹은 '채식'이라고 불렀을 뿐, 이를 지칭할 만한 통일된 용어가 없었다. 이 운동이 조직적인 선전 활동으로 양적 국면에 접어들었을 무렵에야 채식주의자라는 독창적이고 특징적인 명칭을 만들게 된 것으로 보인다.

① 용어의 정의를 제시함으로써 독자의 이해를 돕고 있다.

② 전문가의 의견을 인용함으로써 근거의 신뢰성을 높이고 있다.

③ 대상의 변천 과정을 제시하여 문제의 심각성을 강조하고 있다.

④ 묻고 답하는 형식으로 글을 전개함으로써 독자의 호기심을 유발하고 있다.

07 다음 결론이 반드시 참이 되게 하는 전제는?

> **전제:** 목욕탕에 가는 어떤 사람은 청결하다.
> **결론:** 목욕탕에 가는 사람 중에 마사지를 받는 사람이 있다.

① 마사지를 받는 어떤 사람은 청결하다.

② 청결한 모든 사람은 마사지를 받는다.

③ 청결한 모든 사람은 마사지를 받지 않는다.

④ 청결하지 않은 어떤 사람은 마사지를 받는다.

08 다음 글에서 추론한 내용으로 가장 적절한 것은?

관형사절을 안은 문장은 관형어의 기능을 하는 절을 안고 있는 문장이다. 관형사절은 관형사형 어미 '-(은)ㄴ, -는, -(으)ㄹ, -던' 등에 의해 실현된다. 관형사절은 동격 관형사절과 관계 관형사절로 분류할 수 있는데, 관형사절 속에 생략된 말의 유무에 따라 구별할 수 있다. 예를 들어, '전학 온 친구가 매우 예쁘다는 소문이 돈다'라는 문장에서 관형사절은 '전학 온 친구가 매우 예쁘다는'이다. 관형사절에서 생략된 말이 없으므로 이것은 동격 관형사절이다.

반면 관계 관형사절은 관형사절 속에 생략된 말이 있다. '내가 만든 쿠키가 맛있다'라는 문장에서 관형사절은 '내가 만든'이고, 관형사절은 '쿠키'를 꾸미고 있다. 관형사절을 풀어 보면 '내가 쿠키를 만들었다'라는 문장인데, 관형사절이 수식하는 명사와 동일한 명사가 들어있기 때문에 '쿠키'가 생략되어 '내가 만든'이라는 관계 관형사절이 되었다. 한편, 관계 관형사절 속에서 생략된 성분이 어떤 문장 성분인지도 파악할 수 있다. 위 예문에서는 '쿠키를'이 생략되었으므로 목적어가 생략되었다. 이외에도 주어나 부사어가 생략될 수도 있다.

① '그녀는 달이 뜨는 장면을 카메라에 담았다'에는 동격 관형사절이 안겨 있고, 관형사절에서 생략된 문장 성분은 없다.

② '그는 마음을 담은 편지를 나에게 주었다'에는 관계 관형사절이 안겨 있고, 관형사절에서 생략된 문장 성분은 주어이다.

③ '나는 엄마가 요리한 음식에 와인을 곁들였다'에는 동격 관형사절이 안겨 있고, 관형사절에서 생략된 문장 성분은 없다.

④ '이 지역에는 피자로 유명한 가게가 있다'에는 관계 관형사절이 안겨 있고, 관형사절에서 생략된 문장 성분은 부사어이다.

09 내용의 전개에 따라 바르게 배열한 것은?

(가) 한편 에피쿠로스는 인간의 영혼도 육체와 마찬가지로 미세한 입자로 구성된다고 본다. 영혼은 육체와 함께 생겨나고 육체와 상호작용하며 육체가 상처를 입으면 영혼도 고통을 받는다.

(나) 에피쿠로스는 신의 존재는 인정하나 신의 존재 방식이 인간이 생각하는 것과는 다르다고 보고, 신은 우주들 사이의 중간 세계에 살며 인간사에 개입하지 않는다는 이신론(理神論)적 관점을 주장한다.

(다) 더 나아가 육체가 소멸하면 영혼도 함께 소멸하게 되어 인간은 사후(死後)에 신의 심판을 받지 않으므로, 살아 있는 동안 인간은 사후에 심판이 있다고 생각하여 두려워할 필요가 없게 된다. 이러한 생각은 인간으로 하여금 죽음에 대한 모든 두려움에서 벗어나게 하는 근거가 된다.

(라) 그는 불사하는 존재인 신은 최고로 행복한 상태이며, 다른 어떤 것에게도 고통을 주지 않고, 모든 고통은 물론 분노와 호의와 같은 것으로부터 자유롭다고 말한다. 따라서 에피쿠로스는 인간의 세계가 신에 의해 결정되지 않으며, 인간의 행복도 자율적 존재인 인간 자신에 의해 완성된다고 본다.

① (나) - (가) - (라) - (다)

② (나) - (다) - (가) - (라)

③ (나) - (라) - (가) - (다)

④ (나) - (라) - (다) - (가)

10 (가)와 (나)에 들어갈 말로 가장 적절한 것은?

사람은 살아가는 데 필요한 모든 것을 가지고 태어나지 않으므로 반드시 학습을 해야 한다. 인간은 여타의 생물과는 다르게, 학습한 것을 혼자만의 것으로 간직하지 않고 공동체 활동을 통해 나누며 그것을 세대를 이어 전달한다. 이 과정에서 다양한 도구가 사용되는데, 문자로 이루어진 (더러는 이미지가 포함된) 책은 가장 널리 이용되는 매체이다. 그런 까닭에 책을 읽는다는 것은 _____ (가) _____

어떤 이에게는 책 읽기가 아무런 목적이 없는 행위이기도 하다. 책을 읽는 자신의 모습 자체가 스스로 기특해서 책을 읽는 사람도 있고, 우울한 기분을 달래기 위해서나 기쁜 마음을 고조시키기 위해 책을 읽는 사람도 있다. 이러한 쾌락적 독서는 읽기에서 시작하여 읽기에서 끝나므로, 책을 읽고 나서 자신이 읽은 내용 중에서 기억하는 것이 전혀 없다 해도 괜찮을 것이다. '그저 읽기'를 목적으로 한다면, 그저 읽는 것이 좋다. 그것에 대해 뭐라 할 수 없다.

그렇지만 책 읽기의 본래 목적은 지식을 얻는 것이다. '지식을 얻는다'는 것은 단순히 우리 머릿속에 지식을 입력하는 것을 뜻하지 않는다. 책의 내용이나 저자의 논지가 자신의 생각 속으로 들어와 자신의 것처럼 구사되고 활용될 수 있다는 것, 즉 _____ (나) _____

① (가): 인류의 생존을 위해서라도 반드시 필요한 행위라 할 수 있다.
　(나): 객체화하는 것까지 의미한다.

② (가): 인간과 다른 생물들을 구별해 주는 상징적인 도구에 불과한 것이다.
　(나): 객체화하는 것까지 의미한다.

③ (가): 인류의 생존을 위해서라도 반드시 필요한 행위라 할 수 있다.
　(나): 자기화하는 것까지 의미한다.

④ (가): 인간과 다른 생물들을 구별해 주는 상징적인 도구에 불과한 것이다.
　(나): 자기화하는 것까지 의미한다.

바로 채점하기　정답·해설 _약점 보완 해설집 p.52

| 01 | ② | 02 | ④ | 03 | ② | 04 | ③ | 05 | ④ |
| 06 | ① | 07 | ② | 08 | ① | 09 | ③ | 10 | ③ |

출제 예상 어휘 퀴즈

헷갈리기 쉬운 어휘

[01~06] 다음 중 알맞은 어휘를 고르시오.

01 이 씨는 (늙으막 / 늘그막)에 자식을 얻었다.

02 그는 나보다 소득이 세 (곱절 / 갑절)이나 높다.

03 엄마는 혼자서 장독대를 옥상으로 (날랐다 / 날았다).

04 봄이 되자 앙상한 가지에도 (봉우리 / 봉오리)가 맺혔다.

05 준수와 나는 어릴 때부터 알고 지낸, (막연한 / 막역한) 사이다.

06 집으로 오는 (귀로 / 기로)에서 사고를 당했다는 소식은 모두의 안타까움을 샀다.

고유어와 한자어의 대응

[07~12] 밑줄 친 어휘와 바꿔 쓸 수 있는 것을 ㉠~㉾에서 고르시오.

07 시험에 합격하기를 간절히 바랍니다.

08 20년 간 운행한 자동차라 고칠 곳이 많다.

09 드라마 제작에 들인 비용 중 일부만 회수했다.

10 작성한 경위서는 출력하여 인사팀에 내면 되겠습니다.

11 적군의 요새를 무너뜨리기 위해 병사들은 사력을 다했다.

12 정부는 어린이 보호 구역에서 30km/h를 초과하는 속도로 주행하는 것을 막았다.

㉠ 투입(投入)하다

㉡ 함락(陷落)하다

㉢ 제출(提出)하다

㉣ 수리(修理)하다

㉤ 금지(禁止)하다

㉻ 소망(所望)하다

정답 | **01** 늘그막 **02** 곱절 **03** 날랐다 **04** 봉오리 **05** 막역한 **06** 귀로
07 ㉻ **08** ㉣ **09** ㉠ **10** ㉢ **11** ㉡ **12** ㉤

01 다음 글의 주된 서술 방식은?

북산루는 구천각(九天閣)이란 데 가서 보면 예사 퇴락한 누각이라. 그 마루에 가서 구멍을 보니, 사닥다리를 놓았으니 다리로 거기를 내려가니, 성을 쪼갠 모양으로 갈라 구천각과 북루에 붙여 길게 쌓아 북루에 가는 길을 삼고 거기서 빼어 누각을 지었으니, 북루를 바라보고 가기 60여 보(步)는 되더라.

북루 문이 역시 낙민루 문 같으되 훨씬 더 커서, 반공(半空)에 솟은 듯하고 구름 속에 비치는 듯하더라. 성 둔덕을 구천각으로부터 삐껴나오게 누를 지었으니, 그 의사(意思)가 교묘하더라.

그 문 속으로 들어가니 쓸쓸한 굴속 같은 집인데 사다리를 놓았고, 다리 위로 올라가니 광한전(廣漢殿) 같은 큰 마루라. 아홉 간 대청(大廳)이 널찍하고 단청 분벽(丹靑粉壁)이 황홀한데, 앞으로 내밀어 보니 안계(眼界) 탁 트이고 시원한 벌판이 있으며, 멀리 바라보이는데 치마(馳馬)하는 터 있어 기생들을 시켜 말을 타게 하려 하되, 멀어 못 시키다.

① 열거
② 묘사
③ 예시
④ 유추

02 다음 대화의 말하기 방식에 대한 내용으로 적절하지 않은 것은?

김 주무관: 전통 시장의 활성화를 위해 우리 지역 주민들에게 '○○시장'의 특징을 소개하기로 했죠? 조사한 자료를 선별해 보는 게 좋겠어요.

최 주무관: 며칠 전 □□신문에 전통 시장에 대한 기사가 나왔는데, ○○시장이 전통 시장의 우수 사례로 소개되었더라고요. ○○시장의 특징을 잘 소개했으니 그 정보를 활용하면 어떨까요?

박 주무관: 저도 그 기사를 봤는데, 활용하기 좋은 정보라고 생각해요. 다만, 그 기사에서 다룬 전국의 전통 시장 분포에 대한 내용은 ○○시장의 특징과 상관이 없으니 그것은 빼고 활용하는 게 어떨까요?

최 주무관: 그래요. 제가 찾은 한 연구 보고서에 있는 설문 결과에 의하면 소비자들은 전통 시장의 편의성과 접근성이 과거에 비해 높아졌다고 생각하더라고요. 시장의 장점을 부각하기 위해서 설문 결과를 포함하면 좋겠어요.

김 주무관: 자, 그럼 □□신문 기사의 일부와 연구 보고서 자료를 활용하는 게 좋겠군요.

① 최 주무관은 질문을 통해 자신의 의견을 제안하고 있다.

② 김 주무관은 대화의 내용을 정리함으로써 결론을 내리고 있다.

③ 박 주무관은 최 주무관 의견의 일부만 수용하고 일부는 반박하고 있다.

④ 최 주무관은 여러 자료를 근거로 들며 박 주무관의 의견을 반박하고 있다.

03 ㉠~㉣을 고쳐 쓰기 위한 방안으로 적절하지 않은 것은?

재판은 구체적인 소송 사건을 해결하기 위해 법원이나 법관이 판결을 내리는 일을 말한다. 이때 공정한 판결을 위해 3심 제도라는 것이 채택되어 시행된다. 여기서 3심 제도란 공정한 재판을 통해 국민의 기본권을 ㉠보장한다. 인권이나 재산과 관련된 중요한 문제를 다루는 재판에서는 빠른 판결보다 공정한 판결이 중요하다. 이러한 이유로 특정 사건에 대해 서로 다른 종류의 법원에서 세 번의 재판을 받을 수 있는 것이다. 여기서 1심은 지방 법원이, 2심은 고등 법원이, 그리고 3심은 대법원이 맡게 된다. 따라서, 지방 법원에서 판결을 받은 것이 불공정하다고 ㉡궁리되면 항소하여 고등 법원에서 판결을 받지만, 이 결과가 또 불공정하다고 여겨지면 대법원에 상고하여 다시 판결을 받게 된다. ㉢판사는 국민의 이익과 권리 보호를 위해 노력해야 하며, 법과 양심에 따라 공정한 판결을 내릴 수 있어야 한다. ㉣하지만 재판의 공정성보다 빠른 판결이 중요한 경우 세 번의 재판이 반드시 이루어지지 않기도 한다.

① ㉠은 문장 성분의 호응 관계를 고려하여 '보장하는 제도이다'로 고쳐야겠어.

② ㉡은 문맥에 어울리지 않으므로 '생각되면'으로 바꿔야겠어.

③ ㉢은 글의 통일성을 해치므로 삭제해야겠어.

④ ㉣은 앞뒤 문장을 자연스럽게 연결하지 못하므로 '그래서'로 고쳐야겠어.

[04~05] 다음 글을 읽고 물음에 답하시오.

사진은 인간의 경험을 기록하는 특별한 능력이 있다. 사진은 사람들에게 자기 자신을 바라볼 수 있는 방법을 제공했으며 이로 인해 지각의 변화, 인식의 변화를 일으켰다. 무엇보다 사진의 출현은 세상에 대한 '보는 방식'의 변화를 이끌었다. 세상을 사실적으로 묘사하는 사진은 정교한 기록성으로 이전의 역사와 확연히 구별되는, 인류 발전과 진보에 기여한 시각 매체가 되었다. 그것을 가능하게 만든 것이 카메라의 광학 기술이다. 사진의 역사를 카메라의 역사라고 하는 것도 카메라의 발달사가 곧 사진 표현의 역사이기 때문이다.

카메라는 인류 최초로 프로그램이 내재된 도구이다. 카메라로 만들어 낸 사진 또한 인류가 처음으로 프로그램을 적용시켜 탄생시킨 인공지능적 시각 영상이다. 사진의 등장으로 천문에서 지리, 탐험에서 관광, 사실 기록에서 순간 포착까지 인류사에 영향을 끼친 영역이 무한하다. 이는 인간의 사유 체계를 총체적으로 뒤바꾼 인식의 혁명이었다. 많은 분야에서 획기적인 진보와 변화가 일어났고, 카메라의 발달은 이 모든 과정을 ㉠이끌었다. 역사의 기록은 카메라의 발달사에 의존해 왔다. 카메라의 광학 기술, 작동 및 활용 기술에 따라 역사의 풍경과 지형도 변모했다.

04 윗글의 주장으로 가장 적절한 것은?

① 인류의 역사가 발달함에 따라 필요한 카메라가 달라졌다.

② 사진은 인간이 최초로 만들어 낸 인공지능적 시각 영상이다.

③ 카메라의 발달은 인간의 사고방식과 역사를 모두 변화시켰다.

④ 기술 발달 수준이 높은 나라일수록 보다 정교한 사진을 남겼다.

05 문맥상 ㉠의 의미와 가장 가까운 것은?

① 나는 동생들을 이끌고 동물원에 갔다.

② 그는 대화를 자신에게 유리하게 이끌었다.

③ 모든 사람의 시선을 이끄는 광고를 만들 것이다.

④ 새로 나온 장난감이 자꾸 아이의 마음을 이끄는 모양이다.

[06 ~ 07] 다음 글을 읽고 물음에 답하시오.

혁신의 확산이란 특정 지역이나 사회 집단의 문화나 기술, 아이디어가 시간의 경과에 따라 다른 지역 또는 사회 집단으로 ⊙전해져 퍼뜨려지는 과정을 말한다. 지리학에서는 혁신의 확산이 시공간적인 요인에 따라 이루어진다고 보고 시간에 따른 공간 확산 과정을 발생기, 확산기, 심화·포화기의 3단계로 설명한다. 혁신의 발생기에는 혁신 발생원과 가까운 지역에서 혁신이 이루어지는 반면, 먼 지역에서는 혁신이 이루어지지 않기 때문에 혁신 수용률에서 지역 간의 격차가 크게 나타난다. 확산기에는 초기의 혁신 수용 지역에서 먼 지역까지 혁신의 확산이 ⓛ일어난다. 심화·포화기에는 최초 발생원과의 거리에 관계없이 전 지역에서 혁신의 확산이 이루어지고 수용률에서 지역 간의 격차가 점차 ⓒ사라진다.

혁신의 공간적 확산은 전염 확산과 계층 확산으로 설명된다. 혁신 발생원과 잠재적 수용자 간의 거리가 ⓔ가까울수록 혁신 확산이 빠르게 이루어진다는 인접 효과에 의해 나타나는 것이 전염 확산이다. 발생원과 수용자 간의 거리가 가까우면 대면 접촉의 기회가 많아지게 되어, 혁신의 확산이 대중 매체보다 주로 개인 간의 의사소통에 의해 이루어진다. 한편 도시 규모가 클수록 혁신 확산이 잘 이루어진다는 계층 효과에 의해 나타나는 것이 계층 확산이다. 계층 확산에 의해 규모가 큰 도시로부터 그보다 규모가 작은 도시로 혁신이 전해지게 된다. 그런데 실제 상황에서는 전염 확산과 계층 확산이 동시에 이루어질 수도 있다. 가령 거대 도시에서 발생한 혁신은 먼 거리의 대도시로 전해지면서 동시에 거대 도시 주변의 중소 도시에도 퍼져 나갈 수 있다.

06 윗글에서 알 수 없는 것은?

① 혁신의 확산은 인접 효과와 계층 효과의 영향을 동시에 받아 이루어지는 경우도 있다.

② 도시 규모가 클수록 혁신이 잘 확산되기 때문에 거대 도시의 혁신은 다양한 계층의 사람에게 전파될 수 있다.

③ 혁신 발생원과 수용자 간의 거리가 가까우면 혁신의 확산은 주로 개인 간의 의사소통에 의해 이루어지게 된다.

④ 혁신의 확산이 심화·포화기에 이르게 되면 발생원과의 거리에 따른 지역 간의 수용률 차이가 점차 없어지게 된다.

07 ⊙~ⓔ과 바꿔 쓸 수 있는 유사한 표현으로 적절하지 않은 것은?

① ⊙: 전파되는

② ⓛ: 발생한다

③ ⓒ: 손실된다

④ ⓔ: 근접할수록

08 다음 글에서 추론한 내용으로 적절하지 않은 것은?

요즘 시청자들은 자신도 모르는 사이에 간접 광고에 수시로 노출되어 광고와 더불어 살아가는 환경에 놓이게 됐다. 방송 프로그램의 앞과 뒤에 붙어 방송되는 직접 광고와 달리 PPL(product placement)이라고도 하는 간접 광고는 프로그램 내에 상품을 배치해 광고 효과를 거두려 하는 광고 형태이다.

우리나라는 1990년대 중반부터 극히 제한된 형태의 간접 광고만을 허용하는 협찬 제도를 운영해 왔다. 이 제도는 프로그램 제작자가 협찬 업체로부터 경비, 물품, 인력, 장소 등을 제공받아 활용하고 프로그램이 종료될 때 협찬 업체를 알리는 협찬 고지를 허용했다. 그러나 프로그램의 내용이 전개될 때 상품명이나 상호를 보여 주거나 출연자가 이를 언급해 광고 효과를 주는 것은 법으로 금지했다.

우리나라는 광고주와 방송사 등의 요구에 따라 방송법에 '간접 광고'라는 조항을 신설하여 2010년부터 시행하였다. 간접 광고 제도가 도입된 취지는 프로그램 내에서 광고를 하는 행위에 대해 법적인 규제를 완화하여 방송 광고 산업을 활성화하겠다는 것이었다. 이로써 프로그램 내에서 상품명이나 상호를 보여 주는 것이 허용되었다. 다만 시청권의 보호를 위해 상품명이나 상호를 언급하거나 구매와 이용을 권유하는 것은 금지되었다. 그럼에도 불구하고 간접 광고 제도를 비판하는 사람들은 간접 광고로 인해 광고 노출 시간이 길어지고 프로그램의 맥락과 동떨어진 억지스러운 상품 배치가 빈번해 프로그램의 질이 떨어지고 있다고 주장한다.

① 프로그램 종료될 때 협찬 고지를 하는 광고 방식은 간접 광고이다.

② 방송 광고 업계는 간접 광고 제도 시행을 적극 찬성하는 입장이다.

③ 방송 프로그램에서 협찬받은 의상의 상표를 보이지 않게 가렸던 것은 협찬 제도 때문이다.

④ 간접 광고는 시청자의 인식 속에 은연중 파고들기에 시청자들이 광고를 회피하기가 어렵다.

09 다음 전제가 모두 참일 때, 반드시 참인 결론인 것은?

○ 다이어트를 하는 어떤 사람은 유산소 운동을 한다.
○ 과식을 하지 않는 모든 사람은 유산소 운동을 하지 않는다.
따라서 (   )

① 다이어트를 하는 모든 사람은 과식을 한다.

② 과식을 하는 모든 사람은 다이어트를 하지 않는다.

③ 과식을 하지 않는 모든 사람은 다이어트를 한다.

④ 다이어트를 하는 어떤 사람은 과식을 한다.

10 (가)와 (나)에 들어갈 말로 가장 적절한 것은?

1964년에 발표된 「무진기행」은 인간 내면에 대한 근원적인 질문과 새로운 관점에 대해 통찰하게 한 작품이다. 작가 김승옥은 1930년대의 모더니즘을 성공적으로 계승함으로써 불안의식과 부조리를 반복적으로 서술하던 전후문학의 한계를 넘어섰다는 평가를 받았다. 이렇듯 「무진기행」은 1960년대 당시, 사회에 만연했던 인간성의 상실과 허무주의, 물질만능주의 등의 관점으로 조명되었다.

그런데 이러한 시각은 「무진기행」을 안개로 상징되는 허무로부터 일상의 공간으로 돌아오는 이야기로 여기고 ┌─(가)─┐ 시키는 경우가 많았다. 「무진기행」의 주인공은 회의와 체념이 복합된 인물로, 그의 자아를 찾기 위한 방황의 여로가 주된 모티프를 이룬다. 그러면서도 인간의 내면에 우울하게 자리하고 있는 아포리아*를 다층적으로 상징화하고 있어, 독자로 하여금 환상과 공포의 상징 '무진'에서 길을 잃고 헤매고 있는 자신을 발견하고 그 심연을 직시하게 한다. 즉 ┌─(나)─┐ 을 개성적 필치와 시적 감각으로 그려내고 있어, 탄생 연도의 시대 상황과 상관없이 끊임없이 새롭게 읽히는 다양한 깊이를 간직하고 있다.

* 아포리아: 대화법을 통하여 문제를 탐구하는 도중에 부딪치게 되는 해결할 수 없는 어려운 문제

① (가): 귀향 체험으로 단순화
   (나): 인간의 내면에 자리한 복잡한 심층

② (가): 정신적 치유의 과정으로 상징화
   (나): 인간의 내면에 자리한 복잡한 심층

③ (가): 귀향 체험으로 단순화
   (나): '자기 세계'를 버린 생활인으로서의 모습

④ (가): 정신적 치유의 과정으로 상징화
   (나): '자기 세계'를 버린 생활인으로서의 모습

바로 채점하기　　　　　정답·해설 _약점 보완 해설집 p.56

| 01 | ② | 02 | ④ | 03 | ④ | 04 | ③ | 05 | ② |
| 06 | ② | 07 | ③ | 08 | ③ | 09 | ④ | 10 | ① |

출제 예상 어휘 퀴즈

헷갈리기 쉬운 어휘

[01~06] 다음 중 알맞은 어휘를 고르시오.

01 그는 세상 물정을 모르는 (숙맥 / 쑥맥)이다.

02 올여름은 (어느 / 여느) 여름보다 더운 것 같다.

03 그는 (난삽한 / 난잡한) 생활을 청산하기로 약속했다.

04 오늘은 기운이 (달려 / 딸려) 더 이상 일을 못 하겠다.

05 잔뜩 화가 난 듯 그의 얼굴이 (불그락푸르락 / 붉으락푸르락)했다.

06 이전의 내 모습을 반성하며, 앞으로는 선한 이념만을 (좇기로 / 쫓기로) 다짐했다.

고유어와 한자어의 대응

[07~12] 밑줄 친 어휘와 바꿔 쓸 수 있는 것을 ㉠~㉥에서 고르시오.

07 대학교에 진학하여 국문학을 배웠다.

08 그는 어릴 때부터 넉넉한 환경에서 자라왔다.

09 여러 정부 관료들이 대통령의 미국 순방을 따라갔다.

10 나이가 들었지만 나의 기억력은 조금도 줄지 않았다.

11 그는 집 앞에 몰래 쓰레기를 버리고 간 사람을 찾고 있다.

12 제설을 할 때 도로가 손상되는 것을 막기 위해 염화칼슘의 사용을 자제했다.

㉠ 수행(隨行)하다
㉡ 투기(投棄)하다
㉢ 감퇴(減退)하다
㉣ 방지(防止)하다
㉤ 공부(工夫)하다
㉥ 풍요(豐饒)하다

정답 | 01 숙맥 02 여느 03 난잡한 04 달려 05 붉으락푸르락 06 좇기로
07 ㉤ 08 ㉥ 09 ㉠ 10 ㉢ 11 ㉡ 12 ㉣

01 〈공공언어 바로 쓰기 원칙〉에 따라 〈공문서〉의 ㉠~㉣을 수정한 것으로 적절하지 않은 것은?

──── 〈공공언어 바로 쓰기 원칙〉 ────
○ 문맥에 적합한 어휘를 사용할 것.
○ 문장 성분이 호응되도록 할 것.
○ 과도한 명사의 나열로 이루어진 표현은 지양할 것.
○ 어렵고 상투적인 한자 표현보다 쉬운 표현을 쓸 것.

──────────── 〈공문서〉 ────────────
○○시 보건소

수신 ○○시 의료기관
(경유)
제목 수술실 안전관리 지원사업 집행을 위한 관리 철저 요청

────────────────────────

1. 귀 기관의 무궁한 발전을 기원합니다.
2. 보건복지부에서는 「의료법」 제38조의2(수술실 내 폐쇄회로 텔레비전의 설치·운영)를 시행하기 위하여 의료기관 수술실 내 CCTV 설치 비용을 지원하고 있습니다.
3. 현재 국고 보조금을 신청하는 단계에서 일부 업체 및 의료기관이 허위 영수증 발행, 정산서류 조작 등 부정한 방법으로 ㉠국고 보조금의 과다한 수급을 유도할 수 있다는 우려가 지속적으로 제기되고 있습니다.
4. 보건복지부는 기획재정부와 합동으로 부정징후 의심사업에 대해 모니터링을 하고 있으며, ㉡추후 관할 보건소에서 현장 점검을 실시될 예정입니다.
5. 이에 의료기관 현장 점검 시 ㉢보조금 집행 정산 서류 확인, 목적 외에 사용한 내역이나 거짓 신청 여부 등을 중점적으로 확인할 예정이오니 국고 보조금이 목적과 용도에 맞게 집행될 수 있도록 ㉣관리에 철저를 기하여 주시기 바랍니다.

① ㉠: 국고 보조금의 과다한 수납을 유도할 수 있다는
② ㉡: 추후 관할 보건소에서 현장 점검을 실시할 예정입니다
③ ㉢: 보조금을 집행한 정산 서류를 확인하고
④ ㉣: 관리를 철저히 해 주시기 바랍니다

02 다음 글의 내용과 부합하는 것은?

한부모 가족에 대한 논란이 분분하지만, 이는 절대 도덕적 잣대로 비난할 대상이 아니다. 우리가 포용해야 하는 시대적 흐름이고 현실이다. 실제로 아이를 제대로 돌보지 않아 문제를 일으키는 집은 한부모 가족보다 양부모(兩父母) 가족이 훨씬 더 많다. 양부모가 더 건강한 가족을 꾸릴 것이라는 생각은 전혀 근거가 없는 미신일 뿐이다. 이혼 사례들을 연구해 보면, 미숙한 양부모 가족의 아이들보다 성숙한 한부모 가족의 아이들이 훨씬 더 행복하게 자란다는 사실을 알 수 있다.

이처럼 건강한 가족을 형성하는 데 결정적인 역할을 하는 것은 부모가 모두 있느냐 없느냐가 아니라 정서적으로 성숙하고 균형 잡힌 어른이 있느냐 없느냐이다. 예컨대, 고지식하고 화를 잘 내며 남을 제압하려 드는 아버지와 남에게 의지하며 전혀 자기주장을 하지 않는 어머니 밑에서 자란 아이는 어떠할까? 아이는 훌륭한 본보기를 찾을 수가 없다. 대개 아버지나 어머니 중 한쪽을 자신과 동일시한다. 그런 경우 아이는 신경질적이며 남을 제압하려는 성격을 갖게 되거나, 수동적이고 나약한 성격을 갖게 된다. 어느 쪽이든 성숙하고 능동적이며 건설적인 사회 구성원으로 자라지 못한다.

① 양부모 가정보다 한부모 가정의 아이가 행복할 확률이 높다.
② 양부모 가정의 아이는 언제나 자신을 부모 모두와 동일시한다.
③ 아이의 양육에 대한 어려움을 겪는 가정은 한부모 가정보다 양부모 가정이 더 많다.
④ 양부모 가정과 한부모 가정 모두 가정의 건강한 정도는 구성원의 정서적 성숙도보다 구성원의 수에 비례한다.

03 필자의 견해와 일치하는 것은?

시골의 어떤 마을에 오랫동안 주민들을 치료해 온 의사가 있었다. 그는 환자의 경제적 능력에 따라 치료비를 달리 받는 독특한 방식을 고집해 왔다. 즉, 같은 종류의 치료를 해 주고서도 부자에게는 돈을 많이 받는 반면, 가난한 사람에게는 돈을 적게 받는 것이었다. 이와 같은 치료비 차등 방식은 마을 사람들이 그를 좋아하게 만드는 요인이 되었다. 가난한 사람의 형편을 생각해서 적은 치료비만을 받으면서 인술을 펴는 그의 자세가 돋보인다는 것이 마을 사람들의 중론이었다.

그런데 여기서 한 가지 재미있는 점은 모든 사람에게 같은 치료비를 받는 경우보다 차등을 두는 경우 그의 수입이 더 커질 수도 있다는 사실이다. 방식을 바꿔 지금의 중간 정도 수준에서 모든 환자에게 똑같은 치료비를 받는다고 해 보자. 가난한 사람들은 지금까지보다 더 많은 치료비를 내게 될 것이다. 이들은 비싸진 치료비 때문에 웬만한 질병 정도로는 좀처럼 병원 문을 두드리지 않을 것이다. 한편, 부유한 사람들은 치료비를 조금 낮춰 준다고 해서 전보다 훨씬 더 자주 찾아오지도 않는다. 종전에 치료비가 너무 부담이 되어 아픈데도 찾아오지 못했던 것이 아니기 때문이다. 그러므로 모든 사람에게 똑같은 치료비를 받기로 하면 환자의 방문이 줄어들 것이고, 따라서 그의 수입도 예전보다 더 적어질 가능성이 크다.

물론 앞서 말한 이 의사가 정말로 수입을 늘리려는 의도로 치료비에 그와 같은 차등을 두었다고 생각하기는 어렵다. 마을 사람들이 믿고 있는 대로, 인술을 펴는 사람으로서 자비로운 마음에서 그런 방법을 쓰고 있는지도 모른다. 그러나 그가 쓰고 있는 방식은 독점자(獨占者)가 이윤을 늘리기 위해 사용하는 가격 정책의 특성을 그대로 가지고 있다. 시장을 독점하고 있는 공급자는 소비자를 몇 개의 그룹으로 나누고 그룹마다 다른 가격을 매기는 정책, 즉 가격 차별을 통해 이윤 극대화를 추구하는 경우가 있다.

① 가난한 사람들은 병원 치료비에 민감하게 반응하는 그룹이다.
② 시골 의사는 이윤 극대화를 이루기 위해 치료비에 차등을 두었다.
③ 부유한 사람들의 병원 방문 횟수를 늘리기 위해서는 치료비를 낮춰야 한다.
④ 치료비를 모든 사람들에게 동일하게 적용할 경우, 마을 사람 모두가 불만을 가질 것이다.

04 다음 글에서 추론한 내용으로 적절하지 않은 것은?

국어의 2인칭 대명사로는 '너, 너희, 자네, 당신, 임자, 그대, 여러분, 귀하(貴下), 노형(老兄), 제군(諸君)' 등이 있다. 이 외에 '자기'도 요즈음 젊은 층에서 2인칭 대명사로 자주 쓰이고 있다.

아주낮춤 말인 '너'는 말하는 이보다 손아래의 사람에게 쓰거나 미성년 또는 같은 또래의 친한 친구 사이에 쓴다. '너희'는 듣는 이가 같은 또래의 친구나 아랫사람일 경우, 그 듣는 이를 포함한 여러 사람들을 이를 때 사용한다. 예사 낮춤 말 '자네'는 '당신'보다는 낮고 '너'보다는 높은 말이다. 연배가 있는 사람이 친교가 있는 동년배나 손아랫사람에게 사용한다.

'당신, 임자, 그대'는 예사 높임 말이다. '당신'은 배우자 혹은 그리 가깝지 않은 동년배에게 쓴다. 이 대명사는 선생, 부모, 상사 같은 아주 높은 분에게는 거의 쓰지 않는다. 아울러 '당신'은 3인칭 재귀 대명사로도 쓰이므로 혼동하지 말아야 한다. '임자'는 '당신'과 비슷한 등급으로 나이가 지긋한 부부 사이에 쓰인다. 또한 나이가 비슷하면서 잘 모르는 사람이나, 알고는 있지만 '자네'라고 부르기가 거북한 사람, 또는 아랫사람을 높여 이르는 2인칭 대명사이다. '그대'는 '당신'과 비슷한 등급의 존대어로서 시(詩)와 같은 문학 작품에서 주로 쓰인다. 그리고 '여러분'은 듣는 이가 여러 사람일 때 그 사람들을 높여 이를 경우에 사용한다.

국어는 원래 아주높임의 2인칭 대명사 형태가 발달되어 있지 않아서, 그 대신에 친족명이나 직함 등의 호칭을 사용하는 일이 많다. 예컨대 아주높임의 대상자에게는 대명사 대신 '선생님, 할아버님' 등의 존대 호칭을 상황에 따라 골라 쓰고 있다.

① '자네'는 아랫사람인 듣는 이를 대접하고자 할 때 '너' 대신에 사용한다.
② 듣는 이를 가리키거나 부르는 2인칭 대명사는 높임의 정도에 따라 등급을 구분한다.
③ 듣는 이가 또래이거나 아랫사람일 경우 단수와 복수를 구분하여 2인칭 대명사를 사용한다.
④ '당신'은 부모에게 쓰지 않으므로 '이것은 어머님 당신께서 아끼시던 물건이다.'는 잘못된 표현이다.

05 밑줄 친 부분의 주된 설명 방식은?

유럽 역사상 15세기부터 17세기 후반에 이르는 시기는 중세에서 근대로 구조 전환이 진행되는 일종의 과도기이다. 그 흐름의 핵심으로 우리는 <u>장원경제의 붕괴와 시민사회의 대두, 르네상스 운동과 종교개혁이라는 범(汎)유럽적인 정치, 경제, 사회, 문화 전반에 걸친 복합적 현상을 감지한다.</u> 이 모든 현상은 특히 강력한 군주권을 중심으로 중앙집권을 지향하는 국가통합을 줄기차게 촉진했다.

① 예시   ② 인용

③ 비교   ④ 인과

06 다음 명제가 모두 참일 때, 항상 옳은 것은?

○ 외식을 많이 하는 모든 사람은 과체중이다.
○ 음식을 좋아하는 모든 사람은 외식을 많이 한다.
○ 부지런한 모든 사람은 과체중이 아니다.

① 음식을 좋아하는 모든 사람은 부지런하지 않다.

② 외식을 많이 하는 모든 사람은 부지런하다.

③ 과체중인 모든 사람은 외식을 많이 한다.

④ 부지런한 모든 사람은 외식을 많이 한다.

07 다음 대화를 분석한 내용으로 적절하지 않은 것은?

> 민경: 언니, 'FTA'가 뭐야? 'FTA'를 체결하는 게 우리나라 한테 좋은 거야?
>
> 영채: 'FTA'는 '자유 무역 협정'을 뜻하는 말인데, 글자 그대로 국가 간에 자유롭게 무역을 하자는 협정이야. 'FTA'를 체결하게 되면 특정 시장에 대한 관세가 낮아지거나 철폐되어 상대국보다 경쟁력이 높은 산업은 수출 및 투자의 증대를 기대할 수 있어. 이런 측면을 생각한다면 'FTA'를 체결하는 것이 우리나라 경제에 긍정적인 영향을 줄 수도 있겠지?
>
> 민경: 아하. 상대국보다 경쟁력 있는 산업의 경우에는 관세 폐지를 통해 큰 이익을 얻을 수 있다는 거지?
>
> 영채: 맞아. 아주 정확하게 이해했어.
>
> 민경: 그런데 예전에 뉴스에서 'FTA' 체결을 반대하는 사람들의 모습을 본 적이 있어. 그분들은 왜 'FTA' 체결을 반대하는 것일까?
>
> 영채: 그건 'FTA'가 양날의 검과 같은 성격을 가지고 있기 때문이야. 경쟁력이 높은 산업에 대해서는 큰 경제적 이익을 얻을 수 있지만, 상대국보다 경쟁력이 낮은 산업에서는 싼값에 물건을 제공하는 거대 외국계 자본에 의해 가격 경쟁에서 밀릴 수도 있거든. 그렇게 되면 큰 손해를 보게 될 가능성이 커. 그래서 국가 간의 'FTA' 체결은 신중해야 하는 거야.

① 영채는 비유적인 표현을 사용해 민경의 이해를 돕고 있다.

② 민경은 영채의 말을 재진술하여 자기가 이해한 바를 확인하고 있다.

③ 영채는 대상으로 인해 이익이 발생하는 과정을 인과적으로 제시하고 있다.

④ 민경은 자기의 경험을 들어 영채가 답한 내용의 논리적 모순을 지적하고 있다.

08 다음 글의 맥락을 고려할 때 빈칸에 들어갈 말로 가장 적절한 것은?

> 글의 주제는 글이 관심을 가지고 다루려는 문제이다. 그리고 주제에 대해서 글쓴이가 가지고 있는 생각이나 판단을 문장으로 표현한 것이 주제문이다. 주제는 글의 중심이 되는 문제이기도 하고, 주제문의 핵심 내용이기도 하다.
>
> 글의 목적은 독자의 생각을 주제문에 ⊙닿게 하는 것이다. 여러 설명, 예시, 논증 등의 방법으로 주제 논의를 이끌어 결국 주제문에 이르게 하는 것이 글을 쓰는 행위이다. 따라서 [   ]한다. 마치 볼록렌즈가 빛을 초점에 모으는 것처럼 모든 글을 주제문으로 수렴시키는 작업이 글쓰기 작업이다.

① 주제문에는 글쓴이의 목적의식이 드러나야

② 주제에 대한 글쓴이의 생각은 주제문으로 모아져야

③ 매우 간단한 설명으로 주제문을 뒷받침할 수 있어야

④ 여러 개의 소주제를 제시하여 주제를 구현할 수 있어야

09 문맥상 ⊙의 의미와 가장 가까운 것은?

① 기회가 닿으면 연락하겠습니다.

② 그녀의 눈길이 닿는 카페로 향했다.

③ 그에게 기별이 닿도록 조치를 취해야 한다.

④ 이야기하며 걷는 사이에 버스 정류소에 닿았다.

10 다음 밑줄 친 부분의 의미를 풀어 쓴 것으로 적절한 것은?

> 과학의 자율성은 일종의 '사회적 합의'라는 성격을 띠고 있다. 이 합의가 깨어지면 자율성은 크게 훼손될 수 있다. 그런데 현재 우리나라에서 과학에 대한 신뢰는 예전만 못하다. '황우석 사태'와 같은 과학을 둘러싼 사회적 논쟁은 점차 빈번해지고, 과학의 발전에 따른 기술적 위험이 커지면서 과학에 대한 규제의 목소리도 한층 높아지고 있다. 그 와중에 기업을 중심으로 과학을 상업화하려는 시도가 더욱 노골화되고 있다. 과학의 자율성에 대한 주장은 점점 힘을 잃고, 반대로 사회의 개입과 ㉠감시의 눈초리는 더욱 매서워지고 있는 실정이다.
>
> ㉡손가락으로 달을 가리킬 때, ㉢손은 보지 말고 그것이 가리키는 ㉣달을 봐야 한다는 말이 있다. 이 말은 논리의 형식에 집착하지 말고 그 논리가 함축하고 있는 의미를 파악할 필요가 있다는 뜻이다. 어떤 사람이 과학이 사회와 무관하다고 주장했을 때 우리는 그 말의 옳고 그름만 따질 게 아니라, 그 주장이 말하고자 하는 핵심에 주목해야 한다. 곧 그것이 품고 있는 사회적 의미, 한 걸음 더 나아가서 정치적 의도까지 생각해 보아야 하는 것이다. 따라서 '과학이 사회와 무관한가?'란 질문은 이 둘이 무관하지 않음을 강조하기 위한 일종의 반어법에 가깝다고 할 수 있다. 다시 말해 과학과 사회를 분리해 보지 않고 '따로 또 함께' 볼 필요성을 강조하고 있는 셈이다.

① ㉠: 과학의 자율성을 보장하려는 것

② ㉡: 과학의 본질

③ ㉢: 정치적 의도

④ ㉣: 내포된 사회적 의미

출제 예상 어휘 퀴즈

헷갈리기 쉬운 어휘

[01~06] 다음 중 알맞은 어휘를 고르시오.

01 탐관오리의 (등살 / 등쌀)에 시달리는 백성들.

02 엉성하지만 (널빤지 / 널판지)로 부엌문을 만들었다.

03 공연이 끝나자 (우레 / 우뢰)와 같은 박수가 쏟아졌다.

04 우리 부부는 돈이 없어 (사글세 / 삭월세)로 방을 얻었다.

05 의사가 처방해 준 약을 먹자 병이 씻은 듯이 (나았다 / 낳았다).

06 우리 팀 선수는 앞에 있는 다른 팀 선수를 (제치고 / 젖히고) 결승선을 통과하였다.

고유어와 한자어의 대응

[07~12] 밑줄 친 어휘와 바꿔 쓸 수 있는 것을 ㉠~㉽에서 고르시오.

07 공장에서 대량으로 마스크를 <u>만들었다</u>.　　　　　　　　㉠ 생산(生産)하다

08 아이들이 놀기에는 수심이 <u>얕은</u> 곳이 알맞다.　　　　　　㉡ 흡입(吸入)하다

09 박 교수님은 대학에서 국문학을 <u>가르치고</u> 계신다.　　　　㉢ 적당(適當)하다

10 범죄자들을 재판장으로 <u>데려가는</u> 차량이 줄을 이었다.　　㉣ 강의(講義)하다

11 노조는 내일 새벽부터 파업에 <u>뛰어들겠다고</u> 사측에 통보했다.　㉤ 돌입(突入)하다

12 이 공기 청정기는 오염된 공기를 <u>빨아들인</u> 후 완벽히 정화한 공기를 내보냅니다.　㉥ 호송(護送)하다

정답 | **01** 등쌀　**02** 널빤지　**03** 우레　**04** 사글세　**05** 나았다　**06** 제치고
　　　07 ㉠　**08** ㉢　**09** ㉣　**10** ㉥　**11** ㉤　**12** ㉡

01 〈지침〉에 따라 〈개요〉를 작성할 때 ㉠ ~ ㉣에 들어갈 내용으로 적절하지 않은 것은?

―――――〈지침〉―――――

○ 제목은 중심 내용을 포함하여 글 전체를 아우르는 내용으로 작성할 것.
○ 서론은 중심 소재와 관련된 시대 상황을 작성할 것.
○ 본론의 하위 항목은 상위 항목을 뒷받침하되 통일성을 유지해야 하며, 각 장의 하위 항목들끼리는 서로 대응되도록 할 것.
○ 결론은 본론의 내용을 요약하여 정리할 것.

―――――〈보기〉―――――

○ 제목: [㉠]
  Ⅰ. 서론: 과학자들의 직업 윤리가 약화되고 있는 현실
  Ⅱ. 본론
    1. 과학 기술계 종사자의 특성
      가. [㉡]
      나. 사회 전반에 걸친 막대한 영향력
      다. 고도의 문제 해결력을 갖추고 있음
    2. [㉢]
      가. 자신이 받은 교육의 혜택을 사회에 환원한다는 자세
      나. [㉣]
      다. 과학 기술을 바탕으로 사회적 문제를 해결하기 위해 노력하는 자세
  Ⅲ. 결론: 과학자의 직업 윤리와 사회적 중요성

① ㉠: 과학자가 가져야 할 윤리적 책임
② ㉡: 전문적이고 체계적인 과학 기술 교육을 이수
③ ㉢: 과학자의 바람직한 직업 윤리
④ ㉣: 과학자들의 근무 조건을 개선하기 위한 방안 모색

02 다음 글에 대한 이해로 적절하지 않은 것은?

첫째, 전통주의는 '생물학'으로서의 언어학이다. 이는 언어의 변화와 언어군의 윤곽을 그리는 데 주로 관심을 기울였다.

둘째, 구조주의는 '화학'으로서의 언어학이다. 곧 20세기 초에 분류법을 중시한 구조주의를 화학의 원리에 따른 언어학이라고 보고 있다. 예를 들어, 사람들은 한 언어의 음성학을 성립시키는 요소로서 음소와 같은 언어 구조의 단위를 찾게 되었다.

셋째, 생성주의는 '수학'으로서의 언어학이다. 촘스키(Chomsky 1957)의 『통사구조』에서 처음으로 그 윤곽이 그려진 생성문법은 언어를 수학으로 보는 관점의 이동이었다. 생성문법의 목적이 언어능력의 이해, 즉 모국어 화자가 가지고 있는 언어에 대한 지식의 성격을 추상적으로나마 기술해 내는 것이었지만, 탐구의 방식은 수학과 마찬가지로 연역적이었다. 이 지식은 언어의 구조와 그 조작에 대한 지식임에도 불구하고 규칙의 집합에 의해 기술될 수 있는 수학적 대상으로 간주되었다. 예를 들어, '다시쓰기 규칙rewrite rule'의 집합을 통해 '명시성explicitness'의 요구를 실현시키고자 하였다.

① 전통주의 언어학은 언어가 생성되고 소멸되는 변화에 집중했다고 말할 수 있군.

② 언어의 구조 단위를 찾아 그 체계를 성립시키고자 하는 사람들의 노력은 구조주의 언어학에 입각한 것으로 볼 수 있군.

③ 언어군의 윤곽을 그리는 생성문법에 관심을 기울인 이들은 전통주의 언어학에 토대를 둔 것으로 판단될 수 있겠군.

④ 생성주의 언어학은 언어에 대한 지식의 성격을 추상적으로 기술해내지만, 그 지식들을 규칙의 집합으로 기술할 수 있다는 점에서 연역적이라고 말할 수 있군.

03 다음 글의 내용과 부합하지 않는 것은?

맥주는 발효 방식에 따라 크게 상면발효 맥주와 하면발효 맥주로 나뉜다. 상면발효 맥주는 탄산 가스와 함께 발효액이 표면에 뜨는 성질이 있는 '사카로마이세스 세레비지에' 효모로 발효시킨 맥주로, 우리가 잘 알고 있는 영국의 에일(Ale)이 대표적이다. 상면발효 맥주는 맥아의 농도가 높고, 10도에서 25도 사이의 상온에서 발효하기 때문에 진하고 깊은 맛이 나며 색도 짙은 편이다.

하면발효 맥주는 발효 중이나 발효가 끝난 후에 가라앉는 성질이 있는 '사카로마이세스 카를스베르겐시스' 효모로 발효시킨 맥주로, 독일의 라거(Lager)가 대표적이다. 하면발효 맥주는 상면발효 맥주보다 낮은 10도 정도에서 장시간 발효를 하기 때문에 청량하고 부드러운 맛과 향을 내며, 도수도 상대적으로 낮은 편이다.

역사적으로는 상면발효 맥주가 더 오랜 전통을 가지고 있지만, 현재 전 세계 맥주 시장의 70% 이상을 차지하고 있는 것은 하면발효 맥주인 라거 계열의 맥주이다. 라거 계열의 맥주는 다시 필스너, 엑스포트 등으로 나뉘는데, 우리나라를 비롯하여 전 세계적으로는 필스너 계열의 맥주에 대한 인기가 높아지고 있다.

① '에일'은 탄산 가스와 발효액이 표면에 뜨는 성질을 가진 효모로 발효시킨 맥주이다.

② 우리나라에서는 라거 계열의 맥주보다 필스너 계열의 맥주에 대한 선호도가 더 높다.

③ 상면발효 맥주는 진하고 깊은 맛을 지니며, 하면발효 맥주는 청량하고 부드러운 맛과 향이 난다.

④ 라거 계열의 맥주는 상면발효 맥주에 비해 역사가 짧지만 맥주 시장에서 더 높은 점유율을 차지하고 있다.

04 진행자의 말하기 방식에 대한 설명으로 적절하지 않은 것은?

진행자: 오늘은 남한산성의 문화유산으로서의 가치를 알아보고자 문화 해설사 ○○○ 님을 모시고 이야기를 나누겠습니다. 안녕하세요?

해설사: 네. 안녕하십니까?

진행자: 남한산성은 오랜 역사 속에서 한 번도 함락된 적이 없는 곳이라고 알고 있는데 사실인가요?

해설사: 맞습니다. 험준한 자연 지형에 적합한 축성술로 성벽을 쌓았기 때문에 적이 공격하기 쉽지 않았습니다.

진행자: 자연에 축성 기술을 접목한 조상들의 지혜네요.

해설사: 그렇습니다. 『택리지』에는 남한산성이 그러한 이유로 큰 전란에도 함락되지 않았다는 기록이 남아 있죠.

진행자: 그렇군요. 그럼 오늘 대담의 주제와 관련하여 질문드리겠습니다. 남한산성은 문화유산으로서 어떤 가치를 지니고 있나요?

해설사: 남한산성의 가치로는 먼저 시대별 축성술을 보여주는 표본이라는 점을 들 수 있습니다.

진행자: 남한산성이 시대별 축성술의 표본이라는 것은 어떤 의미인가요?

해설사: 그것은 하나의 성에서 시대별 축성술의 특징을 볼 수 있다는 것을 의미합니다. 남한산성은 신라 시대에 처음 쌓은 주장성을 조선 시대에 이르기까지 조금씩 증축한 성이기 때문입니다.

진행자: 예전에 남한산성에 갔을 때 보니까 성벽을 쌓은 돌의 종류나 쌓은 방식이 조금씩 다르던데 방금 말씀하신 시대별 특징 때문인 것으로 볼 수 있나요?

해설사: 맞습니다. 예를 들어 조선 시대 이전의 성벽은 옥수수 알 모양으로 다듬은 돌로 쌓았고 조선 영조 때의 성벽은 크기와 형태가 다양한 돌을 이어 붙이듯이 쌓았습니다. 이처럼 남한산성에서는 시대별로 다른 축성술을 한눈에 볼 수 있죠.

진행자: 청취자 여러분도 남한산성에 가시면 성벽의 돌들을 유심히 살펴보시면 좋겠네요. 그럼 시대별 축성술과 관련된 또 다른 특징에 대해 이야기를 나눠 보겠습니다.

① 자신이 알고 있는 배경지식에 대한 진위 여부를 확인하고 있다.

② 해설사의 견해를 요약하며 다음 소개될 내용에 대해 안내하고 있다.

③ 자신의 경험이 해설사의 설명과 관련이 있는 것인지 질문하고 있다.

④ 해설사가 말한 내용 중 어려운 용어는 그 의미에 대해 질문하여 청취자들의 이해를 돕고 있다.

05 다음 글의 밑줄 친 결론을 이끌어 내기 위해 추가해야 할 것은?

> 밤늦게까지 공부하는 어떤 학생은 시험에서 만점을 받는다. 따라서 <u>성실한 어떤 학생은 밤늦게까지 공부한다.</u>

① 성실한 어떤 학생은 시험에서 만점을 받는다.

② 성실한 모든 학생은 시험에서 만점을 받는다.

③ 시험에서 만점을 받는 모든 학생은 성실하다.

④ 밤늦게까지 공부하지만 성실하지 않은 모든 학생은 시험에서 만점을 받는다.

06 다음 글의 (가)와 (나)에 들어갈 내용으로 가장 적절한 것은?

> 객관적 상관물이란 화자의 정서, 사상과 관련을 맺고 있는 자연물로, 화자의 정서를 투영하거나 심화시킨다. 객관적 상관물은 화자의 정서를 간접적이면서도 구체적으로 드러낸다. 김춘수의 「강우」에서 앞이 보이지 않을 정도로 쏟아지는 '비'는 아내의 죽음으로 인해 화자가 느끼는 절망과 슬픔을 심화시킨다.
>
> 객관적 상관물과 떼려야 뗄 수 없는 개념이 감정 이입이다. 감정 이입은 시적 상황이나 화자의 감정을 대상으로 이동시켜 대상이 마치 화자와 동일한 상황에 처한 것으로 설정함으로써 대상이 화자와 동일한 감정을 지닌 것처럼 표현하는 방법이다. 김소월의 「초혼」은 사랑하는 사람의 죽음으로 인한 화자의 격렬한 슬픔이 드러나는데, 이때 '사슴의 무리도 슬피 운다'와 같은 구절은 화자가 느끼는 슬픔이 '사슴 무리'에 동일시된 것으로 이는 화자의 슬픔을 심화시킨다.
>
> 감정 이입은 화자의 정서와 관련을 맺고 화자의 정서를 투영하거나 심화시킨다는 점에서 객관적 상관물이라고 할 수 있다. 따라서 (가) 하지만 객관적 상관물이라고 해서 감정 이입의 대상이라고 단정할 수 없다. 왜냐하면 감정 이입은 객관적 상관물과 달리 화자의 감정을 마치 사물이 느끼는 것처럼 표현한다는 점에서 화자와 사물이 감정의 일치를 이루기 때문이다. 이로 미루어 보아 (나)

① (가): 「초혼」의 '사슴 무리'는 객관적 상관물이 아니다.
　(나): 「강우」의 '비'는 감정 이입의 대상이다.

② (가): 「초혼」의 '사슴 무리'는 객관적 상관물이 아니다.
　(나): 「강우」의 '비'는 객관적 상관물이지만 감정 이입의 대상은 아니다.

③ (가): 「초혼」의 '사슴 무리'는 객관적 상관물이면서 감정 이입의 대상이다.
　(나): 「강우」의 '비'는 감정 이입의 대상이다.

④ (가): 「초혼」의 '사슴 무리'는 객관적 상관물이면서 감정 이입의 대상이다.
　(나): 「강우」의 '비'는 객관적 상관물이지만 감정 이입의 대상은 아니다.

07 다음 글의 ㉠의 사례가 포함되어 있는 것은?

명사를 자립성 유무에 따라 나누면 의존 명사와 자립 명사로 분류할 수 있다. ㉠의존 명사는 반드시 관형어의 수식을 받아야만 문장에 쓰일 수 있지만, 자립 명사는 그렇지 않다. 예컨대, '얼굴이 예쁘다'에서 '얼굴'은 자립 명사이므로 관형어의 수식을 받지 않아도 되지만, '것이 예쁘다'에서 '것'은 관형어 없이 홀로 쓰일 수 없다. 의존 명사인 '것'은 '내 것이 예쁘다'처럼 '것' 앞에 관형어가 있어야만 문장 안에서 쓰일 수 있다. 그런데 의존 명사 중 조사, 어미 등과 형태가 동일하여 헷갈리는 것이 있다. 이럴 때는 의존 명사는 앞말에 띄어 쓰고, 그 이외는 붙여 쓴다는 것에 유의하여 판단하면 된다. '아는 대로 말해라', '나대로 살겠다'에서 전자는 띄어 썼으므로 의존 명사이고, 후자는 붙여 썼으므로 의존 명사가 아니다.

① 진작에 미안하다고 사과할걸.

② 그는 일도 잘할뿐더러 성격도 좋다.

③ 영상을 만드는 데 하루 넘게 걸렸다.

④ 미안한 마음은 쥐꼬리만큼도 안 든다.

[08～09] 다음 글을 읽고 물음에 답하시오.

국어학과 사회학(社會學)의 밀접한 유대는 사회 언어학(社會言語學)의 탄생으로 꽃피었다. 언어를 그 사회 문맥과 관련하여 관찰 분석하는 분야가 사회 언어학이다. 어떤 언어 특징을 결정하는 데 영향을 미친 사회적 요인을 분석해 내고 그들 상호간의 관계를 캐는 작업이 사회 언어학의 주된 임무인데 이때 사회학의 지식은 필수적일 수밖에 없다.

국어학은 자연 과학과도 무관하지 않다. 음성학(音聲學)에서 발음 기관이나 청각 기관의 구조와 작용을 정밀히 밝혀 주는 일은 생리학(生理學)의 분야다. 발음을 하나 하기 위해서는 적어도 100개의 근육이 동시에 협동하여야 한다는데 이러한 지식을 우리는 자연 과학에서 ㉠얻어 올 수밖에 없다. 음성학 중 음파(音波)를 분석하는 분야를 음향 음성학(音響音聲學)이라 하는데 이 분야는 또 물리학(物理學)의 기초를 절대로 필요로 한다.

08 윗글의 제목으로 가장 적절한 것은?

① 국어학의 인접 학문

② 국어학 연구의 발전사

③ 인문학과 자연 과학의 대립

④ 국어학 연구의 중요성과 의의

09 문맥상 ㉠의 의미와 가장 가까운 것은?

① 은행에서 빚을 얻다.

② 그녀는 자신이 하는 일에서 보람을 얻어 기뻤다.

③ 친구에게서 중요한 정보를 얻어 위기를 극복했다.

④ 자취방의 거실에 놓을 의자 하나를 이웃집에서 얻었다.

10 다음 글에서 '홉스'의 견해로 볼 수 없는 것은?

> 홉스는 '사회 계약'이 국가의 기원이라는 이론을 펼쳤다. 그의 주장은 명료했다. 국가는 사회 내부의 무질서와 범죄, 외부 침략의 위협에서 인민의 생명과 안전, 재산을 보호하기 위해 무소불위(無所不爲)의 권력을 정당하게 행사하는 '세속의 신'(Mortal God)이다. 국가는 합법적인 폭력을 행사하는 주체이며 국가의 폭력은 어떤 경우에도 정당하다. 인간이 만들었지만 인간을 넘어서는 존재이므로, 국가를 숭배하고 찬양해야 마땅하다. 〈중 략〉
>
> 홉스의 국가 이론을 떠받치는 철학의 토대 역시 분명하고 강력하다. 자연은 모든 인간을 평등하게 창조했다. 인간들 간의 육체적·정신적 능력은 거의 차이가 없거나 있어도 그리 크지 않다. 평등한 능력을 가지고 태어나기에 누구나 비슷한 욕망과 희망을 품는다. 모든 사람이 같은 수준의 기대와 희망을 품고 자기의 목적을 추구할 때 경쟁은 피할 수 없는 운명이 된다. 만인이 서로 적이 되어 상대방을 파괴하고 굴복시키려 할 수밖에 없다. 물론 경쟁 그 자체가 목적은 아니다. 자기 자신을 지키는 게 목적이다. 이러한 '자기 보존의 욕구'는 자연법이 만인에게 동등하게 부여한 정당한 권리이며, 각자가 그 권리를 향유하기 위해 타인에게 폭력과 책략을 쓰는 것도 정당하다. 결국 '만인의 만인에 대한 전쟁 상태' 또는 '만인이 만인에 대해 늑대와 같이 경쟁하는 자연 상태'는 막을 길이 없다. '자연 상태'에서는 옳고 그름을 가릴 수 없다. 정의와 불의도 나눌 수 없다. 내 것과 네 것을 구별할 수도 없다. 그래서 인간의 삶은 비참하고 고독하며 불안하고 가혹하다.
>
> '자연 상태'란 곧 국가가 존재하지 않는, 따라서 질서도 법도 선악의 판단 기준도 없는 상태를 말한다. 국가가 출현하기 전 인간의 삶이 실제로 그러했는지 입증하기는 어렵다. 그러나 그 가능성을 부정할 수는 없다. 국가 출현 이전 인간의 삶은 홉스가 묘사한 '자연 상태'와 비슷했을 것이다.

① 국가는 사회 외부와 내부의 위협으로부터 인민을 보호해야 한다.

② 국가는 늘 합법적으로 폭력을 행사하며 이는 언제나 정당화될 수 있다.

③ '자연 상태'에서 모든 인간은 불평등하기 때문에 생존을 위해 끊임없이 경쟁해야 한다.

④ 국가가 부재한다면 개인의 삶은 불안정해질 것이므로 국가는 숭배와 찬양을 받는 것이 마땅하다.

바로 채점하기 정답·해설 _약점 보완 해설집 p.62

01	④	02	③	03	②	04	②	05	③
06	④	07	③	08	①	09	③	10	③

출제 예상 어휘 퀴즈

헷갈리기 쉬운 어휘

[01~06] 다음 중 알맞은 어휘를 고르시오.

01 어머니는 젓국을 체에 (밭고 / 받고) 계셨다.

02 역사상 (유례 / 유래)를 찾아볼 수 없는 호황이다.

03 거짓말이 들통날까 봐 (안절부절하다 / 안절부절못하다).

04 어머니가 끓여 주시는 (된장찌게 / 된장찌개)가 먹고 싶다.

05 버스가 급정거하자 사람들이 와락 앞으로 (쏠려 / 쓸려) 넘어졌다.

06 이번 달 급여가 안 나온다는 소문이 돌자 사람들이 (수근거리기 / 수군거리기) 시작했다.

고유어와 한자어의 대응

[07~12] 밑줄 친 어휘와 바꿔 쓸 수 있는 것을 ㉠~㉡에서 고르시오.

07 그는 뇌물을 <u>받은</u> 혐의로 기소되었다.

08 환급통지서를 환급 대상자의 주소지로 <u>보냈다</u>.

09 계약서를 보고 궁금한 점을 인사팀에 <u>물어보았다</u>.

10 공사를 하는 도로가 많아 먼 길을 <u>돌아서</u> 가야 했다.

11 공장 측의 안일한 대처로 폐수가 지하수에 <u>흘러들게</u> 되었다.

12 이번 프로젝트에 너무 많은 시간을 <u>써서</u> 다음 프로젝트 진행에 문제가 생겼다.

㉠ 유입(流入)하다
㉡ 수수(收受)하다
㉢ 우회(迂廻)하다
㉣ 소비(消費)하다
㉤ 문의(問議)하다
㉥ 발송(發送)하다

정답 | **01** 밭고 **02** 유례 **03** 안절부절못하다 **04** 된장찌개 **05** 쏠려 **06** 수군거리기
07 ㉡ **08** ㉥ **09** ㉤ **10** ㉢ **11** ㉠ **12** ㉣

MEMO

해커스공무원 매일 하프모의고사 국어 답안지 1

컴퓨터용 흑색사인펜만 사용

성명	
자필성명	본인 성명 기재
응시직렬	
응시지역	
시험장소	

[필적감정용 기재]
*아래 예시문을 옳게 적으시오
본인은 OOO(응시자성명)임을 확인함

기재 란

책 형

생 년 월 일

응 시 번 호

※ 시험감독관 서명
(성명을 정자로 기재할 것)

감독관 확인란

문번	①	②	③	④
01	①	②	③	④
02	①	②	③	④
03	①	②	③	④
04	①	②	③	④
05	①	②	③	④
06	①	②	③	④
07	①	②	③	④
08	①	②	③	④
09	①	②	③	④
10	①	②	③	④

해커스공무원 매일 하프모의고사 국어 답안지 1

컴퓨터용 흑색사인펜만 사용

※ 시험감독관 서명
(성명을 정자로 기재할 것)

시험감독관 서명

생 년 월 일

응 시 번 호

성명	
자필성명	본인 성명 기재
응시직렬	
응시지역	
시험장소	

[필적감정용 기재]
*아래 예시문을 옮겨 적으시오

본인은 OOO(응시자성명)임을 확인함

기재란

책 형

문번	①	②	③	④
01	①	②	③	④
02	①	②	③	④
03	①	②	③	④
04	①	②	③	④
05	①	②	③	④
06	①	②	③	④
07	①	②	③	④
08	①	②	③	④
09	①	②	③	④
10	①	②	③	④

해커스공무원 매일 하프모의고사 국어 답안지 1

컴퓨터용 흑색사인펜만 사용

※ 시험감독관 서명
(서명 또는 날인 기재란)

책 형

[필적감정용 기재]
*아래 예시문을 옳게 적으시오
본인은 OOO(응시자성명)임을 확인함

기재란

성명	
자필성명	본인 성명 기재
응시직렬	
응시지역	
시험장소	

생년월일

응시번호

문번	①	②	③	④
01	①	②	③	④
02	①	②	③	④
03	①	②	③	④
04	①	②	③	④
05	①	②	③	④
06	①	②	③	④
07	①	②	③	④
08	①	②	③	④
09	①	②	③	④
10	①	②	③	④

해커스공무원

매일 하프모의고사 국어 ①

개정 2판 2쇄 발행 2025년 1월 6일

개정 2판 1쇄 발행 2024년 7월 1일

지은이	해커스 공무원시험연구소
펴낸곳	해커스패스
펴낸이	해커스공무원 출판팀

주소	서울특별시 강남구 강남대로 428 해커스공무원
고객센터	1588-4055
교재 관련 문의	gosi@hackerspass.com
	해커스공무원 사이트(gosi.Hackers.com) 교재 Q&A 게시판
	카카오톡 플러스 친구 [해커스공무원 노량진캠퍼스]
학원 강의 및 동영상강의	gosi.Hackers.com

ISBN	979-11-7244-161-6 (13710)
Serial Number	02-02-01

공무원 교육 1위,
해커스공무원 gosi.Hackers.com

해커스공무원

· 정확한 성적 분석으로 약점 극복이 가능한 **합격예측 온라인 모의고사**(교재 내 응시권 및 해설강의 수강권 수록)
· 해커스 스타강사의 **공무원 국어 무료 특강**
· **해커스공무원 학원 및 인강**(교재 내 인강 할인쿠폰 수록)
· 필수어휘와 사자성어를 편리하게 학습할 수 있는 **해커스 매일국어 어플**

해커스공무원 **단기 합격생**이 말하는
공무원 합격의 비밀!

해커스공무원과 함께라면
다음 합격의 주인공은 바로 여러분입니다.

대학교 재학 중,
7개월 만에 국가직 합격!

김*석 합격생

영어 단어 암기를 하프모의고사로!

하프모의고사의 도움을 많이 얻었습니다. **모의고사의
5일 치 단어를 일주일에 한 번씩 외웠고,** 영어 단어
100개씩은 하루에 외우려고 노력했습니다.

가산점 없이
6개월 만에 지방직 합격!

김*영 합격생

국어 고득점 비법은 기출과 오답노트!

이론 강의를 두 달간 들으면서 **이론을 제대로 잡고 바로
기출문제로 들어갔습니다.** 문제를 풀어보고 기출강의를
들으며 **틀렸던 부분을 필기하며 머리에 새겼습니다.**

직렬 관련학과 전공,
6개월 만에 서울시 합격!

최*숙 합격생

한국사 공부법은 기출문제 통한 복습!

한국사는 휘발성이 큰 과목이기 때문에 **반복 복습이
중요하다고 생각**했습니다. 선생님의 강의를 듣고 나서
바로 **내용에 해당되는 기출문제를 풀면서 복습**
했습니다.

해커스공무원

매일
하프모의고사
국어 1

약점 보완 해설집

해커스공무원

매일
하프모의고사
국어 1

해커스

■ 정답

01	③ 독해		06	④ 어휘		

p.10

01	③ 독해	06	④ 어휘
02	③ 독해 + 문법	07	① 독해 + 문학
03	③ 독해	08	① 독해
04	④ 독해	09	① 논리
05	① 독해	10	② 독해

■ 취약영역 분석표

영역	틀린 답의 개수
독해	/ 6
독해 + 문법	/ 1
독해 + 문학	/ 1
논리	/ 1
어휘	/ 1
TOTAL	10

* 취약영역 분석표를 이용해 1개라도 틀린 문제가 있는 영역은 그 영역의 문제만 골라 해설을 다시 한번 꼼꼼히 학습하세요.

01 독해 I 작문 (고쳐쓰기)   난이도 하 ●○○

[정답 설명]

③ ⓒ의 행위 주체는 '동문회, 학생회'이므로 '시민 공원은'은 문맥상 주어로 적절하지 않다.

[오답 분석]

① ㉠은 가까운 미래에 진행될 행위의 내용인데 과거형으로 서술되어 있으므로 '참석할 예정이다'로 수정하는 것이 적절하다.

② ⓛ은 '지금까지 있은 적이 없이 처음으로'라는 의미로, '건물 등을 새로 만듦'을 뜻하는 '신축'의 의미와 일부 중복된다. 따라서 삭제하는 것이 적절하다.

④ ⓔ은 부정하는 말 앞에서 '다만', '오직'의 뜻으로 쓰이는 부사이므로 문맥상 그 쓰임이 적절하지 않다. 따라서 '제때에 알맞게 또는 바로 때맞춰'의 의미를 지니는 '때마침'으로 수정하는 것이 적절하다.

02 독해 + 문법 I 사례 추론, 품사의 구분   난이도 중 ●●○

[정답 설명]

③ 3문단 3~5번째 줄에 따르면, 동사는 현재 시제를 나타내는 어미와 결합할 수 있지만, 형용사는 그렇지 못하다. '따뜻하다'는 '따뜻한다'처럼 현재 시제를 나타내는 어미인 '-ㄴ-'과 결합할 수 없으므로 형용사이다.

[오답 분석]

① 2문단 1~2번째 줄에 따르면, 동사는 사람이나 사물의 움직임을 표현한다. '입다'는 '옷을 몸에 꿰거나 두르다'라는 뜻으로, 움직임을 나타내는 말이므로 동사이다.

② 3문단 3~5번째 줄에 따르면, 동사는 청유형 어미와 결합할 수 있지만, 형용사는 그렇지 못하다. '빠르다'는 '빠르자'처럼 청유형 어미인 '-자'와 결합할 수 없으므로 형용사이다.

④ 1문단 1번째 줄에 따르면, 용언은 문장에서 주어를 서술해 주는 기능을 하며, 4문단 1~2번째 줄에 따르면, 동사와 형용사는 문장에서 서술어로 쓰인다는 점에서 공통적이다. '듣다'와 '좋아하다'는 모두 문장에서 주어를 서술하는 기능을 하므로 용언에 해당한다.

03 독해 I 세부 내용 파악   난이도 중 ●●○

[정답 설명]

③ 2~3문단에서 플라톤은 각 계급이 자신의 직분에 충실하고 전체 국가가 도덕적일 때 진정한 정의가 실현된다고 주장하고 있다. 또한, 각 계급이 자신의 역할을 성실히 수행할 때, 도덕적인 조직체(국가)가 형성되고 선의 이데아가 실현된다고 설명한다. 이를 통해 플라톤은 개인이 전체(국가)를 위해 존재하며, 각자가 맡은 역할에 충실할 때 도덕과 정의가 실현된다고 여기고 있음을 알 수 있다.

[오답 분석]

① 제시문에서 국가의 위기 상황과 관련된 내용은 확인할 수 없다. 또한 2문단 4~5번째 줄에서 각각의 계급들이 서로 간섭하지 않고 자기 직분에 충실할 때 이상 국가의 정의를 달성할 수 있다고 하였다. 따라서 국가 위기 상황에서는 모든 계급이 무사 계급이 될 수 있다는 ①의 설명은 적절하지 않다.

② 2문단 끝에서 1~3번째 줄에서 국가 계급 중 통치자 계급이 이상 국가 실현에 있어 가장 중추적인 역할을 한다고 하였으나, 3문단에서는 세 계급 모두가 맡은 임무를 잘 수행해야 선의 이데아가 실현된다고 하였다. 따라서 뛰어난 통치자가 존재하는 것만으로도 선의 이데아를 실현할 수 있다는 ②의 설명은 적절하지 않다.

④ 1문단에서 플라톤은 국가의 계급은 통치 계급, 무사 계급, 생산 계급으로 나누어지며 각자에게 부여된 지혜, 용기, 절제의 덕을 발휘해야 한다고 하였다. 하지만 생산 계급이 상위 계급인 무사, 통치 계급에 봉사해야 한다는 내용은 제시문에서 확인할 수 없다. 따라서 ④의 설명은 적절하지 않다.

04 독해 | 사례 추론 난이도 하 ●○○

정답 설명

④ 곰팡이의 번식을 오래 지켜본 끝에, 전에 모르고 있던 이치(곰팡이가 영양분을 섭취하는 방법)를 찾아내게 되었으므로 ④는 ㉠의 사례로 적절하다.

오답 분석

①②③ 전에 모르고 있던 이치가 드러나지 않으므로 ㉠의 사례로 적절하지 않다.

05 독해 | 숨겨진 내용 추론 난이도 중 ●●○

정답 설명

① 2문단 끝에서 1~2번째 줄과 4문단 끝에서 1~3번째 줄을 통해 서양의 그림을 보는 관점에서 동양의 그림을 보았기 때문에 동양의 옛 그림이 불합리하게 느껴졌음을 알 수 있다. 따라서 ㉠과 같이 생각하게 된 이유로 가장 적절한 것은 ①이다.

오답 분석

② 2문단 5~6번째 줄과 끝에서 3~7번째 줄을 통해 동양의 그림은 시각적 사실성보다 이상향, 기운, 운치 등 화가의 주관적인 생각이나 관념에 근거하여 그려진 것임을 확인할 수 있으므로 적절하지 않다.

③④ 2문단 3~6번째 줄을 통해 형체, 명암, 빛깔 등 보이는 바를 사실적으로 묘사하는 서양의 그림 형식과 달리 동양의 그림이 관념을 바탕으로 그리는 형식을 취한다는 것을 알 수 있다. 하지만 이렇게 다른 그림의 형식을 취한 것이 서양의 그림과 차별화를 두기 위함인지는 알 수 없다. 또한 동양화가 서양화보다 높은 평가를 받았다는 내용도 제시문을 통해서는 확인할 수 없으므로 적절하지 않다.

06 어휘 | 고유어와 한자어의 대응 난이도 하 ●○○

정답 설명

④ ⓓ '날아가'는 공중으로 날면서 간다는 뜻이나, '도주해'는 달아난다는 의미의 단어이므로 바꿔 쓰기에 적절하지 않다.
  • 도주(逃走)하다: 피하거나 쫓기어 달아나다.

오답 분석

① • 드러나다: 가려 있거나 보이지 않던 것이 보이게 되다.
  • 발현(發現)하다: 속에 있는 것이 어떤 모습이나 결과로 나타나다. 또는 나타나게 하다.

② • 보다: 눈으로 대상의 존재나 형태적 특징을 알다.
  • 관찰(觀察)하다: 사물이나 현상을 주의하여 자세히 살펴보다.

③ • 담다: 어떤 내용이나 사상을 그림, 글, 말, 표정 따위 속에 포함하거나 반영하다.
  • 표현(表現)하다: 생각이나 느낌 등을 언어나 몸짓 등의 형상으로 드러내어 나타내다.

07 독해 + 문학 | 세부 내용 파악, 작품의 종합적 감상 난이도 하 ●○○

정답 설명

① 2문단 1번째 문장에서 「서시」는 시간의 흐름에 따라 크게 세 부분으로 구분할 수 있다는 것을 알 수 있다. 이어서 1~4행은 과거를, 5~8행은 미래를, 9행은 현재를 나타낸다고 했으므로 '과거-미래-현재'의 시간 이동에 따라 시상이 전개된다는 ①의 내용은 적절하다.

오답 분석

② 지문에서 현실에 대한 화자의 풍자적 태도가 드러나는 부분은 찾을 수 없으므로 ②의 내용은 적절하지 않다.
  • 풍자적 태도: 현실의 부정적 현상이나 모순 등을 빗대어 비웃으면서 비판하는 태도

③ 2문단 마지막 문장에서 시인은 "밤"과 "별"의 대비를 통해 자신의 신념과 이상을 지켜 나가겠다는 의지를 시적으로 승화시키고 있음을 알 수 있다. 그러나 두 시어의 대비를 통해 협력하는 삶의 아름다움을 드러낸다는 것은 알 수 없으므로 ③의 내용은 적절하지 않다.

④ 2문단 끝 5~8번째 줄에서 "주어진 길"은 화자가 추구하는 '부끄러움이 없는 삶'을 뜻하는 긍정적인 의미의 시어임을 알 수 있다. 시인은 "주어진 길"에 타협하지 않는 것이 아니라 "주어진 길"을 향해 걸어가야겠다고 다짐함으로써 자신의 양심을 지키며 윤리적인 삶을 살고자 하는 것이므로 ④의 내용은 적절하지 않다.

🖐 이것도 알면 합격

윤동주 '서시'의 주제 및 특징과 시어의 상징적 의미
1. 주제: 부끄러움이 없는 순수한 삶에 대한 의지
2. 특징
   (1) 시간의 이동에 따라 시상을 전개함.
   (2) "하늘, 별" ↔ "밤, 바람"의 대비를 통해 시적 상황을 제시함.
   (3) 자연물을 활용하여 화자의 내면 상태를 드러냄.
3. 시어의 상징적 의미

시어	상징적 의미
하늘	윤리적 삶의 기준
별	화자가 바라는 이상적인 삶
바람	3행의 '바람': 화자의 심리적 갈등 9행의 '바람': 화자가 처한 현실의 시련과 고난
길	화자가 걸어가야 하는, 부끄러움이 없는 삶
밤	어두운 현실

(정답 설명)

① 아영은 마지막 발화에서 민우의 의견대로 중심 소재를 담고 비유적인 표현을 활용해서 표제를 다시 작성하자고 얘기한다. '아영'은 '민우'의 의견을 수용하고 있으므로 답은 ①이다.

(오답 분석)

② 민우는 마지막 발화에서 슬기의 말대로 하면 기사문의 의도가 전달되지 않으니 그렇게 하면 안 된다고 얘기한다. '슬기'의 의견에 반대하고 있으므로 ②는 답이 아니다.

③ 슬기는 민우의 의견대로 할 경우, 기사의 내용을 한눈에 파악하기 어렵다면서 행사에 참가한 인원수를 적자고 제안한다. 민우의 의견에 반대하면서 새로운 의견을 제시하고 있으므로 ③은 답이 아니다.

④ 아영은 마지막 발화에서 민우의 의견대로 중심 소재를 담고 비유적인 표현을 활용해서 표제를 다시 작성하자고 얘기한다. 슬기의 의견을 일부 수용한 절충안을 제시하고 있지는 않으므로 ④는 답이 아니다.

(정답 설명)

① 제시된 진술을 기호화하면 다음과 같다.

> (1) ~A장관 → ~B장관
> (2) ~C장관 → ~A장관
> (3) D장관 → C장관

이때 (2)와 (1)에 의해 '~C장관 → ~A장관 → ~B장관'이 된다. '~C장관 → ~B장관'의 대우는 'B장관 → C장관'이므로 ① 'B장관이 휴가를 가면, C장관이 휴가를 간다'가 반드시 참이다.

(오답 분석)

② C장관이 휴가를 갈 때 B장관이 휴가를 가는지의 여부는 제시된 진술을 통해 알 수 없다.

③ D장관이 휴가를 가지 않을 때 A장관이 휴가를 가는지의 여부는 제시된 진술을 통해 알 수 없다.

④ (1)을 통해 A장관이 휴가를 가지 않을 때 B장관이 휴가를 가지 않음을, (3)의 대우를 통해 C장관이 휴가를 가지 않을 때 D장관이 휴가를 가지 않음을 알 수 있을 뿐, A장관이 휴가를 가지 않을 때 D장관이 휴가를 가는지의 여부는 제시된 진술을 통해 알 수 없다.

(정답 설명)

② 제시문은 경제 성장의 주요 원인으로 제도의 발달을 중시하는 입장과 지리적 조건을 중시하는 입장에 대해 설명하고 있다. 2문단에서 지리적 조건이 경제 성장에 영향을 끼친다는 내용을 언급한 뒤, 3문단에서 제도를 중시하는 경제학자들은 그 영향력이 간접적인 수준에 그친다는 점을 지적한다고 하였으므로 문맥상 ㉠에 들어갈 내용으로 가장 적절한 것은 ② '지금의 경제 성장의 직접적인 원인이 아니라는 것이다'이다.

정답

p.16

01	④ 독해	06	② 어휘
02	④ 독해	07	④ 독해
03	③ 독해	08	① 논리
04	④ 독해 + 문학	09	① 독해 + 어휘
05	③ 독해	10	③ 독해

취약영역 분석표

영역	틀린 답의 개수
독해	/ 6
독해 + 어휘	/ 1
독해 + 문학	/ 1
논리	/ 1
어휘	/ 1
TOTAL	10

* 취약영역 분석표를 이용해 1개라도 틀린 문제가 있는 영역은 그 영역의 문제만 골라 해설을 다시 한번 꼼꼼히 학습하세요.

---

01 독해 | 작문 (개요 작성)   난이도 하 ●○○

정답 설명

④ 어른들이 청소년들을 주체적인 소비자로 인정하지 않는다는 내용은 '청소년들이 어른들의 잘못된 소비 문화까지 답습하게 된다'는 문제점의 근거로 적절하지 않다. 참고로, ⓔ에는 '청소년들은 기성세대의 문화를 보고 영향을 받는다'와 같은 내용이 들어가는 것이 적절하다.

오답 분석

①②③ 모두 이어지는 내용에 대한 근거로 적절하다.

---

02 독해 | 글의 순서 파악 (문장 배열)   난이도 중 ●●○

정답 설명

④ ⓒ - ⓔ - ㉠ - ⓛ의 순서가 가장 자연스럽다.

순서	중심 내용	순서 판단의 단서와 근거
㉠의 앞	기업에 의한 환경오염의 의미	–
ⓒ	오염을 예방하는 것이 오염의 폐해를 기업이 보상하게 하는 것보다 나음	접속어 '물론': 첫 문장에서 제시된 '기업에 의한 환경오염'과 관련하여 오염을 미리 막는 것이 최선임을 언급함
ⓔ	기업에 의한 오염 방지를 위한 정부 강제의 필요성	접속어 '따라서': ⓒ에서 언급한 오염을 미리 막는 방법 중 하나로 기업이 오염 방지에 투자하도록 정부가 강제하는 방법이 있음을 제시함

㉠	'외부효과세' 제도의 등장	접속어 '그래서': ⓔ에 이어 정부가 강제할 수 있는 방법으로 '외부효과세' 제도를 제시함
ⓛ	'외부효과세' 제도의 정의	㉠에서 언급한 '외부효과세'에 대해 부연 설명함

---

03 독해 | 화법 (공손성의 원리)   난이도 하 ●○○

정답 설명

③ ⓒ에서 B는 영화를 보러 가자고 제안하는 A의 말에 동의하지 않고, 배가 고프니 밥부터 먹자고 대답하였다. 따라서 B의 대답에 서로 의견이 일치하지 않는 경우 상대의 말에 동의를 표현한 후 자신의 의견을 제시하는 '동의의 격률'은 드러나지 않으므로 적절하지 않은 것은 ③이다.

오답 분석

① ㉠에서 자신의 노트가 도움이 되었냐고 묻는 A의 말에 B는 핵심적인 내용만 골라 잘 정리했다며 칭찬하고 있다. 이는 상대방에 대한 칭찬을 극대화하는 '찬동의 격률'이 드러나는 대답이므로 적절한 설명이다.

② ⓛ에서 B는 자신이 수학을 잘 하지 못해 이해가 되지 않는다며 선생님께 문제를 다시 설명해 달라고 부탁하고 있다. 이는 화자 자신의 부족한 점을 강조하여 자신에게 부담을 주는 표현을 최대화한 '관용의 격률'이 드러나는 대답이므로 적절한 설명이다.

④ ⓔ에서 B는 짐 옮기는 것을 돕지 못해 죄송하다는 A의 말에 오랜만에 운동한 것 같아 좋다고 표현하며 A의 부담을 덜어 주고 있다. 이는 상대방에게 부담이 되는 표현을 최소화하는 '요령의 격률'이 드러나는 대답이므로 적절한 설명이다.

공손성의 원리

요령의 격률	상대방에게 부담을 주는 표현은 최소화하고 상대방에게 혜택을 주는 표현은 최대화함 예 죄송합니다만, 문 좀 닫아 주시겠습니까?
관용의 격률	화자 자신에게 혜택을 주는 표현은 최소화하고 부담을 주는 표현은 최대화함 예 저, 제가 잘 이해하지 못해서 그러는데 다시 한 번 설명해 주시겠습니까?
칭찬(찬동)의 격률	다른 사람에 대한 비방을 최소화하고 칭찬을 극대화함 예 너는 어쩌면 그렇게 그림을 잘 그리니? 정말 대단해.
겸양의 격률	화자 자신에 대한 칭찬은 최소화하고 비방은 극대화함 예 A: 이 늦은 시간까지 공부를 하다니 대단해. B: 낮에 집중해서 공부하지 않아 그렇지 뭐. 대단한 것은 아니야.
동의의 격률	자신의 의견과 다른 사람의 의견 사이의 차이점을 최소화하고 일치점을 극대화함 예 그래, 그 점에서는 네 말이 맞아. 그런데 듣는 사람 입장에서는 조금 기분 나쁠 수도 있지 않았을까?

---

04 독해 + 문학 | 숨겨진 내용 추론, 문학의 이해 난이도 중 ●●○

정답 설명

④ 2~3문단에 따르면, 「사랑손님과 어머니」는 1인칭 관찰자 시점이고, 「관촌수필」은 1인칭 주인공 시점이다. 또한, 4문단 마지막 문장에 따르면, 1인칭 주인공 시점에서 서술자와 독자 사이의 심적 거리는 가깝지만, 1인칭 관찰자 시점에서는 멀다. 따라서 「사랑손님과 어머니」에서의 '나'와 독자 사이의 거리는 「관촌수필」에서의 '나'와 독자 사이의 거리보다 멀다는 ④의 추론은 적절하다.

오답 분석

① 1문단 마지막 문장에 따르면, 1인칭 관찰자 시점의 '나'는 관찰자의 시선에서 주인공의 이야기를 전달한다. 이는 「사랑손님과 어머니」에서 이야기의 초점은 관찰자인 '나'가 아닌 주인공인 '어머니와 사랑손님'에 맞춰져 있는 것이다. 따라서 ①의 추론은 적절하지 않다.

② 2문단 끝에서 1~3번째 줄에 따르면, 인물의 생각이나 감정을 직접적으로 전달할 수 있다는 것이 1인칭 주인공 시점(「관촌수필」)의 특징이다. 또한 3문단 마지막 문장에 따르면, 1인칭 관찰자 시점은 관찰자의 시점에서 주인공의 심리나 행동을 해석하기 때문에 독자들의 상상력을 자극시키기도 한다고 하였으므로 상상력을 자극시키는 것은 오히려 1인칭 관찰자 시점의 특징이다. 따라서 ②의 추론은 적절하지 않다.

③ 1문단 마지막 문장에 따르면, 1인칭 주인공 시점의 '나'는 소설 속 이야기의 주인공으로서 이야기를 이끌지만, 1인칭 관찰자 시점의 '나'는 관찰자의 시선에서 주인공의 이야기를 전달한다. 「관촌수필」의 '나'는 주인공이 맞지만, 「사랑손님과 어머니」의 '나'는 관찰자이므로 작품의 주인공이 아니다. 따라서 ③의 추론은 적절하지 않다.

1인칭 주인공 시점과 1인칭 관찰자 시점의 특징

시점	특징
1인칭 주인공 시점	• 독자에게 친밀하게 다가오고, 신뢰감을 준다. • 주인공의 내면세계를 잘 보여 줄 수 있다. • 독자는 주인공이 보고 느낀 것만을 알게 된다.
1인칭 관찰자 시점	• '나'보다 주인공에게 이야기의 초점이 맞춰져 있다. • 독자는 관찰자가 전하는 내용을 통해 인물의 성격이나 생각을 파악하게 된다.

---

05 독해 | 숨겨진 내용 추론 난이도 중 ●●○

정답 설명

③ 제시문 끝 1~4번째 줄에서 압전 변환기가 마이크와 스피커의 역할을 하는 셈이라고 비유하여 설명할 뿐, 압전 변환기의 개발로 인해 마이크와 스피커가 만들어졌는지는 제시문을 통해 확인할 수 없다.

오답 분석

① 1문단 끝에서 1~4번째 줄을 통해 긴 파장의 음파보다 짧은 파장의 음파가 인체 내부를 확인하기 유리하다는 것을 추론할 수 있다.
[관련 부분] 인체를 진단하는 도구로 초음파를 사용하게 된 것은, 그것이 짧은 파장을 가지므로 투과성이 강하고 직진성이 탁월할 뿐 아니라 미세한 구조까지 자세하게 볼 수 있게 해 주기 때문이다.

② 1문단 3~4번째 줄을 통해 초음파와 같이 진동수가 어느 수준 이상인 소리는 사람의 귀로 들을 수 없다는 것을 추론할 수 있다.
[관련 부분] 초음파는 진동수가 20,000Hz가 넘어서 사람의 귀로 들을 수 없는 소리이다.

④ 2문단의 4~8번째 줄을 통해 압전 소자에 초음파를 가하면 고주파 교류가, 고주파 교류를 가하면 초음파가 발생한다는 것을 추론할 수 있다.
[관련 부분] 초음파를 압전 소자에 가해 주면 ~ 압전 효과로 인해 고주파 교류가 발생한다. 역으로 높은 진동수의 교류 전압을 압전 소자에 걸어 주면 ~ 초음파를 발생시키는데,

---

06 어휘 | 다의어의 의미 난이도 하 ●○○

정답 설명

② 일주일이 넘게: ㉠의 '넘다'는 '일정한 시간, 시기, 범위 등에서 벗어나 지나다'를 뜻하며 이와 같은 의미로 사용된 것은 ②의 '넘다'이다.

오답 분석

① 담을 넘으면: 이때 '넘다'는 '높은 부분의 위를 지나가다'를 뜻한다.

③ 어려운 고비를 넘었으니: 이때 '넘다'는 '어려움이나 고비 등을 겪어 지나다'를 뜻한다.

④ 장마로 강물이 넘어서: 이때 '넘다'는 '일정한 곳에 가득 차고 나머지가 밖으로 나오다'를 뜻한다.

정답 설명

④ 필자는 1문단 끝에서 1~2번째 줄에서 전 세계의 언어의 절반 이상이 소멸 상태에 놓여있는 것을 관망해서는 안 된다고 주장하고 있다. 또한 2문단을 통해 언어가 소멸된다는 것은 역사 정보를 소실하는 것이며 문화적 다양성이 훼손되는 것을 의미하기 때문에 소멸되는 언어에 관심을 가져야 함을 설명하고 있다. 따라서 제시문의 중심 내용으로 가장 적절한 것은 ④이다.

오답 분석

① 2문단 끝에서 1~4번째 줄을 통해 언어가 인간의 문화 발전에 도움이 된다는 내용은 확인할 수 있으나, 다양한 언어를 개발해야 한다는 내용은 제시문을 통해 확인할 수 없다.

② 제시문에서 확인할 수 없는 내용이다.

③ 1문단 끝에서 1~5번째 줄을 통해 한 공동체 내에서 이질적인 언어가 사용되면 사람들 사이에 분열이 발생할 수 있다는 내용을 확인할 수 있다. 하지만 이는 이러한 상황이나 제약이 있음에도 언어를 보존하기 위해 노력해야 한다는 것을 주장하기 위함일 뿐이며, 제시문을 통해 단일한 언어를 사용하는 것이 공동체 발전에 도움이 된다는 내용은 확인할 수 없다.

08 논리 | 명제   난이도 중 ●●○

정답 설명

① 제시된 진술을 기호화하면 다음과 같다.

```
(1) ~대학생 → ~입학금
(2) 책가방∧대학생
(결론) 책가방∧입학금
```

이때 '책가방∧입학금'이라는 결론이 도출되려면 (2)와 함께 이용할 '대학생 → 입학금'이라는 전제가 필요하다. 따라서 추가해야 할 것은 ①'대학생은 모두 입학금을 낸다'이다.

오답 분석

② ③ 이와 같은 전제를 추가한다고 해도 아래의 그림처럼 책가방을 맨 모든 사람이 입학금을 내지 않는 경우가 있으므로 ②와 ③은 답이 아니다.

④ 이와 같은 전제를 추가한다고 해도 아래의 그림처럼 책가방을 맨 모든 사람이 입학금을 내지 않는 경우가 있으므로 ④는 답이 아니다.

09 독해 + 어휘 | 빈칸 추론, 속담   난이도 하 ●○○

정답 설명

① ㉠의 앞에서는 사람들이 퍼레이드의 맨 앞에 있는 밴드왜건을 따르는 현상으로부터 '밴드왜건 효과'라는 용어가 유래되었음을 설명하고, ㉠의 뒤에서는 '밴드왜건 효과'가 줏대 없이 다른 사람의 소비를 모방하는 행위를 지칭함을 설명하고 있다. 따라서 ㉠에는 어떤 결정을 할 때 다른 사람을 따라서 한다는 의미를 나타낼 수 있는 속담이 들어가야 하므로 답은 ①이다.

- 친구 따라 강남 간다: 자기는 하고 싶지 아니하나 남에게 끌려서 덩달아 하게 됨을 이르는 말

오답 분석

② 바람 따라 돛을 단다: 1. 바람이 부는 형세를 보아 가며 돛을 단다는 뜻으로, 때를 잘 맞추어서 일을 벌여 나가야 성과를 거둘 수 있음을 비유적으로 이르는 말 2. 일정한 신념과 주견이 없이 기회나 형편을 엿보다가 조건이 좋은 쪽을 따라 이리저리 흔들리는 모양을 비꼬는 말

③ 사공이 많으면 배가 산으로 간다: 여러 사람이 저마다 제 주장대로 배를 몰려고 하면 결국에는 배가 물로 못 가고 산으로 올라간다는 뜻으로, 주관하는 사람 없이 여러 사람이 자기주장만 내세우면 일이 제대로 되기 어려움을 비유적으로 이르는 말

④ 뱁새가 황새를 따라가면 다리가 찢어진다: 힘에 겨운 일을 억지로 하면 도리어 해만 입는다는 말

10 독해 | 세부 내용 파악   난이도 하 ●○○

정답 설명

③ ⓐ는 '밴드왜건', ⓑ는 '대중적인 유행에 따라 상품을 구매하는 경우'이므로 답은 ③이다.

- ⓐ: 문맥상 사람들이 퍼레이드의 맨 앞에서 행렬을 이끄는 마차인 밴드왜건을 보고 밴드왜건을 쫓는다는 의미이므로 ⓐ'그것'은 '밴드왜건'이다.

- ⓑ: ⓑ가 속한 문장에서 사람들이 본인의 주관보다는 주변 사람들의 선택을 기준으로 본인의 소비를 결정한다고 했으므로 ⓑ'이 경우'는 '대중적인 유행에 따라 상품을 구매하는 경우'이다.

■ 정답

p.20

01	④ 독해	06	① 독해
02	③ 독해	07	④ 독해 + 문학
03	① 독해 + 문법	08	③ 어휘
04	③ 독해	09	② 논리
05	④ 독해	10	③ 논리

■ 취약영역 분석표

영역	틀린 답의 개수
독해	/ 5
독해 + 문법	/ 1
독해 + 문학	/ 1
논리	/ 2
어휘	/ 1
TOTAL	10

* 취약영역 분석표를 이용해 1개라도 틀린 문제가 있는 영역은 그 영역의 문제만 골라 해설을 다시 한번 꼼꼼히 학습하세요.

---

01 독해 | 화법 (말하기 전략 파악)
난이도 하 ●○○

정답 설명

④ ㉣에서 선생님은 지은이의 부모님을 언급하면서 가정 환경이라는 배경을 고려하여 대화를 진행하고 있다. 그러나 대화의 주제가 바뀐 것은 아니므로 적절하지 않은 설명이다.

오답 분석

① ㉠에서 '학기 초랑 다르게'라는 말은 과거의 정보나 판단을 바탕으로 한 것이다.

② ㉡에서 지은이가 고민이 있지만 '아무것도 아니에요'라고 말하는 것은 표면적 의미만으로는 화자의 의도를 알 수 없음을 보여 준다.

③ ㉢에서 성적 문제로 찾아오는 학생들이 많다고 한 것은 선생님의 개인적 경험에 해당한다.

02 독해 | 작문 (자료를 활용한 글쓰기)
난이도 하 ●○○

정답 설명

③ '국산 이륜차의 낮은 시장 점유율'은 이륜차 교통사고 현황과 해결 방안에 대한 내용을 뒷받침할 수 없는 자료이므로 답은 ③이다.

03 독해 + 문법 | 사례 적용, 음운의 변동
난이도 중 ●●○

정답 설명

① 제시문은 어간 받침 'ㄴ(ㅈ), ㅁ(ㄹㅁ)' 뒤에 결합되는 어미의 첫소리 'ㄱ, ㄷ, ㅅ, ㅈ'은 된소리로 발음한다는 표준 발음법 제24항의 규정을 바탕으로 해당 규정이 적용되지 않는 경우를 설명하고 있다. '국부터'는 체언과 조사가 결합한 것은 맞다. 하지만 'ㄱ' 뒤에 'ㅂ'이 오는 경우이므로 표준 발음법 제24항의 경음화 현상(된소리되기)이 적용되지 않는 음운 환경에 해당한다. 따라서 ①은 제시문에서 추론한 내용으로 적절하지 않다. 참고로 'ㄱ' 뒤에 'ㅂ'은 반드시 된소리가 되므로 '국부터[국뿌터]'로 발음하는 것이 적절하다.

오답 분석

② 2문단 끝에서 5~7번째 줄에 따르면, 하나의 형태소 안에서 'ㄴ, ㅁ' 뒤에 'ㄱ, ㄷ, ㅅ, ㅈ'이 있는 경우에는 경음화 현상(된소리되기)이 일어나지 않는다. '단지'는 '목이 짧고 배가 부른 작은 항아리'라는 뜻의 하나의 형태소이므로 [단지]로 발음하는 것이 적절하다.

③ 2문단 4~6번째 줄에 따르면, 어미끼리 결합하는 경우에는 경음화 현상(된소리되기)이 일어나지 않는다. '간다면'은 '-ㄴ-'과 '-다면'이라는 어미끼리 결합한 것이므로 [간다면]으로 발음하는 것이 적절하다.

④ 2문단 끝에서 1~3번째 줄에 따르면, 용언 어간에 피·사동 접사가 결합하는 경우에는 경음화 현상(된소리되기)이 일어나지 않는다. '신기다'는 용언 어간 '신-'에 사동 접사 '-기-'가 결합한 것이므로 [신기다]로 발음하는 것이 적절하다.

🔆이것도 알면 합격

경음화와 관련된 표준 발음법 규정

개념	'ㄱ, ㄷ, ㅂ, ㅅ, ㅈ'과 같은 예사소리가 'ㄲ, ㄸ, ㅃ, ㅆ, ㅉ'과 같은 된소리로 바뀌는 음운 변동 현상
된소리되기의 조건	1. 안울림소리와 안울림소리가 만날 때, 뒤의 예사소리가 된소리로 바뀜 예 옷고름[옫꼬름], 옆집[엽찝] 2. 용언 어간의 끝소리가 'ㄴ, ㅁ'일 때, 뒤의 예사소리가 된소리로 바뀜 예 • 껴안다[껴안따], 앉고[안꼬] • 더듬지[더듬찌], 젊지[점찌] 3. 용언 어간의 끝소리가 'ㄹ' 혹은 관형사형 '-ㄹ'일 때, 뒤의 예사소리가 된소리로 바뀜 예 • 핥다[할따], 넓게[널께] • 갈 데가[갈떼가], 할 것을[할꺼슬] 4. 한자어에서 'ㄹ' 받침 뒤에 연결되는 자음 'ㄷ, ㅅ, ㅈ'은 된소리로 바뀜 예 갈등(葛藤)[갈뜽], 일시(一時)[일씨], 발전(發展)[발쩐]

04 독해 | 논증 판단　　난이도 하 ●○○

정답 설명

③ ㉠을 평가한 내용으로 적절한 것은 ㄴ과 ㄷ이므로 답은 ③이다.
- ㄴ: ㉠에 따르면, 호감이 있는 대상을 보았을 때 동공이 순간적으로 확장된다. 사랑하는 사람을 만나는 것은 좋아하는 대상을 본 것이므로 싫어하는 사람을 만났을 때보다 사랑하는 사람을 만났을 때의 동공 크기가 더 크다는 것은 ㉠을 강화한다.
- ㄷ: ㉠에 따르면, 암산 등의 주의 집중이 요구되는 작업을 할 때 동공이 확장된다. 배운 내용을 기억하기 위해 노력하는 것은 주의 집중이 요구되는 작업이므로 평소의 동공 크기보다 배운 내용을 기억하기 위해 노력하는 동안의 동공 크기가 더 크다는 것은 ㉠을 강화한다.

오답 분석

- ㄱ: ㉠은 '집중력과 동공의 크기의 관계, 좋아하는 것과 동공의 크기의 관계'와 관련된 가설이다. 제시문에서 눈동자의 색깔과 관련된 내용은 확인할 수 없으므로 눈동자가 검정색인 사람보다 눈동자가 푸른 사람이 동공 크기가 더 크다는 것은 ㉠을 약화하지도 강화하지도 않는다.

05 독해 | 빈칸 추론　　난이도 하 ●○○

정답 설명

④ 제시문은 조선어사전 편찬에 대해 한글과 민족에 대한 자부심이 있는 민족주의자뿐만 아니라 우리 민족이 열등하다고 여기며 민족성을 개조해야 한다고 생각한 사람들도 동의했음을 설명하고 있다. 이를 통해 ㉠에 들어갈 내용으로 가장 적절한 것은 ④ '어느 입장에서든 조선어사전 편찬은 조금도 미룰 수 없는 시대적 과제가 되었다'라는 것을 추론할 수 있다.

오답 분석

① 끝에서 2~5번째 줄을 통해 민족성의 개조를 목적으로 조선어사전 편찬을 주장한 사람들이 있었음을 알 수 있으나, 이를 통해 조선어사전에 민족성 개조를 위한 내용이 먼저 수록되기 시작했는지는 추론할 수 없다.

② 민족주의자뿐만 아니라 민족주의자와 대조되는 입장을 지닌 사상가들도 조선어사전의 편찬에 동의했음은 제시문을 통해 확인할 수 있으나, 조선어사전의 편찬이 모든 사상가들을 통합하게 만드는 계기가 되었는지는 추론할 수 없다.

③ 2~4번째 줄과 끝에서 2~5번째 줄을 통해 민족주의자들은 민족 문화 운동의 한 방법으로 우리말 사전 편찬 사업을 시작하였고, 민족성 개조를 주장한 사람들도 문화적으로 가장 시급한 과제가 조선어사전 편찬이라고 주장했음은 확인할 수 있으나, 이를 통해 조선어사전의 편찬이 우리나라 문화적 발전의 시초가 되었는지는 추론할 수 없다.

06 독해 | 관점과 태도 파악　　난이도 중 ●●○

정답 설명

① 필자는 '천하에 두려워할 대상은 오직 백성뿐'임을 주장하며, 그럼에도 백성들을 업신여기고 가혹하게 정치를 하는 통치자들을 비판하고 있다. 또한 백성들을 두려워하지 않아 실패한 역사적 사례를 언급하고 있다. 이로 미루어 보아 필자의 견해와 가장 일치하는 것은 ① '통치자들이 백성들을 두려워하는 마음을 가져야 제대로 된 정치를 할 수 있다'이다.

오답 분석

② ③ 3문단 1~4번째 줄에서 백성들이 반란을 일으켜 나라가 혼란스러워지거나 몰락하게 된 역사적 사례들을 제시하고 있다. 하지만 경제적으로 나라를 안정시켜야 한다는 견해나 실패한 역사를 교훈 삼아야 한다는 견해는 제시문에서 확인할 수 없으므로 적절하지 않다.

④ 2문단 1~3번째 줄과 2문단 끝에서 1~3번째 줄을 통해 순순하게 법을 받들면서 윗사람에게 부림을 당하는 사람들은 항민이고, 항민도 제 살 길을 찾느라 무도한 놈들을 죽이지 않을 수 없다고 했음을 알 수 있다. 그러나 순종적인 백성을 경계해야 한다는 것이 필자의 주된 견해는 아니므로 적절하지 않다.

정답 설명

④ 1문단 1~2번째 줄에 따르면, 군담 소설은 전쟁을 배경으로 한 소설이며, 주인공이 전쟁에서 활약하는 것을 주된 내용으로 다룬다. 「임경업전」(역사 군담 소설)과 「용문전」(창작 군담 소설)은 모두 군담 소설이므로, 두 소설이 전쟁에서 영웅이 활약하는 모습을 그린 소설이라는 점에서 공통적이라는 ④는 제시문에 대한 이해로 적절하다.

오답 분석

① 3문단 1~2번째 줄에 따르면, 조선 후기 소설이 상업적으로 활성화됨에 따라 생겨난 것은 창작 군담 소설이다. 그러나 1문단 끝에서 3~5번째 줄에 따르면 「박씨전」은 역사 군담 소설이므로 ①은 제시문에 대한 이해로 적절하지 않다.

② 2문단 끝에서 1~4번째 줄에 따르면, 「임경업전」의 임경업 장군은 병자호란 때 활동했던 인물이고, 1문단 끝에서 1~3번째 줄에서 창작 군담 소설은 허구를 배경으로 한다고 하였으므로 창작 군담 소설인 「용문전」의 용문이 어떤 전쟁에서 전투를 치렀는지는 알 수 없다. 따라서 ②는 제시문에 대한 이해로 적절하지 않다.

③ 2문단 2~4번째 줄에 따르면, 민족의 고통과 분노를 영웅의 승리로 해소하려는 애국심이 반영된 것은 역사 군담 소설이다. 그러나 1문단 끝에서 1~3번째 줄에 따르면, 「소대성전」은 창작 군담 소설이므로 ③은 제시문에 대한 이해로 적절하지 않다.

정답 설명

③ 당면 과제로 다루었다: ㉠ '주된 내용으로 다룬다'의 '다루다'와 ③의 '다루다'는 모두 '어떤 것을 소재나 대상으로 삼다'라는 뜻이다.

오답 분석

① 피부병만을 다루고: 이때 '다루다'는 '일거리를 처리하다'라는 뜻이다.

② 전자 제품만을 다룬다: 이때 '다루다'는 '어떤 물건을 사고파는 일을 하다'라는 뜻이다.

④ 상대 선수를 마음대로 다루며: 이때 '다루다'는 '사람이나 짐승 등을 부리거나 상대하다'라는 뜻이다.

정답 설명

② 제시된 전제를 기호화하면 다음과 같다.

> (가) 국어 ∧ 수학
> (나) ~영어 → ~수학 ≡ 수학 → 영어 (대우)

이때 (가)에 (나)의 대우를 결합하면 '국어 ∧ 영어'이므로 국어 시험을 본 어떤 사람은 영어 시험을 본다는 것을 알 수 있다. 따라서 ②는 빈칸에 들어갈 결론으로 적절하다.

오답 분석

① (가)에 (나)의 대우를 결합한 것을 통해 국어 시험을 본 어떤 사람이 영어 시험을 본다는 것은 알 수 있지만, 국어 시험을 본 모든 사람이 영어 시험을 본다는 것은 알 수 없다.

③ (나)의 대우를 통해 수학 시험을 본 모든 사람은 영어 시험을 본다는 것은 알 수 있지만, 수학 시험을 본 모든 사람이 국어 시험을 본다는 것은 알 수 없다.

④ (가)에 (나)의 대우를 결합한 것을 통해 국어 시험을 본 어떤 사람이 영어 시험을 본다는 것을 알 수 있으므로 영어 시험을 본 사람 중에서 국어 시험을 본 사람이 있다. 따라서 영어 시험을 본 모든 사람은 국어 시험을 보지 않는다는 것은 옳지 않다.

정답 설명

③ 〈보기〉와 ③은 모두 '성급한 일반화의 오류'를 범하고 있다.
- 〈보기〉: '이끼'라는 단일 사례에 대한 정보를 바탕으로 이끼와 생김새가 유사한 식물은 모두 이끼와 같은 특성을 보일 것이라고 일반화하고 있다.
- ③: 작년과 올해의 6월 강수량만을 근거로 우리나라는 6월에 비가 내리지 않는다고 일반화하고 있다.

오답 분석

① 영어를 쓰는 나라에 있는 운동선수의 추천을 근거로 운동과는 관계가 없는 '영문법 교재'의 효과성을 주장하고 있으므로 '부적합한 권위에의 호소'에 해당하는 오류이다.

② '물'(전체)을 구성하는 요소인 '산소'(부분)의 특징을 '물'도 가지고 있을 것이라고 보는 '합성의 오류'에 해당한다.

④ '다른 사람을 속이는 일은 그 사람의 믿음을 저버리는 행위이다'라는 일반적인 원칙을 근거로 '깜짝 파티'라는 특수한 경우에도 적용하여 추측하고 있으므로 '원칙 혼동의 오류'를 범하고 있다.

👆 **이것도 알면 합격**

논리적 오류의 유형

부적합한 권위에의 호소	주장과 관련이 없는 권위자의 견해를 근거로 들어 주장함으로써 발생하는 오류
합성의 오류	부분의 성질을 전체의 속성으로 보는 오류
성급한 일반화의 오류	특수한 상황 또는 몇 가지 우연적인 사례 등을 근거로 일반화하여 단정함으로써 발생하는 오류
원칙 혼동의 오류	특수한 경우에 대한 주장을 펼치면서 일반적인 원칙을 근거로 들어 추론함으로써 발생하는 오류
순환 논증의 오류	결론에서 주장하는 내용을 다시 근거로 제시하는 오류
흑백 논리의 오류	어떤 주장에 대한 선택지가 두 가지밖에 없다고 생각하거나 다른 가능성이 허용됨에도 불구하고 그를 인정하지 않음으로써 발생하는 오류

정답 p.26

01	③ 독해	06	② 독해 + 문법
02	④ 독해	07	② 독해
03	④ 독해	08	② 독해 + 문학
04	② 어휘	09	① 어휘
05	④ 독해	10	④ 논리

취약영역 분석표

영역	틀린 답의 개수
독해	/ 5
독해 + 문법	/ 1
독해 + 문학	/ 1
논리	/ 1
어휘	/ 2
TOTAL	10

* 취약영역 분석표를 이용해 1개라도 틀린 문제가 있는 영역은 그 영역의 문제만 골라 해설을 다시 한번 꼼꼼히 학습하세요.

01 독해 | 화법 (말하기 전략 파악) 난이도 하 ●○○

정답 설명

③ 'A'는 두 번째 발화에서 '발명'의 정의에 대한 'B'의 말을 재진술하고 있으나, 이를 통해 상대방과의 의견 차이를 좁히고 있지는 않다.

[관련 부분] 새롭게 생각하여 전에 없던 기술이나 물건을 만든다는 게 쉽지 않은데요,

오답 분석

① 'A'는 세 번째 발화에서 아이디어가 떠오르지 않았던 자신의 경험을 바탕으로 질문을 이어가고 있다.

[관련 부분] 저도 발명을 하고 싶은데 아이디어가 잘 떠오르지 않아서 힘들어요.

② 'A'는 네 번째 발화에서 이해가 안 되는 부분에 대해 예시를 들어 설명해 주기를 요청하고 있다.

[관련 부분] 아직 이해가 잘 안 되는데요. 예를 들어 설명해 주실 수 있을까요?

④ 'A'는 다섯 번째 발화에서 이전에 언급된 '아이디어 창출 중심 모형'에 대한 설명을 바탕으로 'B'가 다음에 말할 내용을 예측하고 있다.

[관련 부분] 그럼 다음 단계에선 과학적 원리를 공부하겠군요.

02 독해 | 세부 내용 파악 난이도 중 ●●○

정답 설명

④ 2문단 6~8번째 줄에서 서구 언어의 어휘가 직접 들어오는 경우에는 그것에 대한 수용 여부가 논란거리가 되는 경우가 많았음은 알 수 있으나, 그렇게 유입된 어휘를 다시 한자어나 일본어로 번역하였다는 내용은 제시문에서 확인할 수 없다. 따라서 답은 ④이다.

오답 분석

① 2문단 끝에서 1~7번째 줄에서 외래어를 판단하는 유일한 기준은 그 어휘가 '얼마나 광범위하게 사용되는지'였으나, 사용의 일반성을 판단할 수 있는 자료가 마땅치 않아 외래어 선정은 전적으로 사전 편찬자들의 감각에 의존할 수밖에 없었다고 하였다. 따라서 사전 편찬 당시 외래어 선정은 사전 편찬자들의 주관적 판단에 의해 결정되었음을 알 수 있다.

② 2문단 8~11번째 줄에서 새말 중 외래어를 조선어로 인정할 것인지 결정하는 것은 쉽지 않았으며, 이를 위해서는 어원은 외국어이지만 현재 조선어로 편입된 어휘를 찾아야 한다고 하였다. 이를 통해 외래어는 '어원은 외국어이지만 현재는 우리말로 편입된 어휘'임을 알 수 있다.

③ 2문단 1~4번째 줄에서 서구 언어의 어휘를 번역한 한자어는 우리말로의 수용이 자연스럽게 이루어졌다고 하였다. 이를 통해 사전 편찬 과정에서 서구 언어의 어휘를 번역한 한자어는 우리말로 수용하는 것이 어렵지 않았음을 알 수 있다.

03 독해 | 숨겨진 내용 추론 난이도 하 ●○○

정답 설명

④ 3문단에서 지구상 유기물의 생성 과정에 대해서는 학자들의 의견이 일치하고 있지 않으며, 세이건은 절충적인 견해를 제시하기도 했다고 언급하였으므로 글에서 알 수 있는 내용으로 적절하지 않은 것은 ④이다.

오답 분석

① 2문단 끝에서 3~4번째 줄에서 고생대 말에 삼엽충이 멸종되었다고 설명하였으므로 삼엽충은 고생대에 살았던 생물임을 추론할 수 있다.

② 2문단 끝에서 2~3번째 줄에서 대규모 멸종의 원인에 대해서는 여러 가설이 존재한다고 설명하였으므로 대규모 멸종의 확실한 원인은 아직 밝혀지지 않았음을 알 수 있다.

③ 1문단의 5~6번째 줄과 끝에서 4~6번째 줄에서 일부 과학자들이 유기 분자의 존재를 외계 생명의 증거로 판단하는 것으로 보아, 유기 분자는 생명체가 존재하는 데 필수적 요소임을 추론할 수 있다.

04 어휘 | 고유어와 한자어의 대응　난이도 하 ●○○

정답 설명

② ⓒ '떨어진'은 위에서 아래로 내려진다는 뜻이나, ② '쇠락한'은 쇠약하여 말라서 떨어진다는 의미의 단어이므로 바꿔 쓰기에 적절하지 않다. 참고로 ⓒ '떨어진' 대신 쓸 수 있는 말은 '높은 데서 낮은 데로 떨어지다'를 뜻하는 '낙하(落下)하다'이다.
　• 쇠락(衰落)하다: 쇠약하여 말라서 떨어지다.

오답 분석

① • 믿다: 어떤 사실이나 말을 꼭 그렇게 될 것이라고 생각하거나 그렇다고 여기다.
　• 신뢰(信賴)하다: 굳게 믿고 의지하다.
③ • 알아내다: 방법이나 수단을 써서 모르던 것을 알 수 있게 되다.
　• 발견(發見)하다: 미처 찾아내지 못하였거나 아직 알려지지 않은 사물이나 현상, 사실 등을 찾아내다.
④ • 받아들이다: 어떤 사실 등을 인정하고 용납하거나 이해하고 수용하다.
　• 수용(受容)하다: 어떠한 것을 받아들이다.

05 독해 | 작문 (고쳐쓰기)　난이도 하 ●○○

정답 설명

④ ⓔ은 문맥상 환경과 경제 문제를 따로 떨어지게 해서는 안 된다는 의미이므로, 사동 표현 '유리시키다'가 적절하게 쓰인 문장이다. '유리하다'는 목적어가 아닌 부사어를 필요로 하는 서술어이므로 '유리시키다'를 '유리하다'로 수정하는 것은 고쳐 쓰기 방안으로 적절하지 않다.
　• 유리(遊離)하다: 따로 떨어지다.

오답 분석

① ⓐ의 '오로지'와 '만'은 '오직'이라는 의미가 중복되므로 '오로지'를 삭제하는 것은 적절하다.
　• 오로지: 오직 한 곬으로
　• 만: 다른 것으로부터 제한하여 어느 것을 한정함을 나타내는 보조사
② ⓑ은 지속 가능한 발전을 위해 노력하고 있는 현재의 상황을, ⓑ 앞의 문장은 지속 가능한 발전을 추구하게 된 이유를 다루고 있다. 따라서 글의 흐름상 ⓑ과 앞 문장의 순서를 바꾸는 것이 자연스럽다.
③ ⓒ의 '인구 및 경제 개발'에서 '인구'와 '개발'의 호응이 어색하므로 '인구 성장 및 경제 개발'로 고쳐 쓰는 것이 적절하다.

06 독해 + 문법 | 빈칸 추론, 음절　난이도 중 ●●○

정답 설명

② 1문단 마지막 문장에 따르면, 음절을 파악할 때는 표기가 아니라 소리를 기준으로 하므로 음운 변동이나 연음을 고려해야 한다. '걸음'의 발음은 연음이 일어나기 때문에 [거름]이 되고, 이를 기준으로 음절의 유형을 분석해야 한다. '거'는 '초성+중성'으로 이루어진 음절이고, '름'은 '초성 + 중성 + 종성'으로 이루어진 음절이므로 답은 ②이다.

07 독해 | 논증 판단　난이도 중 ●●○

정답 설명

② ㉠을 평가한 내용으로 적절한 것은 ㄷ이므로 답은 ②이다.
　• ㄷ: ㉠에 따르면, 특정 분야에 대해 제한된 수준의 지식을 갖고 있거나, 지적 능력이 낮은 사람은 자신을 과대평가하는 경향이 있다. 정치에 대해 아는 게 적은 사람일수록 반대로 정치적 지식에 자신 있어 한다는 연구 결과는 특정 분야에 대해 제한된 수준의 지식만을 갖고 있는 사람이 자신의 지식(능력)을 과대평가한다는 것을 뒷받침하므로 ㉠을 강화한다.

오답 분석

• ㄱ: ㉠에 따르면, 지적 능력이 낮은 사람은 자신을 과대평가하는 경향이 있다. 농구를 잘하는 사람일수록 자신의 농구 실력을 높다고 평가한다면, 이는 자신을 과대평가하는 것이 아니므로 이러한 연구 결과는 ㉠을 강화하지 않는다.
• ㄴ: 2문단에 따르면, 지적 능력이 낮은 사람들은 자기 자신이 무엇을 알고 무엇을 모르는지에 대해 잘 알지 못하고, 이로 인해 자기 자신의 능력을 과대평가함을 알 수 있다. 이로 미루어 보아, 지적 능력이 낮은 사람은 자기 자신을 제대로 판단하는 능력이 부족하므로, 다른 사람의 능력 역시 정확히 평가하지 못할 가능성이 큼을 추론할 수 있다. 따라서 지적 능력이 낮은 사람이 다른 사람의 능력을 정확하게 평가하지 못한다는 연구 결과는 ㉠을 약화하지 않는다.

08 독해 + 문학 | 세부 내용 파악, 작품의 종합적 감상　난이도 하 ●○○

정답 설명

② 2문단 끝에서 4~9번째 줄에서 '외롭다'와 '황홀하다'가 함께 쓰이는 것이 어색하지만, 이를 통해 자식을 볼 수 없어 외로우면서도 아이의 모습을 떠올릴 수 있어 황홀하다는 감정을 표현하고 있음을 알 수 있다. 따라서 제시된 작품에 상호 모순되는 시어를 통해 자신의 감정을 드러내는 표현이 있다는 ②의 내용은 적절하다.

오답 분석

① 제시된 작품에서 자식을 잃게 된 현실에 대한 화자의 분노와 적대감이 드러나는 부분은 찾을 수 없으므로 ①의 내용은 적절하지 않다.

③ 2문단 끝에서 5~7번째 줄에서 화자가 유리를 닦는 이유는 입김과 별을 통해 아이의 모습을 떠올릴 수 있기 때문임을 알 수 있다. 죽은 아이의 환영을 지우기 위해서 유리를 닦는 것은 아니므로 ③의 내용은 적절하지 않다.

④ 3문단 마지막 문장에서 유리창은 입김을 통해 죽은 자식을 떠올릴 수 있게 하는 매개의 역할을 한다는 것을 알 수 있다. 따라서 화자가 입김을 부는 행동이 유리창의 단절 기능을 강화시킨다는 ④의 내용은 적절하지 않다.

✌️이것도 알면 합격

정지용 '유리창 1'의 주제 및 특징

1. 주제: 자식을 잃은 슬픔과 자식에 대한 그리움
2. 특징
   (1) 모순 어법을 이용하여 자신의 감정을 표현함
   (2) 감각적이고 선명한 이미지를 활용함
   (3) 감정을 조절 및 절제하여 표현함

---

09 어휘 | 다의어의 의미 난이도 하 ●○○

정답 설명

① 입으로 불어서: ㉠ '부는데'의 '불다'는 '입을 오므리고 날숨을 내어보내어, 입김을 내거나 바람을 일으키다'를 뜻하며 이와 같은 의미로 사용된 것은 ①의 '불다'이다.

오답 분석

② 영어 회화 바람이 **불다**: 이때 '불다'는 '유행, 풍조, 변화 등이 일어나 휩쓸다'를 뜻한다.

③ 나팔 **부는** 소리가: 이때 '불다'는 '관악기를 입에 대고 숨을 내쉬어 소리를 내다'를 뜻한다.

④ 아는 대로 모두 **불고** 말았다: 이때 '불다'는 '숨겼던 죄나 감추었던 비밀을 사실대로 털어놓다'를 뜻한다.

---

10 논리 | 명제, 논증 난이도 중 ●●○

정답 설명

④ 제시된 진술을 기호화하면 다음과 같다.

> (1) 삼겹살 → 볶음밥 = ~볶음밥 → ~삼겹살 (대우)
> (2) 피자 → 파스타 = ~파스타 → ~피자 (대우)
> (3) 삼겹살∨피자

이때 삼겹살을 먹지 않으면, (3)에서 선언지 제거에 의해 피자를 먹는다. (2)에 의해 피자를 먹으면 파스타도 먹는 것을 알 수 있으나 볶음밥을 먹는지의 여부는 알 수 없다. 따라서 ④는 반드시 참이라고 할 수 없다.

오답 분석

① 볶음밥을 먹지 않으면, (1)의 대우에 의해 삼겹살도 먹지 않는다. 삼겹살을 먹지 않으면 (3)에서 선언지 제거에 의해 피자를 먹는다. 따라서 ①은 반드시 참이다.

② 피자를 먹지 않으면, (3)에서 선언지 제거에 의해 삼겹살을 먹는다. 따라서 ②는 반드시 참이다.

③ 파스타를 먹지 않으면, (2)의 대우에 의해 피자를 먹지 않는다. 피자를 먹지 않으면 (3)에서 선언지 제거에 의해 삼겹살을 먹는다. (1)에 의해 삼겹살을 먹으면 볶음밥도 먹으므로 ③은 반드시 참이다.

✌️이것도 알면 합격

선언 삼단 논법	
개념	선언 명제를 통해 결론을 도출하는 방법
논증 방법	[전제1] P 또는 Q이다.(P∨Q) 예 해가 뜨거나 또는 달이 뜬다. [전제2] P가 아니다.(~P) 예 해가 뜨지 않았다. [결론] 따라서 Q이다.(Q) 예 달이 뜰 것이다.

■ 정답

p.32

01	① 독해 + 문법	06	③ 독해
02	① 독해	07	④ 독해
03	③ 독해	08	④ 독해
04	③ 독해	09	③ 독해
05	① 논리	10	④ 독해

■ 취약영역 분석표

영역	틀린 답의 개수
독해	/ 8
독해 + 문법	/ 1
독해 + 문학	/ -
논리	/ 1
어휘	/ -
TOTAL	10

* 취약영역 분석표를 이용해 1개라도 틀린 문제가 있는 영역은 그 영역의 문제만 골라 해설을 다시 한번 꼼꼼히 학습하세요.

---

01 독해 + 문법 | 사례 추론, 부정 표현   난이도 중 ●●○

(정답 설명)

① '그는 더위를 못 견딘다.'에서 동사 '견디다'는 의지를 표현하는 부정어 '안'과 어울리지 않는다. ①의 문장을 '그는 더위를 안 견딘다.'로 고치면 의미가 어색해지므로 ①은 적절하다.

(오답 분석)

② 2문단 1~3번째 줄을 통해 부정어 '못'은 능력의 여부를 표현한다는 것을 알 수 있다. 의지의 여부를 표현하는 것은 '안'이므로 ②는 적절하지 않다.

③ 2문단 끝에서 1~3번째 줄을 통해 청자에게 기대감을 주는 문장은 부정어 '못'을 사용한 쪽이란 것을 알 수 있다. '돈을 안 갚는다.'가 청자에게 기대감을 준다는 ③은 적절하지 않다.

④ 2문단 끝에서 2~3번째 줄을 통해 솔직하고 겸손한 인상을 주는 부정어는 '못'이라는 것을 알 수 있다. 부정어 '안'을 사용한 문장이 청자에게 솔직하고 겸손한 인상을 준다는 ④는 적절하지 않다.

---

02 독해 | 빈칸 추론   난이도 중 ●●○

(정답 설명)

① 1~2문단을 통해 하이에크는 극단적인 소극적 자유를 주장하였으며, 그에게 있어 자유란 이미 익숙하면서도 확보된 개인의 생활 영역을 보호하는 것임을 알 수 있다. 이어 빈칸의 앞에서 생활의 영역에 해당하는 개인의 생활 방식은 오랜 세월에 걸쳐 변화한 것으로 인간의 역사가 배어 있는 것이며, 그것을 보호하는 것이 곧 자유라고 하였다. 이를 미루어 보아, 하이에크의 관점에서 자유는 이미 존재하는 것을 지키는 것이므로 보수성을 지니고 있음을 추론할 수 있다. 따라서 빈칸에 들어갈 내용으로 적절한 것은 ①이다.

(오답 분석)

② 1문단 4번째 줄에서 하이에크는 자유를 위한 노력에서 자유가 생기는 것이 아니라고 하였으므로, 인류의 정신적 해방을 위한 투쟁은 하이에크가 주장하는 자유의 정의에 어긋난다.

③④ 욕망의 충족과 관련된 내용은 제시문에서 확인할 수 없다.

---

03 독해 | 숨겨진 내용 추론   난이도 중 ●●○

(정답 설명)

③ 제시문은 인간의 역사가 일정한 방향에 따라 발전해 왔음을 정치적 자유와 경제적 평등의 관점으로 나누어 설명하고 있다. 그러므로 현대 사회에서도 자유와 평등을 올바른 방향으로 발전시키고 있는지 살펴봐야 한다는 반응은 적절하다.

(오답 분석)

① 1문단 1~4번째 줄을 통해 인류의 역사가 흘러가는 방향에 대해 많은 역사학자들과 철학자들이 종말론적 또는 발전론적인 대답을 내놓았다는 걸 알 수 있다. 그러나 발전적인 사회를 이루기 위해서 종말론을 배척해 왔는지는 제시문을 통해 확인할 수 없다.

② 2문단 3~4번째 줄을 통해 헤겔이 '역사의 발전이란 곧 자유의 확대 과정'이라고 말했다는 것을 알 수 있으나, 이것이 서양의 자유 확대 과정을 따라야 함을 의미하는 것은 아니다.

④ 2문단과 3문단에서 시간의 흐름에 따라 인류의 역사가 정치적·경제적으로 어떻게 발전해 왔는지 각각 제시하고 있으나, 그 중요성을 비교하고 있지는 않다.

(정답 설명)

③ 1문단 1~2번째 줄에서 요즘 의사가 음식이나 조리 관련 도서를 내는 일이 드물다고 했을 뿐, 오늘날 식이요법의 중요성을 간과하고 있다는 내용은 제시문에서 확인할 수 없다.

(오답 분석)

① 2문단에서 세조가 『식료찬요』의 이름을 손수 짓기도 하고, 식치(食治)의 중요성을 강조해 온 것으로 보아 평소 실용적 학문을 중시했으며 의학에도 관심을 가졌음을 알 수 있다.

② 1문단에서 조선 초기 명의로 알려진 전순의는 약과 음식이 같다는 생각하여 음식과 조리법에도 일가견이 있었다고 설명한다. 또한 2문단에서는 전순의가 음식 치료법을 기술한 『식료찬요』를 편찬하였음을 소개하고 있으므로, 이를 통해 전순의가 음식으로 질병을 다스리는 식치(食治)를 중시하는 의사였음을 알 수 있다.

④ 2문단에서 『식료찬요』는 세조 6년(1460년)에 편찬된 우리나라 최초의 식의서(食醫書)이자 가장 오래된 식이요법서로, '식료'는 음식으로 질병을 다스리는 '식치'와 동일한 의미라고 하였다. 또한 서문에서 전순의가 책에 일상적으로 쓰이는 음식 치료법이 수록되어 있음을 밝혔음 알 수 있다. 따라서 『식료찬요』가 의학 사상에 바탕을 둔 조선시대의 식치 음식을 확인할 수 있는 자료라는 ④의 설명은 글을 이해한 내용으로 적절하다.

05 논리 | 명제   난이도 중 ●●○

(정답 설명)

① 제시된 진술을 기호화하면 다음과 같다.

(1) 환경오염 심각 → 세금 지출
(2) ~세금 지출∨규제 정책
(3) 규제 정책 → 경기 침체
[결론] 경기 침체

이때 '경기 침체'라는 결론이 도출되려면 (3)에서 이용할 '규제 정책'이라는 정보가 필요하다. '규제 정책'을 이끌어내기 위해서는 (2)에서 선언지 제거를 하면 된다. 따라서 (2)에서 이용할 '세금 지출'이라는 정보가 필요하다. '세금 지출'을 이끌어내기 위해서는 (1)에서 이용할 '환경오염 심각'이라는 정보가 필요하다. 따라서 추가해야 할 것은 ①'환경오염이 심각하다'이다.

(오답 분석)

②③④ '경기 침체'라는 결론이 도출되려면 'A국이 규제 정책을 시행한다, A국이 세금 지출을 늘린다, 환경오염이 심각하다'와 같은 정보가 필요하다. 이때 ②, ③, ④와 같은 전제를 추가한다고 해도 이러한 정보를 도출할 수 없다.

(정답 설명)

③ ㉢에서 연재는 정우를 칭찬하고 있을 뿐, 자신을 낮추어 표현하여 겸손의 의도를 드러내고 있지는 않으므로 적절하지 않은 설명이다.

(오답 분석)

① ㉠에서 정우는 대답을 요구하지 않는 수사 의문문의 형태로 연재의 의견에 동의함을 드러내고 있다.

② '비언어적 표현'이란 언어가 아니라 표정, 손짓, 몸짓 등으로 생각이나 느낌을 나타내는 것이다. ㉡에서 연재는 부정의 의미를 언어적 표현(일요일은 안 될 것 같아)과 비언어적 표현(고개를 저으며)을 사용해 나타내고 있다.

④ ㉣에서 연재는 정우에게 선택권을 부여하는 방식으로 완곡하게 부탁함으로써 자신의 요구에 대한 정우의 부담을 덜어 주고 있다.

07 독해 | 숨겨진 내용 추론   난이도 중 ●●○

(정답 설명)

④ 2문단 1번째 문장을 통해 편의점은 24시간 영업하므로 소비자들은 시간에 구애받지 않고 언제든 물품을 구매할 수 있다는 사실을 알 수 있다. 그러나 이러한 요인이 편의점과 즉석 식품점의 성장 배경과 관련이 있는지는 제시문을 통해 알 수 없으므로 답은 ④이다.

(오답 분석)

① 2문단 3~6번째 줄과 끝에서 1~4번째 줄을 통해 편의점 점원들과 즉석 식품점 종업원들은 고객을 대하는 태도와 행동이 규격화되어 있으며, 사람들은 종업원들의 일정한 고객 응대 방식을 편하게 느낀다고 하였으므로 인간은 규격화된 행동 양식을 편안하게 받아들이는 경향이 있음을 추론할 수 있다.

② 1문단 1~2번째 줄과 끝에서 2~6번째 줄을 통해 도시인이 적극적으로 고객을 응대하는 백화점보다 고객에게 특별한 관심을 두지 않는 대형 할인점이나 편의점을 선호하는 것은 복잡하거나 귀찮은 관계를 지양하는 도시인의 가치관과 맞닿아 있음을 추론할 수 있다.

③ 1문단 2~9번째 줄을 통해 구멍가게와 편의점에서 손님을 응대하는 태도의 차이는 두 곳을 방문하는 사람들이 느끼는 부담의 차이로 이어짐을 알 수 있다. 따라서 편의점을 찾는 고객들이 더 많은 것은 고객에 대한 관심도와 관련이 있다고 추론할 수 있다.

08 독해 | 세부 내용 파악   난이도 하 ●○○

(정답 설명)

④ ㉠은 '손님이 말을 걸기 전에는 입을 열지도 않을뿐더러 시선도 건네지 않는', ㉡은 '점원들이 고객을 대하는 태도나 방식이 어느 편의점이든 똑같고 표준화되어 있다는 것'이므로 답은 ④이다.

- ㉠: ㉠ '그'는 바로 뒤의 '무관심'을 수식하므로 ㉠ '그'가 지시하는 대상은 '무관심'의 속성과 관련된 것이어야 한다. 이때 ㉠ '그'의 앞에는 '점원은 출입할 때 간단한 인사만 건넬 뿐 손님이 말을 걸기 전에는 입을 열지도 않을뿐더러 시선도 건네지 않는다'라는 무관심의 속성과 관련된 설명이 제시되어 있다. 따라서 ㉠이 지시하는 대상은 '손님이 말을 걸기 전에는 입을 열지도 않을뿐더러 시선도 건네지 않는'임을 알 수 있다.

- ㉡: ㉡ '이'가 포함된 문장에서 ㉡ '이'는 즉석 식품점에도 적용되고, 즉석 식품점을 '각본에 의한 고객과의 상호 작용', '예측 가능한 종업원의 행동'으로 분석한다고 설명한다. 따라서 ㉡ '이'는 이러한 설명과 비슷한 내용이어야 하므로 ㉡이 지시하는 대상은 '점원들이 고객을 대하는 태도나 방식이 어느 편의점이든 똑같고 표준화되어 있다는 것'임을 알 수 있다.

09 독해 | 작문 (고쳐쓰기)   난이도 중 ●●○

정답 설명

③ ㉢의 앞 문장은 MZ세대가 SNS 기반의 유통 시장에서 소비 주체로서 큰 영향력을 발휘하고 있다는 내용이며, ㉢을 포함하는 문장은 MZ세대가 최신 트렌드를 추구하고 경험 중심의 소비 성향을 갖는다는 특징을 설명하고 있다. 따라서 ㉢의 앞뒤 문장은 MZ세대의 특징을 나열하고 있는 것이므로, 앞의 내용과 뒤의 내용이 상반될 때 쓰는 '그러나'나 앞의 내용이 뒤의 내용의 원인이나 근거, 조건 따위가 될 때 쓰는 '그래서'를 사용하는 것은 적절하지 않다. ㉢은 내용을 병렬적으로 연결할 때 쓰는 '그리고'나 '또한'으로 바꾸는 것이 적절하다.

오답 분석

① ㉠이 포함된 문장은 MZ세대의 출생 시기를 설명하고 있는 부분으로, 현재 이야기하고 있는 시점(발화시)보다 사건이나 행위가 일어난 시점(사건시)이 앞선다. 따라서 현재 시제 어미 '-는-'이 사용된 '태어나는'을 과거 시제 어미 '-ㄴ-'을 사용한 '태어난'으로 수정하는 것이 적절하다.

② ㉡이 포함된 문장은 MZ세대가 시장에서 큰 영향력을 발휘하는 소비 주체의 자격을 갖는다는 내용이다. 따라서 어떤 일의 수단이나 도구를 나타내는 '로써'를 지우나 신분 또는 자격을 나타내는 격 조사인 '로서'로 고쳐 쓰는 것이 적절하다.

④ 3문단은 MZ세대가 금융 시장에 미치는 영향력에 대해 다루고 있으며, ㉣은 MZ세대의 또 다른 특징(자신이 좋아하는 것에 투자하는 것을 아까워하지 않는 점)을 제시하고 있다. 따라서 MZ세대의 특징에 대해 설명하고 있는 2문단 끝으로 이동하는 것이 적절하다.

10 독해 | 세부 내용 파악   난이도 하 ●○○

정답 설명

④ 2문단 3~6번째 줄을 통해 '귀의 소리'는 청세포가 외부의 소리를 감지하고 특정 소리에 대한 민감도를 증가시키는 과정에서 발생하는 것임을 알 수 있다. 따라서 '귀의 소리'가 발생하면 청세포가 이에 영향을 받아 외부 소리를 감지한다는 내용은 적절하지 않으므로 답은 ④이다.

[관련 부분] 포유동물의 청세포는 외부의 소리를 감지하는 역할을 하면서, ~ 특정 음파의 소리에 대한 민감도를 증가시키기도 한다. 이 과정에서 '귀의 소리'가 발생하는데

오답 분석

① 3문단 끝에서 1번째 줄을 통해 확인할 수 있다.
[관련 부분] (귀의 소리는) 특정한 주파수 대역에서 측정할 수 있다.

② 1문단 1~4번째 줄을 통해 확인할 수 있다.
[관련 부분] 일반적인 청력 검사는 검사받는 사람의 협조가 없으면 시행하기 힘들다. 이러한 문제에 대한 해결책의 하나로 '귀의 소리(otoacoustic emissions)'를 활용하는 기술이 있다.

③ 2문단 1~3번째 줄을 통해 확인할 수 있다.
[관련 부분] 특정 소리에 귀를 기울인다는 의식적인 행동은 생리학적으로 ~ 청세포의 역할로 설명할 수 있다. 포유동물의 청세포는 외부의 소리를 ~

■ 정답

p.38

01	② 독해	06	③ 논리
02	④ 독해	07	③ 독해
03	① 독해 + 문학	08	① 독해
04	② 독해	09	④ 어휘
05	③ 어휘	10	② 독해 + 문법

■ 취약영역 분석표

영역	틀린 답의 개수
독해	/ 5
독해 + 문법	/ 1
독해 + 문학	/ 1
논리	/ 1
어휘	/ 2
TOTAL	10

* 취약영역 분석표를 이용해 1개라도 틀린 문제가 있는 영역은 그 영역의 문제만 골라 해설을 다시 한번 꼼꼼히 학습하세요.

01 독해 | 글의 순서 파악   난이도 중 ●●○

정답 설명

② (나) – (라) – (다) – (가)의 순서가 가장 자연스럽다.

순서	중심 내용	순서 판단의 단서와 근거
(나)	오래 전부터 많은 고대 문명에서 발달했던 천문학	지시어나 접속어로 시작하지 않으면서 글의 중심 화제인 '천문학'을 언급함
(라)	인간의 일상과 관계가 없어 보이는 별의 움직임	(나)에서 오래 전부터 천문학이 발달했음을 설명하였으므로 왜 옛날 사람들이 '별들의 움직임(천문학)'을 연구했던 것인지 의문을 제기함
(다)	인간의 일상생활과 밀접한 관계를 지니고 있는 천문학	접속어 '그래서': 별들의 움직임이 인간 생활과 밀접한 관련이 있으므로 천문학이 발달한 것임을 설명하며 (라)에서 제기한 의문에 대해 답함
(가)	천문학을 통해 시간의 단위를 정하는 기준을 알 수 있으므로 천문학은 매우 실용적인 학문임	지시 표현 '이런 생각': '이런 생각'이란 (다)에서 설명한 내용(천문학을 통해 시간 단위를 정할 수 있음)을 뜻하며, 이를 통해 고대 문명에서 천문학이 발달할 수밖에 없었던 이유를 정리하며 마무리하고 있음

02 독해 | 화법 (공감적 듣기)   난이도 하 ●○○

정답 설명

④ A는 얼마 남지 않은 자격증 시험을 앞두고 공부를 못 했다고 하며 속상한 감정을 드러내고 있다. ④의 반응은 이러한 A의 상황과 감정에 공감하며 대답한 것이므로 '적극적 들어주기'에 해당한다.

오답 분석

② A가 말을 계속 이어갈 수 있도록 관심을 표하며 공감하는 '소극적 들어주기'에 해당한다.

03 독해 + 문학 | 빈칸 추론, 문학의 이해   난이도 하 ●○○

정답 설명

① 괄호에 들어갈 말을 바르게 나열한 것은 ①이다.

- ㉠ 대화: 희곡의 대사 중 두 명 이상의 인물이 서로 주고받는 것은 '대화'이다.
- ㉡ 독백: 희곡의 대사 중 인물이 상대역 없이 혼자서 말하는 것은 '독백'이다.
- ㉢ 방백: 희곡의 대사 중 관객에게는 들리고 상대역에게는 들리지 않는 것으로 약속된 대사는 '방백'이다.

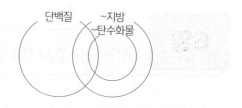

04 독해 | 숨겨진 내용 추론
난이도 중 ●●○

정답 설명

② 4문단 2~3번째 줄과 6문단 4~5번째 줄을 통해 가자미는 함흥 지방의 바다와 경상도 지방과 남해안 바다에서도 많이 잡힌다는 사실을 알 수 있다. 따라서 가자미 어업은 한반도의 남쪽과 북쪽 바다에서 모두 활발하게 이루어졌을 것으로 추론할 수 있으므로 답은 ②이다.

오답 분석

① 2문단 1~2번째 줄을 통해 감자가 들어온 이후 함흥냉면의 면을 만드는 주재료가 감자 전분이 되었음을 알 수 있으나, 메밀과 감자 중 어떤 것을 먼저 재배했는지는 알 수 없다.

③ 4문단 끝에서 1~2번째 줄을 통해 가자미식해와 식혜 모두 엿기름으로 발효시킨 음식임은 알 수 있으나, 5문단 1~2번째 줄에서 가자미식해에는 소금을 뿌린다고 하였으므로 적절하지 않은 추론이다.

④ 3문단 2~3번째 줄을 통해 가릿국밥은 밥에 국물을 토렴해서 먹는 음식임을 알 수 있으나, 3문단 끝에서 2~5번째 줄에서 가릿국밥은 국물을 먼저 먹고 남은 밥을 고추장과 비벼 먹는 것이 특징이라고 하였으므로 적절하지 않은 추론이다.

05 어휘 | 다의어의 의미
난이도 하 ●○○

정답 설명

③ 젓갈이 충분히 삭아서: ㉠'삭고'의 '삭다'는 '김치나 젓갈 따위의 음식물이 발효되어 맛이 들다'를 뜻하며 이와 같은 의미로 사용된 것은 ③의 '삭다'이다.

오답 분석

① 밧줄이 삭아서: 이때 '삭다'는 '물건이 오래되어 본바탕이 변하여 썩은 것처럼 되다'를 뜻한다.

② 몸이 많이 삭았구나: 이때 '삭다'는 '사람의 얼굴이나 몸이 생기를 잃다'를 뜻한다.

④ 기침이 삭질 않는다: 이때 '삭다'는 '기침이나 가래 따위가 잠잠해지거나 가라앉다'를 뜻한다.

06 논리 | 명제
난이도 중 ●●○

정답 설명

③ 제시된 전제를 기호화하면 다음과 같다.

(가) 단백질∧~탄수화물
(나) ~탄수화물 → ~지방 = 지방 → 탄수화물 (대우)

이때 (가)에 (나)를 결합하면 '단백질∧~지방'이므로 단백질을 섭취하는 사람 중 일부는 지방을 섭취하지 않음을 알 수 있다. 따라서 ③은 빈칸에 들어갈 결론으로 적절하다.

오답 분석

① (나)의 대우를 통해 지방을 섭취하는 사람은 모두 탄수화물을 섭취한다는 것을 알 수 있지만, 지방을 섭취하는 사람이 모두 단백질을 섭취하지 않는지는 알 수 없다.

② (가)에 (나)를 결합하여 지방을 섭취하지 않는 사람 중 일부는 단백질을 섭취한다는 것을 알 수 있지만, 지방을 섭취하는 사람 중 일부가 단백질을 섭취하지 않는지는 알 수 없다.

④ (가)와 (나)를 통해 '탄수화물을 섭취하지만 단백질은 섭취하지 않는 사람'에 대한 정보는 파악할 수 없으므로 그들이 모두 지방을 섭취하지 않는지는 알 수 없다.

이것도 알면 합격

연언 명제의 개념과 벤다이어그램	
개념	둘 이상의 명제나 대상을 '그리고', '~(이)면서'로 연결하는 명제로 'P∧Q'와 같이 나타낼 수 있음
벤다이어그램	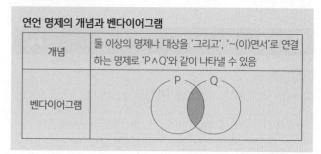

07 독해 | 작문 (고쳐쓰기)
난이도 하 ●○○

정답 설명

③ 제시문은 지식의 종류를 상식과 과학으로 나누고, 상식적 지식과 과학적 지식의 차이를 밝히되 궁극적으로는 전자가 발전한 것이 후자임을 설명한 글이다. ㉢은 과학적 지식이 모든 지식을 대표하는 위치에 있다는 내용으로, 문맥상 글의 전체 흐름에서 벗어난 내용이므로 통일성에 위배되는 문장이다.

08 독해 | 글의 전략 파악
난이도 중 ●●○

정답 설명

① ㉠은 어떤 대상을 구성하고 있는 요소로 나누어 설명하는 '분석'의 설명 방식이 사용되었고, ㉡은 대상을 일정 기준에 따라 나누어 진술하는 '분류'의 설명 방식이 사용되었다.

· ㉠: 컴퓨터 하드웨어 시스템의 구성 요소를 나누어 설명함

· ㉡: 체온이 외부 온도의 영향을 받는지를 기준으로 변온 동물과 정온 동물로 나누어 설명함

09 어휘 | 고유어와 한자어의 대응 난이도 하 ●○○

④ ⓓ '유지하는'은 어떤 상태나 상황을 그대로 보존하거나 변함없이 계속하여 지탱한다는 뜻이나, '뒷받침하는'은 뒤에서 지지하고 도와준다는 의미의 단어이므로 바꿔 쓰기에 적절하지 않다.

- 유지(維持)하다: 어떤 상태나 상황을 그대로 보존하거나 변함없이 계속하여 지탱하다.

① · 보내다: 사람이나 물건 따위를 다른 곳으로 가게 하다.
   · 송출(送出)하다: 물품, 전기, 전파, 정보 따위를 기계적으로 전달하다.
② · 이어지다: 끊어졌거나 본래 따로 있던 것이 서로 잇대어지다.
   · 연결(連結)되다: 사물과 사물이 서로 이어지거나 현상과 현상이 관계가 맺어지다.
③ · 달라지다: 변하여 전과는 다르게 되다.
   · 변(變)하다: 사람의 속성이나 사물의 상태 따위가 이전과 다르게 되다.

10 독해 + 문법 | 사례 적용, 의미 관계 난이도 중 ●●○

② 2문단에 따르면, 하의어를 상의어라고 해보고 부분어를 전체어라고 했을 때, 가능하면 상하 관계이고 불가능하면 부분 관계이다. '수선화(하의어)'는 '꽃(상의어)'이라고 할 수 있으므로 두 단어의 관계는 상하 관계가 성립한다. 하지만 '수선화'가 '꽃'의 하의어이므로 상의어인 '꽃'보다 의미의 범위가 좁다. 따라서 ②는 추론한 내용으로 적절하지 않다.

① '여름(하의어)'은 '계절(상의어)'이라고 할 수 있으므로 두 단어의 관계는 상하 관계이다. 또한, '계절'이 '여름'의 상의어이므로 '여름'보다 의미의 범위가 넓다. 따라서 ①은 추론한 내용으로 적절하다.
③ '건반(부분어)'은 '피아노(전체어)'라고 할 수 없으므로 두 단어의 관계는 부분 관계이다. '건반'은 '피아노'의 부분이므로 '건반'이 부분어, '피아노'는 전체어이다. 따라서 ③은 추론한 내용으로 적절하다.
④ '엔진(부분어)'은 '자동차(전체어)'라고 할 수 없으므로 두 단어의 관계는 부분 관계이다. '엔진'은 '자동차'의 부분이므로 '엔진'이 부분어, '자동차'는 전체어이다. 따라서 ④는 추론한 내용으로 적절하다.

■ 정답

p.42

01	② 독해	06	④ 논리
02	① 독해 + 문법	07	① 독해
03	① 독해	08	④ 독해
04	④ 독해 + 문학	09	② 독해
05	② 독해	10	③ 어휘

■ 취약영역 분석표

영역	틀린 답의 개수
독해	/ 6
독해 + 문법	/ 1
독해 + 문학	/ 1
논리	/ 1
어휘	/ 1
TOTAL	10

* 취약영역 분석표를 이용해 1개라도 틀린 문제가 있는 영역은 그 영역의 문제만 골라 해설을 다시 한번 꼼꼼히 학습하세요.

---

01 독해 | 작문 [고쳐쓰기]   난이도 하 ●○○

(정답 설명)

② 2번째 원칙에 따르면, 대등한 것끼리 접속할 때는 구조가 같은 표현을 사용해야 한다. ⓒ은 대등한 것끼리 접속하고 있는 경우인데, 구조가 다른 표현을 사용하고 있다. 따라서 '음악 감상과 생각 표현을 위한 교육' 또는 '음악을 감상하고 생각을 표현하기 위한 교육'으로 수정해야 한다.

(오답 분석)

① 1번째 원칙에 따르면, 여러 뜻으로 해석되는 표현을 삼가야 한다. ⓐ은 '예술 교육 담당자를 위해 그리고 문화 예술 전문 역량 강화를 위해', '예술 교육 담당자와 함께 문화 예술 전문 역량 강화를 위해' 등 여러 뜻으로 해석될 수 있으므로 ⓐ처럼 수정하는 것이 적절하다.

③ 3번째 원칙에 따르면, 올바른 국어 표기를 위해 외래어 표기법을 지켜야 한다. 외래어 '워크숍(workshop)'은 '워크샵'이 아니라 '워크숍'으로 표기해야 하므로 ⓒ처럼 수정하는 것이 적절하다. 참고로 'shop[ʃɑːp]'은 외래어 표기법에 따르면 '샤프'로 표기해야 하나, 관례상 '숍'으로 굳어졌으므로 외래어 표기법 제5항에 따라 그대로 '숍'으로 적도록 한다.

④ 4번째 원칙에 따르면, 주어와 서술어를 호응시켜야 한다. ⓔ이 포함된 문장에서 주어는 '우리 원은'이며, 서술부는 '제공되고자 합니다'이다. 이 문장에서 주어와 서술어가 호응하지 않으므로 '우리 원은 ~ 제공하고자 합니다.'의 구조로 수정해야 한다. 따라서 ⓔ처럼 수정하는 것이 적절하다.

02 독해 + 문법 | 사례 추론, 의미 변화   난이도 중 ●●○

(정답 설명)

① 제시문 끝에서 6~7번째 줄에 따르면, 어떤 단어의 사용 영역이 좁아지면, 그것은 의미 축소의 사례에 속한다. '계집'은 원래 일반적인 '여자'를 가리키는 말이었으나, 시대가 변화함에 따라 '여자'를 낮잡아 이르는 말로 사용하게 되었다. 따라서 '계집'은 그 의미의 영역이 축소된 것이므로 의미 이동이 아닌 의미 축소의 사례에 해당하는 단어이다.

(오답 분석)

② 제시문 끝에서 3~4번째 줄에서 의미 이동은 단어의 의미가 특정 의미와 전혀 다른 의미로 바뀌게 된 것이라고 하였다. 이때 '끼니'는 오늘날 '때에 맞추어 먹는 밥'의 의미로만 사용되어 원래 '때'의 의미와는 완전히 멀어진 것을 알 수 있다. 따라서 ②는 의미 이동에 해당한다.

③ 제시문 6~8번째 줄에서 의미 확대는 의미가 여러 맥락에 쓰이면서 그 사용 범위가 넓어진 것이라고 하였다. 이때 '다리'는 유정 명사에만 쓰이던 것이 무정 명사에까지 쓰이게 되어 그 사용 범위가 넓어진 것임을 알 수 있다. 따라서 ③은 의미 확대에 해당한다.

④ 제시문 끝에서 6~7번째 줄에서 의미 축소는 그 사용 범위가 좁아진 것이라고 하였다. 이때 '짐승'은 원래 생물 전체에 대하여 썼으나, 오늘날에는 인간을 제외한 동물에만 쓰이게 되어 그 사용 범위가 좁아진 것임을 알 수 있다. 따라서 ④는 의미 축소에 해당한다.

03 독해 | 세부 내용 파악   난이도 하 ●○○

(정답 설명)

① 1문단 끝에서 2~6번째 줄을 통해 유럽에 전파된 탱고는 화려하고 귀족적인 느낌이 강한 댄스 음악으로 인기를 얻어 '콘티넨털 탱고'라는 이름으로 불렸음을 알 수 있다.

① 1문단에서 문자의 발명으로 지식의 체외 저장이 가능해지자 개인이 이용할 수 있는 정보의 양이 크게 늘어났으며, 인쇄술과 컴퓨터 그리고 인터넷의 출현이 정보의 중앙 집중적 처리를 어렵게 만들었다고 하였다. 이로 미루어 보아 문자가 발명되기 이전에는 정보의 양이 적었을뿐더러 개인의 정보 처리 능력도 지금보다 현저히 떨어졌을 것이므로, 중앙에서 정보를 집중적으로 처리하기가 용이했을 것임을 추론할 수 있다.

③ 3문단에서 자유주의는 전체주의와 달리 정보를 중앙 집중적으로 처리하지 않고 개인이 처리하므로 정보 처리의 비효율 문제를 겪지 않는다고 하였다. 이로 미루어 보아, 정보 처리의 관점에서 자유주의 사회가 전체주의 사회보다 효율적인 사회임을 추론할 수 있다.

④ 2문단 3~6번째 줄에서 전체주의 경우 중앙에서 한데 모아 처리할 수 있는 정보의 종류가 제약되었을 뿐만 아니라 양 역시 아주 적다고 하였으나, 3문단에서 자유주의 경우 개인들이 직접 정보를 처리한다고 하였다. 이를 미루어 보아, 전체주의 사회의 시민은 자유주의 사회의 시민에 비해 적은 양의 정보를 접하게 될 것임을 추론할 수 있다.

오답 분석

② 1문단 끝에서 6~9번째 줄을 통해 탱고는 격정적인 감성과 강력한 호소력을 특징으로 하는 춤임을 알 수 있다.

③ 2문단을 통해 탱고가 잠시 주춤하던 시기가 있었으나 새로운 형식의 탱고가 등장하며 그 가치를 인정받아 유네스코 인류 무형 문화유산으로 등재되었다는 내용을 확인할 수 있다.

④ 1문단 3~9번째 줄을 통해 탱고는 당시 같은 항구 지역에 머무르던 유럽 이민자, 아프리카 노예, 원주민 등 여러 하층민들의 다양한 문화와 풍습이 통합되고 변형되면서 탄생한 문화임을 알 수 있다.

---

04 독해 + 문학 | 숨겨진 내용 추론, 문학의 이해 · 난이도 중 ●●○

정답 설명

④ 3문단 마지막 문장에 따르면, 입체적 인물은 그의 성격 변화에 있어서 사건의 인과관계에 대해 유기적 통일성이 요구된다. 3문단 2~5번째 줄에 따르면, '복녀'는 원래는 도덕적인 인물이었으나 가난한 가정 형편과 주변의 유혹 때문에 타락한다. 가난한 가정환경은 그녀의 성격이 변화하는 배경이 되며, 이것은 그녀의 성격이 변화하는 것에 대해 사건의 인과관계에 있어 유기적인 통일성을 보장하는 요소이다. 따라서 '복녀'의 가정환경이 그녀의 성격 변화를 유기적으로 연결하기 위한 요소라는 ④의 추론은 적절하다.

오답 분석

① 2문단에 따르면, 「흥부전」의 '흥부'는 평면적 인물이고, 3문단에 따르면, 「감자」의 '복녀'는 입체적 인물이다. 하지만 「흥부전」에 평면적 인물만이, 「감자」에 입체적 인물만이 등장한다는 내용은 제시문에서 찾을 수 없으므로 ①의 추론은 적절하지 않다.

② 3문단 끝에서 3~5번째 줄에 따르면, 입체적 인물은 복잡한 성격 때문에 평면적 인물에 비해 현실에서 볼 수 있는 유형이다. 「흥부전」의 '흥부'는 평면적 인물이고, 「감자」의 '복녀'는 입체적 인물이므로 '복녀'가 '흥부'보다 현실에 더 있음직한 인물의 유형이다. 따라서 ②의 추론은 적절하지 않다.

③ 2문단 끝에서 2~4번째 줄에 따르면, 평면적 인물은 독자들에게 쉽게 기억된다는 점에서 장점이 있다. 「감자」의 '복녀'는 입체적 인물이고, 「심청전」의 '심청'은 평면적 인물이므로 독자들에게 각인될 가능성이 큰 것은 '심청'이다. 따라서 ③의 추론은 적절하지 않다.

---

05 독해 | 숨겨진 내용 추론 · 난이도 중 ●●○

정답 설명

② 제시문에 의하면 문자의 발명과 인터넷의 출현으로 정보의 양이 급증하였으며, 개인의 정보 처리 능력이 크게 향상되었다. 이로 인해 정보를 중앙 집중적으로 처리하던 전체주의와 공산주의 체제는 정보 처리의 비효율성 문제를 겪게 되었다. 이는 전체주의 사회를 위험에 빠뜨렸으며, 공산주의 체제의 몰락을 가져왔다. 하지만 자유주의는 개인들이 정보를 처리하기 때문에 그러한 문제를 겪지 않았다. 이로 미루어 보아 정보의 양적 증가와 개인의 정보 처리 능력 향상으로 인해 위협받는 사회는 정보를 중앙 집중적으로 처리하는 체제에 국한되어 있음을 추론

---

06 논리 | 명제 · 난이도 중 ●●○

정답 설명

④ 제시된 진술을 기호화하면 다음과 같다.

> 명수, 준성, 창현, 진영 중에서 적어도 한 명을 계주 대표로 선발한다. 선발 조건은 다음과 같다.
> (1) ~창현 → ~명수 ∨ ~준성
> (2) 창현 → 진영 ≡ ~진영 → ~창현 (대우)
> (3) ~진영

이때 (3)을 (2)의 대우에 결합하면 진영이 선발되지 않기에 창현도 선발될 수 없는 것이므로, '~창현'이 참이 된다. 이를 (1)에 결합하면 '~창현'에 의해 명수가 선발되지 않거나 준성이 선발되지 않는다. 이때 제시문 1번째 문장에서 명수, 준성, 창현, 진영 중에서 적어도 한 명을 선발한다고 했으므로 '명수가 선발되지 않으면, 준성이가 선발된다'는 ④가 반드시 참이다.

오답 분석

① (3), (2)의 대우, (1)를 통해 '~진영, ~창현, ~명수 ∨ ~준성'이 참이라는 것만 알 수 있을 뿐, 명수가 선발된다는 ①은 제시된 진술만으로는 확정할 수 없으므로 반드시 참이 아니다.

② (3), (2)의 대우를 통해 '~창현'이 반드시 참이라는 것을 알 수 있다. 따라서 창현이 선발된다는 ②는 반드시 참이 아니다.

③ (3)을 통해 진영이가 선발되지 않음은 알 수 있지만, 제시된 진술을 통해 준성이 선발되지 않음은 알 수 없다. 따라서 진영과 준성 누구도 선발되지 않는다는 ③은 반드시 참이 아니다.

07 독해 | 화법 (말하기 전략 파악) 난이도 하 ●○○

정답 설명

① 사회자의 두 번째 발화를 통해 발표자들의 의견을 정리하고 있는 것은
확인할 수 있으나, 발표자들의 의견을 종합하여 절충안을 마련하고 있
지는 않다. 따라서 토의에 대한 설명으로 적절하지 않은 것은 ①이다.
[관련 부분] 김 교수님께서는 사람들의 가치관 변화를, 박 박사님께서
는 미흡한 사회적 환경을 저출산의 원인으로 보고 계시는군요.

오답 분석

② 김 교수와 박 박사의 첫 번째 발화에서 저출산의 원인을 제시하고, 두
번째 발화에서 해결 방안에 대해 의견을 나누고 있다.
[관련 부분]
· 저출산의 원인으로 사람들의 가치관 변화를 들 수 있습니다. / 저는
저출산의 가장 큰 원인을 가정과 직장이 양립할 수 없는 사회적 환경
때문이라고 생각합니다.
· 저는 출산과 보육을 지원하는 인프라가 확충되어 경력 단절에 대한
우려를 덜어 주어야 한다고 생각합니다. / 공익광고 등을 활용한 출
산 장려 캠페인도 출산에 대한 인식 변화에 좋은 영향을 줄 것입니다.

③ 청중 A는 경제적 지원을 통한 출산 장려 정책이 시행되고 있으나 저출
산 문제가 실질적으로 해결되지 않고 있는 문제 상황을 제시하며 정책
에 대한 개선이 필요할지 김 교수와 박 박사의 의견을 묻고 있다.
[관련 부분] 현재 출산 지원금과 같이 경제적 지원을 통한 출산 장려 정
책이 시행되고 있음에도 저출산 문제가 개선되는 것으로 보이지 않는데
요. 혹시 경제적 지원 정책에는 보완되어야 할 점이 없을까요?

④ 저출산이라는 사회 현안과 관련된 내용에 대해 김 교수와 박 박사가 서
로 의견을 주고받는 형식으로 진행되고 있다.
[관련 부분] 네, 저 또한 김 교수님 의견에 동의합니다. 그러나 저는 ~
생각합니다. / 저도 박 박사님 의견에 동의합니다. 출산 지원 인프라가
구축된다면 ~ 생각합니다.

08 독해 | 빈칸 추론 난이도 중 ●●○

정답 설명

④ (가)와 (나)에 들어갈 말로 가장 적절한 것은 ④이다.
· (가): (가) 앞에서는 인간은 합리성을 지닌 존재이면서도 사회적 동
물이므로 합리성을 표현할 줄 알아야 한다고 설명하고 있고, (가)를
포함한 문장과 (가) 뒤에서는 공동체의 합리적인 시민이 되기 위해
서는 사람들이 동의하거나 최소한의 존중을 받을 정도로 타당한 논
리를 제시할 줄 알아야 한다고 말한다. 앞뒤 문맥을 고려하였을 때,
이는 나와 다른 관점을 가진 많은 사람들과 어울려 살기 위해서는
자신의 합리성을 표현해야 하며, 이때 자신의 견해를 다른 사람들이
수용할 수 있을 만큼 타당한 논리를 제시할 줄 알아야 한다는 것을
의미한다. 따라서 (가)에 들어갈 말은 '다른 사람들이 자신의 견해를
수용할 수 있을'이다.

· (나): (나) 앞 문장에서 어떤 사람이 '논리적으로 생각하는 사람'이
라는 사람들의 믿음은 복잡한 문제를 놓고 논증할 때 큰 힘을 발휘
한다고 하였다. 이는 논증 자체보다 '타당한 논증을 만들어내는 사
람'을 믿고 우선한다는 의미이므로 (나)에 들어갈 말로 적절한 것은
'타당한 논증을 만들어내는 사람에 대한 믿음'이다.

09 독해 | 세부 내용 파악 난이도 하 ●○○

정답 설명

② 2문단을 통해 콜링우드는 대중에게 감정을 전달하는 예술은 비합리적
선동을 강화하는 등의 부작용을 초래할 수 있다고 보았음을 알 수 있으
나, 예술 자체를 부정적으로 생각하는 것은 아니다. 따라서 글의 내용
에 부합하지 않는 것은 ②이다.

오답 분석

① 1문단 1~2번째 줄을 통해 톨스토이가 감정도 타인에게 전달될 필요가
있다고 생각했음을 확인할 수 있다.

③ 1문단 끝에서 1~3번째 줄을 통해 톨스토이가 좋은 감정이 잘 표현된
한 편의 예술이 세상의 발전에 기여할 수 있다고 생각했음을 확인할 수
있다.

④ 1문단에서 예술을 통해 좋은 감정을 전달하면 사회에 긍정적인 영향을
끼칠 수 있다고 생각한 톨스토이의 견해를 설명하고 있으며, 2문단에
서 예술을 통해 연대감이나 형제애와 같은 감정을 전달하면 오히려 부
정적인 결과를 초래할 수 있다고 생각한 콜링우드의 견해를 설명하고
있다.

10 어휘 | 동음이의어와 다의어 난이도 하 ●○○

정답 설명

③ 많은 이익을 낳는: ⑤ '낳는다'의 '낳다'는 '어떤 결과를 이루거나 가져
오다'를 뜻하며 이와 같은 의미로 사용된 것은 ③의 '낳다'이다.

오답 분석

① 무명을 낳았다: 이때 '낳다'는 '실로 피륙을 짜다'를 뜻한다.

② 다섯 명이나 낳아: 이때 '낳다'는 '배 속의 아이, 새끼, 알을 몸 밖으로
내놓다'를 뜻한다.

④ 우리나라가 낳은: 이때 '낳다'는 '어떤 환경이나 상황의 영향으로 어떤
인물이 나타나도록 하다'를 뜻한다.

■ 정답

p.48

01	② 독해	**06**	④ 독해
02	④ 독해	**07**	② 독해+문법
03	② 독해	**08**	① 어휘
04	① 논리	**09**	④ 독해
05	① 독해+문학	**10**	④ 독해

■ 취약영역 분석표

영역	틀린 답의 개수
독해	/ 6
독해 + 문법	/ 1
독해 + 문학	/ 1
논리	/ 1
어휘	/ 1
TOTAL	10

* 취약영역 분석표를 이용해 1개라도 틀린 문제가 있는 영역은 그 영역의 문제만 골라 해설을 다시 한번 꼼꼼히 학습하세요.

01 독해 | 글의 순서 파악

난이도 하 ●○○

정답 설명

② (가) – (다) – (나)의 순서가 가장 자연스럽다.

순서	중심 내용	순서 판단의 단서와 근거
첫 문장	4차 산업혁명 시기에 컴퓨터를 움직이는 소프트웨어 교육의 중요성	–
(가)	미래 사회의 구성원으로서 필요한 네 가지 핵심 역량(창의적인 사고력, 협력적 문제 해결 능력, 컴퓨터 과학적 사고력, 의사소통 능력)	키워드 '미래 사회의 구성원으로서 필요한 핵심 역량': 첫 문장에서 말한 '컴퓨터를 움직이는 소프트웨어에 대한 교육'이 중요한 이유(네 가지 핵심 역량 발휘·발전)에 대해 설명함
(다)	컴퓨터와 소프트웨어의 이해와 활용을 통해 창의적인 사고력, 문제 해결력, 정보 처리 및 활용 능력이 향상됨	접속어 '즉': (가)의 내용에 이어 컴퓨터와 소프트웨어의 이해와 활용을 통해 향상되는 역량에 대해 구체적으로 풀어 설명함
(나)	다양한 의사소통 도구를 활용하여 협력할 수 있는 능력을 기를 수 있음	접속어 '또': (다)에 이어 컴퓨터와 소프트웨어의 이해와 활용을 통해 향상되는 역량에 대해 추가 설명함
마지막 문장	컴퓨터와 소프트웨어의 이해와 활용으로 길러진 개인 역량으로 얻을 수 있는 다양한 효과	–

02 독해 | 숨겨진 내용 추론

난이도 중 ●●○

정답 설명

④ 1문단 끝에서 3~5번째 줄을 통해 식사 공간을 별도로 두는 사례는 의자에 앉아서 식사를 하는 문화권에서만 발견되는 것을 알 수 있다. 따라서 의자에 앉아서 식사를 하지 않는 문화권에서는 식사 공간을 별도로 두지 않았을 것임을 추론할 수 있다.

오답 분석

① 1문단 1~2번째 줄을 통해 사람이 사는 집에 음식을 만들고 먹을 수 있는 주방 시설이 갖추어져 있는 것이 전 세계적인 현상임을 추론할 수 있다.

② 2문단 끝에서 3~7번째 줄을 통해 상류층의 '다이닝룸'이 각종 장식으로 꾸며졌다는 내용을 확인할 수 있으나, '홀'과 '다이닝룸'의 장식 정도의 차이를 비교하는 내용은 제시문에서 확인할 수 없으므로 '다이닝룸'이 '홀'보다 소박하게 장식되었음은 추론할 수 없다.

③ 3문단 끝에서 1~3번째 줄을 통해 15세기 부르주아 계급의 가정에서 부부끼리 식사를 할 경우에 침실뿐만 아니라 다이닝룸을 사용하기도 했음을 추론할 수 있다.

03 독해 | 화법 (말하기 전략 파악)

난이도 하 ●○○

정답 설명

② 제시문을 통해, 공감적 듣기란 상대방의 발화에 대한 감정적인 판단을 보류하는 대신 상대방의 관점에서 해당 상황을 이해하도록 노력하려는 것임을 알 수 있다. ②의 대화에서 '나'는 '해야 할 일이 많다'라는 '가'의 말을 반복함으로써 공감적 듣기의 '요약하기'의 방법을 사용했으며, 상대방의 말을 자기의 말로 재구성해 '조바심이 날 텐데 많이 힘들겠다'라고 말하며 해당 상황에 대한 감정을 상대방의 입장에서 이해하려고 노력하고 있으므로 '반영하기'의 방법을 사용했음을 알 수 있다. 따라서 답은 ②이다.

① ③ ④ 모두 상대방의 문제 상황에 대해 해결책을 제시하거나 조언을 하고 있다. 따라서 제시문에서 설명하는 공감적 듣기로 적절하지 않다.

04 논리 | 명제
난이도 중 ●●○

① 제시된 진술을 기호화하면 다음과 같다.

> (1) 아이스크림 → ~쿠키
> (2) ~쿠키∧케이크
> (결론) 케이크∧아이스크림

이때 결론을 도출하려면 (2)와 함께 이용할 '~쿠키 → 아이스크림'이라는 전제가 필요하다. 따라서 추가해야 할 것은 ① '쿠키를 좋아하지 않는 모든 사람은 아이스크림을 좋아한다'이다. 참고로 (1)과 관련하여, '어떤 A도 B가 아니다'는 '모든 A는 B가 아니다'와 동일한 의미를 지닌다.

② 이와 같은 전제를 추가한다고 해도 아래 벤다이어그램처럼 케이크를 좋아하는 모든 사람이 아이스크림을 좋아하지 않는 경우가 있으므로 ②는 답이 아니다.

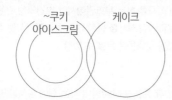

③ (1)에서 이미 아이스크림을 좋아하는 '어떤 사람도(=모든 사람은)' 쿠키를 좋아하지 않는다고 제시하였으므로 '아이스크림을 좋아하는 어떤 사람은 쿠키를 좋아하지 않는다'를 추가해도 결론이 도출되지 않는다. 따라서 ③은 답이 아니다.

④ 이와 같은 전제를 추가한다고 해도 아래 벤다이어그램처럼 케이크를 좋아하는 모든 사람이 아이스크림을 좋아하지 않는 경우가 있으므로 ④는 답이 아니다.

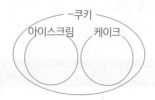

정언문장의 분류

구분	전칭 (모든 A는)	특칭 (어떤 A는)
긍정 (B이다)	전칭긍정 (모든 A는 B이다.)	특칭긍정 (어떤 A는 B이다.)
부정 (B가 아니다)	전칭부정 (모든 A는 B가 아니다. = 어떤 A도 B가 아니다.)	특칭부정 (어떤 A는 B가 아니다.)

05 독해 + 문학 | 빈칸 추론, 시의 이미지
난이도 하 ●○○

① ㉠은 정신적 이미지, ㉡은 비유적 이미지, ㉢은 상징적 이미지이므로 답은 ①이다.

- ㉠: 1문단 5~6번째 줄에 따르면 시각, 미각, 촉각, 후각, 청각, 근육 감각 등의 사람의 감각과 연관된 이미지들이 정신적 이미지이다. 청색이라는 색채 이미지는 시각 이미지과 연관되어 있으므로 ㉠에 들어갈 말로 적절한 것은 정신적 이미지이다.

- ㉡: 1문단 6~9번째 줄에 따르면 비유적 이미지는 그 이미지가 비유적으로 사용되며 직유, 은유, 제유, 환유, 의인법 등의 비유 형식을 띠고 나타난다. '검은 귀밑머리'를 '전설 바다에 춤추는 밤물결'로 빗대어 표현하고 있는 것은 이미지가 비유적으로 사용되고 있는 것이며, 직유의 형식을 띠고 있으므로 ㉡에 들어갈 말로 적절한 것은 비유적 이미지이다.

- ㉢: 1문단 끝에서 1~4번째 줄에 따르면, 상징적 이미지는 시의 전체 구조 속에서 하나의 동일한 이미지가 반복되어 특정한 이미지가 상징성을 띠게 되는 것이다. '진달래꽃'의 이미지가 시의 전체에 반복되면서 화자의 사랑을 뜻하는 꽃이 된다고 하였으므로 ㉢에 들어갈 말로 적절한 것은 상징적 이미지이다.

06 독해 | 작문 (개요 작성)
난이도 하 ●○○

④ 세 번째 지침에 따라 결론에서는 앞 내용을 포괄할 수 있도록 기대 효과와 향후 과제를 작성해야 한다. 'IV-2'에 향후 과제에 대한 내용이 이미 제시되었으므로, ㉣에는 기대 효과에 대한 내용이 들어가야 한다. '반려동물 산업의 합법화를 통한 경제적 이익 창출'은 앞 내용을 포괄하는 내용이 아니므로 '반려동물 구매 인식 개선을 통한 반려동물 구매율 감소' 등과 같은 기대 효과가 제시되어야 한다.

<table>
<tr><td>오답 분석</td></tr>
</table>

① 첫 번째 지침에 따라 서론에서는 중심 소재와 관련된 현재의 상황과 행위의 원인을 작성해야 한다. 'Ⅰ-1'에 반려동물 구매 현황이 이미 제시되었으므로, ㉠에는 반려동물 구매 이유에 대한 내용이 들어가는 것이 적절하다.

② 두 번째 지침에 따라 본론에서는 제목에서 밝힌 것처럼 문제점과 해결 방안에 대한 내용으로 구성하되, 각 장의 하위 항목끼리 대응되도록 작성해야 한다. ㉡에는 반려동물 구매의 문제점이면서, 'Ⅲ-1'과 관련된 내용이 들어가야 한다. 'Ⅲ-1'에는 반려동물 구매와 관련된 인식의 개선을 해결 방안으로 제시하였기 때문에 ㉡에는 문제가 되는 사람들의 인식에 대한 내용이 들어가는 것이 적절하다.

③ 두 번째 지침에 따라 본론에서는 제목에서 밝힌 것처럼 문제점과 해결 방안에 대한 내용으로 구성하되, 각 장의 하위 항목끼리 대응되도록 작성해야 한다. ㉢에는 반려동물 구매 문제의 해결 방안이면서, 'Ⅱ-2'와 관련된 내용이 들어가야 한다. 'Ⅱ-2'에는 반려동물을 생산·유통하는 과정에서 동물 학대가 발생한다는 문제점을 제기하였으므로 ㉢에는 생산·유통 과정에서의 규제가 강화되어야 한다는 내용의 해결 방안이 들어가는 것이 적절하다.

07 독해 + 문법 | 사례 추론, 어미와 접사   난이도 중 ●●○

<table><tr><td>정답 설명</td></tr></table>

② 2문단 끝에서 1~7번째 줄에 따르면, 서술성이 없고 관형어의 수식을 받으면 명사 파생 접미사 '-(으)ㅁ'이 결합한 명사이고, 서술성이 있고 부사어의 수식을 받으면 명사형 전성 어미 '-(으)ㅁ'이 결합한 용언의 활용형이다. ②의 '그림'은 '그리-+-ㅁ'으로 분석되며, 관형어 '유화'의 수식을 받으면서 서술성이 없으므로 명사 파생 접미사 '-ㅁ'이 결합하였다.

<table><tr><td>오답 분석</td></tr></table>

①③④의 밑줄 친 부분은 모두 명사형 전성 어미가 결합하였다.

① 반짝임: '반짝이-+-ㅁ'으로 분석된다. '무수히 반짝임'과 같이 부사의 수식을 받을 수 있으면서, '별은 낮에도 반짝이다'와 같이 서술성을 가지고 있다. 따라서 '-ㅁ'은 명사형 전성 어미이다.

③ 불어옴: '불어오-+-ㅁ'으로 분석된다. '세게 불어옴'과 같이 부사어의 수식을 받을 수 있으면서, '찬바람이 불어오다'와 같이 서술성을 가지고 있다. 따라서 '-ㅁ'은 명사형 전성 어미이다.

④ 시끄러움: '시끄럽-+-음'으로 분석된다. '너무 시끄러움'과 같이 부사의 수식을 받을 수 있으면서, '아이들이 시끄럽다'와 같이 서술성을 가지고 있다. 따라서 '음'은 명사형 전성 어미이다.

08 어휘 | 다의어의 의미   난이도 중 ●●○

<table><tr><td>정답 설명</td></tr></table>

① 전신주에 광고 쪽지가 붙어 있었다: ⓐ의 '붙다'는 '맞닿아 떨어지지 아니하다'를 뜻하며 이와 같은 의미로 사용된 것은 ①이다.

<table><tr><td>오답 분석</td></tr></table>

② 생명이 붙어 있는 날까지: 이때 '붙다'는 '목숨이나 생명 따위가 끊어지지 않고 있다'를 뜻한다.

③ 제자리에 붙어 있지: 이때 '붙다'는 '어떤 장소에 오래 머무르다'를 뜻한다.

④ 싸움이 한판 붙을: 이때 '붙다'는 '겨루는 일 따위가 서로 어울려 시작되다'를 뜻한다.

09 독해 | 세부 내용 파악   난이도 하 ●○○

<table><tr><td>정답 설명</td></tr></table>

④ 3~7번째 줄에서 영어에서 '붉다'라는 색채어는 붉은 물감 색만을 가리키지만 미크맥어에서는 이보다 다양한 의미로 쓰임을 알 수 있으므로 적절한 것은 ④이다.

<table><tr><td>오답 분석</td></tr></table>

① 1~2번째 줄에서 미크맥어의 색채어는 모두 동사임을 알 수 있다.

② 7~9번째 줄에서 미크맥어에서 사물 간의 연관성은 명사가 아닌 동사를 통해 드러남을 알 수 있다.

③ 끝에서 4~7번째 줄에서 미크맥어와 한국어처럼 동사와 형용사가 발달한 언어는 객관적인 대상보다 그 대상과 맺는 관계를 중요시함을 알 수 있다.

10 독해 | 숨겨진 내용 추론   난이도 중 ●●○

<table><tr><td>정답 설명</td></tr></table>

④ 1문단 끝에서 4~5번째 줄을 통해 같은 범주에 속하는 입력값은 동일한 입력 단자를 통해 들어가도록 해야 함을 알 수 있으나, 서로 다른 범주에 속하는 입력값이 동일한 입력 단자를 통해 들어가는 경우에도 출력값이 정상적으로 출력되는지는 제시문을 통해 알 수 없으므로 적절하지 않은 추론이다.

[관련 부분] 같은 범주에 속하는 입력값은 동일한 입력 단자를 통해 들어가도록 해야 한다.

<table><tr><td>오답 분석</td></tr></table>

① 2문단 3~5번째 줄을 통해 학습 단계는 출력값과 정답값의 차이가 줄어들도록 가중치를 갱신하는 과정임을 알 수 있다. 또한 3문단 3~5번째 줄에서 정답값에서 출력값을 뺀 값, 즉 오차값이 0에 근접하게 되면 학습 단계를 마치고 판정 단계로 넘어간다고 하였으므로 학습 단계에서 정답값과 출력값의 차이가 0에 수렴하게 되면 다음 단계의 작업을 진행할 수 있음을 추론할 수 있다.

[관련 부분]
· (학습 단계는) 출력값과 정답에 해당하는 값의 차이가 줄어들도록 가중치를 갱신하는 과정이다.
· 오차값이 0에 근접하게 되거나 가중치의 갱신이 더 이상 이루어지지 않게 되면 학습 단계를 마치고 판정 단계로 전환한다.

② 3문단 끝에서 1~3번째 줄에서 판정 단계에서 오류를 줄이려면 변별적 특징이 잘 반영된 데이터를 사용해야 한다고 하였으므로, 정답과 식별되는 특징(변별적 특징)을 지닌 학습 데이터를 다양하게 입력해 주면 오차값이 줄어들어 판정 오류가 발생할 확률이 낮아짐을 추론할 수 있다.

[관련 부분] 판정의 오류를 줄이기 위해서는 학습 단계에서 대상들의 변별적 특징이 잘 반영되어 있는 서로 다른 학습 데이터를 사용하는 것이 좋다.

③ 1문단 4~7번째 줄을 통해 인공 신경망에 제공하는 학습 데이터를 만들려면 대상의 특징을 범주로 나누고, 각 범주에 해당하는 값이 모두 수치화되어야 함을 추론할 수 있다.

[관련 부분] 학습 데이터를 만들기 위해서는 사과 사진을 준비하고 사진에 나타난 특징인 색깔과 형태를 수치화해야 한다. 이 경우 색깔과 형태라는 두 범주를 수치화하여 하나의 학습 데이터로 묶은 다음, '정답'에 해당하는 값과 함께 학습 데이터를 인공 신경망에 제공한다.

■ 정답
p.54

01	③ 독해	06	② 어휘
02	② 독해	07	③ 논리
03	④ 독해	08	③ 독해
04	② 독해 + 문학	09	④ 독해
05	② 독해	10	② 독해

■ 취약영역 분석표

영역	틀린 답의 개수
독해	/ 7
독해 + 문법	/ -
독해 + 문학	/ 1
논리	/ 1
어휘	/ 1
TOTAL	10

* 취약영역 분석표를 이용해 1개라도 틀린 문제가 있는 영역은 그 영역의 문제만 골라 해설을 다시 한번 꼼꼼히 학습하세요.

01 독해 | 세부 내용 파악
난이도 중 ●●○

정답 설명

③ 3문단 끝에서 1~3번째 줄을 통해 오늘날에는 문신이 범죄 집단의 내부 결속력을 강화하기 위한 수단이 되기도 함을 알 수 있으나, 문신 그 자체가 범죄 수단으로 왜곡된 것은 아니므로 답은 ③이다.

오답 분석

① 2문단 5~7번째 줄을 통해 문신에는 문신을 하지 않거나 다른 형태의 문신을 한 종족과 동일 문신의 종족을 구별해 주는 종족 표지 기능이 있음을 알 수 있다.

② 3문단 1~2번째 줄을 통해 원시 사회의 문신이 지니고 있던 기능들은 축소되거나 변형된 채 오늘날에도 여전히 지속되고 있음을 알 수 있다.

④ 2문단 3~5번째 줄을 통해 문신은 어로·수렵 등 생산 활동 중에 있을 수 있는 동물들의 공격으로부터 신체를 보호하는 주술적 기능을 수행했음을 알 수 있다.

02 독해 | 작문 (조건에 맞는 글쓰기)
난이도 중 ●●○

정답 설명

② '나눔은 내가 베푼 마음이 타인에게 퍼져 모두를 행복하게 만드는 것'이라며 나눔의 의의를 밝히고, '우리 동아리에서 나눔을 함께 실천해 보지 않으시겠어요?'라는 의문의 형식을 활용해 동아리 가입을 권유하고 있으므로 ②는 제시된 조건을 모두 만족한다.

오답 분석

① '어떤 것들이 있을까요?'를 통해 의문문 형식을 활용하고 있고, '우리 동아리에서 함께 나눔을 실천하며 보람을 느껴보세요'를 통해 동아리 가입을 권하고 있다. 그러나 나눔의 의의를 밝힌 부분은 찾을 수 없다.

③ '나눔은 ~ 나의 희생이 함께하면서 시작되는 것'을 통해 나눔의 의의를 밝히고, '나눔을 실천할 수 있는 방법을 찾아볼까요?'를 통해 의문문 형식을 활용하고 있다. 그러나 동아리 가입을 권하는 부분은 찾을 수 없다.

④ '나눔은 베푸는 마음에서 시작되는 것'을 통해 나눔의 의의를 밝히고, '○○동아리에 가입한다면'을 통해 동아리 가입을 권유하고 있다. 그러나 의문문 형식을 활용한 부분은 찾을 수 없다.

03 독해 | 화법 (말하기 전략 파악)
난이도 하 ●○○

정답 설명

④ 제시문에서 '나-전달법'의 메시지는 '사건, 감정, 기대'로 구성할 수 있다고 하였으므로 '네가 나한테 말도 안 하고 내 옷을 빌려 입어서(사건) 화가 났어(감정). 앞으로는 입고 싶은 옷이 있으면 나한테 먼저 얘기해 줄래?(기대)'와 같이 세 요소를 모두 포함한 ④가 가장 적절하다.

오답 분석

② '사건'과 '감정'은 드러나 있으나 '기대'하는 바가 제시되어 있지 않으므로 적절하지 않다.

04 독해 + 문학 | 빈칸 추론, 문학의 이해
난이도 중 ●●○

정답 설명

② ㉠ ~ ㉢에 들어갈 말을 적절하게 나열한 것은 ②이다.

- ㉠ 미적 기능: 1문단에 의하면 문학의 미적 기능은 문학 작품을 통해 정서적·미적으로 삶을 고양하는 것임을 알 수 있다. 2문단에서는 작품 전반부에 제시된 장면 묘사를 통해 독자가 아름다움과 섬세한 감성을 느낄 수 있음을 설명하고 있다. 아름다움과 섬세한 감성은 정서적·미적인 것과 관련이 있는 내용이다. 따라서 ㉠에 들어갈 말은 '미적 기능'이다.

- ⓒ 윤리적 기능: 1문단에 의하면 문학의 윤리적 기능은 문학을 통해 삶의 의미나 교훈을 깨닫는 것임을 알 수 있다. 3문단에서는 악인인 '허 판서'가 파면되는 장면을 통해 독자가 권선징악이라는 교훈을 얻을 수 있다고 설명한다. 따라서 ⓒ에 들어갈 말은 '윤리적 기능'이다.
- ⓔ 인식적 기능: 1문단에 의하면 문학의 인식적 기능은 문학이 인간과 세계에 대한 이해를 돕는 것이다. 4문단 내용에 따르면 「채봉감별곡」에는 '필성'이 사랑을 이루기 위해 자신의 신분 하락까지 감수한다는 내용과 매관매직이 성행하는 당시 조선의 세태가 제시되어 있다. 이로써 독자는 인간이 소중한 것을 지키기 위해 희생을 감내하는 숭고한 존재임을 알게 되고, 세계에는 어두운 면도 있음을 이해할 수 있게 된다고 설명하고 있다. 이는 독자가 문학을 통해 인간과 세계를 더 잘 이해하게 되는 것이므로 ⓔ에 들어갈 말은 '인식적 기능'이다.

---

05 독해 | 관점과 태도 파악 난이도 중 ●●○

정답 설명

② 1문단 끝에서 3~8번째 줄을 통해 필자는 어떤 문제에 대해 자유롭게 사고할 수 있을 때 공정한 논평이 가능하다고 주장함을 알 수 있다. 따라서 사회 문제를 대하는 자신만의 사고방식이 확고해야 한다는 ②의 설명은 필자의 견해로 볼 수 없다.

오답 분석

① 1문단 1~2번째 줄에서 언론에 있어서 진실은 사물의 부분이 아닌 전체를 보아야 한다고 하였으므로 ①은 필자의 견해에 부합한다.
③ 2문단 끝에서 1~3번째 줄에서 사물을 볼 때 소수의 이익이 아닌 다수의 이익을 고려해야 한다고 하였으므로 ③은 필자의 견해에 부합한다.
④ 3문단 끝에서 1~3번째 줄에서 신문은 권력과 이익집단으로부터 자유로워야 한다고 하였으므로 ④는 필자의 견해에 부합한다.

---

06 어휘 | 고유어와 한자어의 대응 난이도 중 ●●○

정답 설명

② ⓛ '밝혀지기'의 기본형 '밝혀지다'는 '진리, 가치, 옳고 그름 등이 판단되어 드러나 알려지다'를 뜻한다. 그러나 '규정되기'의 기본형 '규정되다'는 대상의 성격이나 의미가 밝혀져 정해진다는 의미의 단어이므로 ⓛ과 바꿔 쓰기에 적절하지 않다.
- 규정(規定)되다: 1. 규칙으로 정해지다. 2. 양이나 범위 등이 제한되어 정해지다. 3. 내용이나 성격, 의미 따위가 밝혀져 정해지다.

오답 분석

① · 부풀리다: 어떤 일을 실제보다 과장되게 하다.
   · 과장(誇張)하다: 사실보다 지나치게 불려서 나타내다.
③ · 깊다: 수준이 높거나 정도가 심하다.
   · 밀접(密接)하다: 아주 가깝게 맞닿아 있다. 또는 그런 관계에 있다.
④ 관망(觀望)하다: 한발 물러나서 어떤 일이 되어 가는 형편을 바라보다.

---

07 논리 | 명제 난이도 중 ●●○

정답 설명

③ 제시된 전제를 기호화하면 다음과 같다.

> (가) 데스크톱 구매 → ~노트북 구매
> (나) 태블릿 PC 구매 → 노트북 구매
>   = ~노트북 구매 → ~태블릿 PC 구매 (대우)

이때 (가)와 '(나)의 대우'를 차례로 결합하면 '데스크톱 구매 → ~노트북 구매 → ~태블릿 PC 구매'와 같이 정리할 수 있다. 따라서 반드시 참인 것은 ③ '데스크톱을 구매한 사람 중 태블릿 PC를 구매한 사람은 없다(데스크톱 구매 → ~태블릿 PC 구매)'이다.

오답 분석

① (가)의 대우는 '노트북 구매 → ~데스크톱 구매'와 같이 기호화할 수 있다. 이를 (나)와 연결하여 정리해 보면 '태블릿 PC 구매 → 노트북 구매 → ~데스크톱 구매'이므로 태블릿 PC를 구매한 사람은 데스크톱을 구매하지 않는다. 따라서 ①은 결론으로 적절하지 않다.
② (가)와 '(나)의 대우'를 통해 데스크톱을 구매한 사람은 모두 태블릿 PC를 구매하지 않음을 알 수 있으므로, 데스크톱을 구매한 사람 중 어떤 사람이 태블릿 PC를 구매한다는 결론은 적절하지 않다.
④ 위 벤다이어그램에 따르면 태블릿 PC를 구매하지 않은 사람 중에 데스크톱을 구매한 사람이 있으므로 ④는 결론으로 적절하지 않다.

---

08 독해 | 빈칸 추론 난이도 중 ●●○

정답 설명

③ 1~2문단에는 매출이 총비용보다 많거나 적은 경우에 대해 제시하고 있다. 이윤은 매출에서 총비용(고정비 + 변동비)을 뺀 금액이므로, 이윤이 발생하는 경우 기업은 생산을 지속하는 것이 당연하나 매출이 총비용보다 적으면 손실이 발생한다. 이때 기업의 생산 지속 여부는 매출과 변동비의 관계에 따라 결정된다. 3문단에는 매출이 총비용보다 적지만 변동비보다는 많은 상황이 제시되어 있다. 매출이 변동비보다 많은 상황에서 기업이 생산 활동을 중단하면 변동비에 대한 손실은 없어지지만 고정비에서 지속적인 손실이 발생한다. 따라서 매출이 변동비보다 많으면 기업은 변동비를 충당하면서도 고정비 일부를 메울 수 있도록 생산을 지속해야 하므로 빈칸에 들어갈 내용으로 가장 적절한 것은 ③이다.

① 고정비는 생산량의 변동 여부에 관계없이 일정하게 지출되는 비용이므로 생산을 중단한다고 해도 고정비에 대한 지출은 지속될 것이다. 따라서 고정비에 대한 지출을 줄이기 위해 생산을 중단해야 한다는 것은 빈칸에 들어갈 내용으로 적절하지 않다.

② 3문단에는 매출이 변동비보다 높은 상황이 제시되어 있으므로 생산을 지속하는 한 변동비로 인한 손실은 발생하지 않는다. 또한 생산량과 관련된 내용은 제시문에서 확인할 수 없어 생산량과 손실의 관계를 추론할 수 없으므로 빈칸에 들어갈 내용으로 적절하지 않다.

④ 직원 급여는 고정비에 속하는 것으로 생산량의 변동과 관계없이 일정하게 지출되는 비용이다. 따라서 직원의 급여를 삭감한다고 해도 변동비는 변화하지 않는다. 즉 직원 급여와 변동비는 연관성이 없으므로 빈칸에 들어갈 내용으로 적절하지 않다.

- ㉠, ㉣: ㉠의 앞 내용을 통해 '셀레스'가 '그라프'의 숙적이었음을 알 수 있고, ㉠의 뒤에는 ㉠'그'가 사고를 당하자 '그라프'가 우승 상금과 부수적 이익을 얻게 된 상황이 제시되어 있다. 따라서 ㉠'그'는 사고를 당한 '셀레스'를 가리킨다. 또한 ㉣이 포함된 문장에서 ㉣'어떤 이'의 보상에 영향을 준 것은 '셀레스'의 행동(사고로 인한 경기 불참)이므로 ㉣'다른 이'는 '셀레스'를 가리키는 말이다.

- ㉡, ㉢: ㉡의 앞 내용을 통해 '셀레스'의 사고와 경기 불참으로 인해 '그라프'의 승률이 두 배 이상 상승했음을 알 수 있고, 그것에 대한 결과로 ㉡'그'의 상금과 부수적 이익이 크게 증가했음을 알 수 있다. 따라서 ㉡'그'는 '그라프'를 가리키는 말이다. 또한 ㉢이 포함된 문장에는 ㉢'어떤 이'의 보상이 ㉣'다른 이'의 행동으로 인해 영향을 받는다는 내용이 제시되어 있는데, 이는 '셀레스'의 사고와 경기 불참으로 인해 '그라프'의 보상이 크게 증가한 것을 의미하므로 ㉢'어떤 이'는 '그라프'를 가리키는 말이다.

09 독해 | 사례 추론 　　　　난이도 중 ●●○

④ 2문단 끝에서 1~3번째 줄을 통해 다른 경쟁자의 성과에 따른 위치적 보상 정도가 클수록, 즉 자신의 상대적 위치가 올라갈수록 투자의 유인이 커짐을 알 수 있다. 따라서 성적이나 등수 변화가 없는 상태에서 모든 학생에게 동일한 보상이 주어진다면 상대적 위치의 변화가 없기 때문에 투자 유인이 늘어나지 않을 가능성이 높으므로 글의 내용을 잘못 이해한 것은 ④이다.

① 2문단 2~5번째 줄에서 한 경쟁자가 성과를 향상시키기 위해 지출을 늘리면 다른 경쟁자들 또한 지출을 늘리게 된다고 하였으므로, 경쟁자인 전교 1등이 학원에 다니기 시작하면 다른 학생들도 학원을 등록할 가능성이 높음을 알 수 있다.

② 2문단 끝에서 3~6번째 줄에서 모든 경쟁자가 지출을 늘리면 경쟁자 간의 실질적인 위치는 변하지 않을 가능성이 높다고 하였으므로, 모든 학생들이 학원에 다니며 공부를 한다면 실질적인 성적 변화는 없을 것임을 알 수 있다.

③ 3문단 2~6번째 줄에서 경쟁자의 위치에 따른 이익이 한정되어 있고 투자의 결과가 위치 변화에 큰 영향을 끼치지 않는다면 소모적인 '위치적 군비 경쟁'이 된다고 하였으므로, 학생들이 시간과 돈을 들여 학원을 다님에도 불구하고 등수 변화가 크지 않다면 학생들 간의 경쟁을 '위치적 군비 경쟁'이라고 볼 수 있다.

10 독해 | 세부 내용 파악 　　　　난이도 하 ●○○

② ㉠, ㉣은 '셀레스'를 가리키고 ㉡, ㉢은 '그라프'를 가리킨다. 따라서 지시 대상이 같은 것끼리 묶인 것은 ②이다.

■ 정답

		p.60		
01	③ 독해	**06**	② 독해
02	③ 독해	**07**	③ 독해
03	② 독해	**08**	③ 독해
04	④ 독해 + 문법	**09**	③ 독해 + 문학
05	④ 독해	**10**	④ 논리

■ 취약영역 분석표

영역	틀린 답의 개수
독해	/ 7
독해 + 문법	/ 1
독해 + 문학	/ 1
논리	/ 1
어휘	/ -
TOTAL	10

* 취약영역 분석표를 이용해 1개라도 틀린 문제가 있는 영역은 그 영역의 문제만 골라 해설을 다시 한번 꼼꼼히 학습하세요.

---

01 독해 | 화법 (말하기 전략 파악)
난이도 하 ●○○

정답 설명

③ 사회자는 '차 스스로 운전을 한다면 ~ 위험하지는 않을까요?', '자율주행차가 장점만을 갖고 있지는 않을 것 같습니다'라고 말함으로써 교수가 특정한 내용(자율주행차의 장단점)에 대하여 설명할 것을 유도하고 있다.

오답 분석

① 교수는 사회자의 질문(차 스스로 운전을 한다면 ~ 위험하지는 않을까요?)에 대하여 대답을 하고 있을 뿐, 사회자의 답변에서 모순점을 지적하고 있지는 않다.

② 교수는 소개 대상이 지닌 단점에 대하여 단순히 언급하고 있을 뿐 부정적인 반응을 보이고 있지는 않다.

④ 제시된 대담에서는 찬반의 입장이 드러나지 않는다. 사회자는 '자율주행차'의 장단점을 들은 후, 단점으로 인해 발생할 수 있는 문제 상황에 대한 대비책이 필요함을 언급하며 대담을 마무리하고 있다.

02 독해 | 글의 전략 파악
난이도 하 ●○○

정답 설명

③ 4문단에서 인터넷에서 만나는 온라인 친구보다 일상생활에서 만나는 오프라인 친구와 더 깊은 관계를 형성할 수 있음을 주장하고 있으나, 용어의 정의를 제시하는 부분은 제시문에서 확인할 수 없다. 따라서 글쓰기 전략으로 볼 수 없는 것은 ③이다.

오답 분석

① 1문단 끝에서 1~2번째 줄과 3문단 끝에서 1번째 줄에서 의문문 형식을 활용하여 독자의 주의를 환기하고 있음을 알 수 있다.

② 4문단 1~2번째 줄에서 심리학자 에리히 프롬의 의견을 인용하여 진정한 우정은 노력을 통해 만들어진다는 글의 주제를 강조하고 있다.

④ 1문단에서 대화를 하는 도중 친구가 무례하게 행동하는 상황을 화두로 제시함으로써 독자의 흥미를 유발하고 있다.

03 독해 | 숨겨진 내용 추론
난이도 중 ●●○

정답 설명

② 2문단 끝에서 1~3번째 줄에서 공격욕이 강한 사람은 자신의 행동이 일으킬 파장을 고려하지 않음을 알 수 있으므로 잘못된 추론이다.

오답 분석

① 4문단 끝에서 1~3번째 줄을 통해 공격욕이 강한 사람은 자신의 악의를 숨기기 위해 상대방을 위한 행동이었다고 합리화한다는 사실을 알 수 있다.

③ 1문단을 통해 공격욕이 강한 사람은 타인이 잘되는 것을 인정하지 못하고 적의를 드러내어 파괴하려고 함을 알 수 있다.

④ 4문단 1~3번째 줄을 통해 공격욕이 강한 사람은 자신의 이해관계와는 무관하게 타인을 괴롭히기 위한 행동을 하는 경향이 있음을 알 수 있다.

04 독해 + 문법 | 빈칸 추론, 의문문   난이도 상 ●●●

정답 설명

④ ㉠~㉢에 들어갈 말로 적절한 것은 ④이다.

- ㉠ 므스것고: 1문단을 통해 설명 의문문에는 의문사가 나타남을 알 수 있다. 또한 2문단을 통해 중세국어에서는 설명 의문문의 의문보조사가 '고/오'의 형태로 나타나고 의문보조사 '오'는 모음 또는 받침 'ㄹ' 뒤에서 나타나는 것임을 알 수 있다. 이때 ㉠이 포함된 문장은 '므스것(무엇)'이라는 의문사가 존재하므로 설명 의문문임을 알 수 있고, 앞말이 받침 'ㅅ'으로 끝나므로 의문보조사 '고'를 사용해야 한다. 따라서 ㉠에는 '므스것고(무엇인가)'가 들어가는 것이 적절하다.

- ㉡ 항것가: 1문단을 통해 판정 의문문에는 의문사가 나타나지 않음을 알 수 있다. 또한 2문단을 통해 중세국어에서는 판정 의문문의 의문보조사가 '가/아'의 형태로 나타나고 의문보조사 '아'는 모음 또는 받침 'ㄹ' 뒤에서 나타나는 것임을 알 수 있다. 이때 ㉡이 포함된 문장은 의문사가 존재하지 않으므로 판정 의문문임을 알 수 있고, 앞말이 받침 'ㅅ'으로 끝나므로 의문보조사 '가'를 사용해야 한다. 따라서 ㉡에는 '항것가(주인인가)'가 들어가는 것이 적절하다.

- ㉢ 船若(선야)오: '엇뎨(어찌)'라는 의문사가 존재하므로 설명 의문문임을 알 수 있고 앞말이 모음으로 끝나므로 의문보조사 '오'를 사용해야 한다. 따라서 ㉢에는 '船若(선야)오(선야인가)'가 들어가는 것이 적절하다.

이것도 알면 합격

중세 국어의 의문 보조사

구분	판정 의문문	설명 의문문
자음 뒤	가	고
모음 또는 'ㄹ' 뒤	아	오

05 독해 | 주제 및 중심 내용 파악   난이도 중 ●●○

정답 설명

④ 1~8번째 줄을 통해 의미는 처음부터 존재하여 발견되는 것이 아니라 구성되는 것이며, 사건과 사건을 계열화함으로써 의미가 형성됨을 알 수 있다. 따라서 글의 내용을 가장 잘 요약하고 있는 것은 ④이다.

오답 분석

① 3~5번째 줄을 통해 어떤 움직임이 사건이 되려면 언어가 있어야 함을 알 수 있으나, 언어가 없다면 일어나는 사건 자체가 지각되지 않는다는 점은 제시문을 통해 알 수 없다.

② 끝에서 5~7번째 줄을 통해 언어를 통해 의미를 구성하는 방향으로 사건이 발생하는 것이 아니라, 언어를 통해 사건과 사건을 계열화함으로써 의미가 형성됨을 알 수 있다.

③ 끝에서 5~7번째 줄을 통해 사건에 의미를 부여하는 것은 언어를 통해서가 아니라 사건을 또 다른 사건과 연결 지음으로써 이루어지는 것임을 알 수 있다. 또한 부여된 의미가 확정적이지 않다는 점은 제시문을 통해 알 수 없다.

06 독해 | 세부 내용 파악   난이도 중 ●●○

정답 설명

② ㉠은 '의미', ㉡은 '움직임', ㉢, ㉣은 '사건'을 가리키므로 지시 대상이 같은 것만으로 묶인 것은 ② '㉢, ㉣'이다.

- ㉢: ㉢이 포함된 문장에는 사건을 이야기하더라도 ㉢이 단독으로는 의미를 갖지 못한다는 내용이 제시되어 있고 ㉢의 뒤 문장에는 의미란 사건과 사건을 이음으로써 형성되는 것이라고 하였다. 즉 ㉢은 단독으로는 의미가 될 수 없고 ㉢들이 이어져야만 의미가 되는 것이므로 ㉢이 가리키는 대상은 '사건'임을 알 수 있다.

- ㉣: ㉣이 포함된 문장에는 매체들이 ㉣을 취사선택하고 해석하여 전달한다는 내용이 제시되어 있고, ㉣의 뒤 문장에서 취사선택한다는 것은 사건들을 마름질하는 것이라고 하였다. 즉 ㉣과 '사건'이 취사선택의 대상임을 알 수 있으므로 ㉣이 가리키는 대상은 '사건'임을 알 수 있다.

오답 분석

- ㉠: ㉠의 앞 문장에는 의미가 발견되는 것으로 생각하기 쉽다는 내용이 제시되어 있고 ㉠이 포함된 문장에서는 ㉠이 발견되는 것이 아니라 구성되는 것이라는 내용이 제시되어 있으므로 ㉠이 가리키는 대상은 '의미'임을 알 수 있다.

- ㉡: ㉡이 포함된 문장에는 움직임이 사건이 되기 위해서 ㉡이 언어를 통해 마름질되어야 한다는 내용이 제시되어 있으므로 ㉡은 문장 내에서 이미 한 번 언급된 말인 '움직임'을 가리킴을 알 수 있다.

07 독해 | 작문 (고쳐쓰기)   난이도 중 ●●○

정답 설명

③ 2문단 3~5번째 줄을 통해 인터넷 이용자들은 자신의 사생활을 침해당하지 않으면서 자신의 의견을 솔직하게 나타내고 싶어함을 알 수 있다. 이는 이용자들의 표현의 자유와 관련이 있으므로 ㉢은 '개인의 표현의 자유를 억압할 수 있다'로 수정해야 한다.

오답 분석

① 1문단에 의하면 인터넷을 통한 정보 교환이 활발해짐에 따라 인터넷의 역기능이 생겨났고 인터넷 실명제는 그러한 역기능을 억제하기 위해 고안된 것이므로 ㉠은 '최소화하자는'이 적절하다. 따라서 ㉠을 '간소화하자는'으로 수정하는 것은 적절하지 않다.

② 2문단 1~2번째 줄을 통해 인터넷 실명제가 인간의 기본적인 권리와 관련이 있음을 알 수 있고 2문단 2~6번째 줄에 의하면 인터넷 실명제가 이용자들이 의견을 솔직하게 나타내고자 하는 욕구를 제한한다고 하였다. 즉 인터넷 실명제가 인간의 표현할 권리를 제한하는 것이므로 ㉡을 '가능성을 제거한다'로 수정하는 것은 적절하지 않다.

④ 2문단에 의하면 인터넷 실명제는 이용자들이 자신의 의견을 표현하는 활동을 제한하므로 자유로운 의사소통을 위축시킨다. 하지만 공동체 의식은 제시문의 내용과 관련이 없으므로 ㉣을 '공동체 의식을 저해할 수 있다'로 수정하는 것은 적절하지 않다.

정답 설명

③ 5~6번째 줄에 따르면, 기업은 상품의 사회적 마모를 짧게 해서 소비를 계속 유발시켜야 살아남을 수 있다. 상품의 유행 기간이 짧다는 것은 사회적 마모 기간이 짧다는 것이고, 사회적 마모 기간이 짧으면 생산이 지속되어 기업이 이윤을 남길 수 있게 되므로 ③은 적절한 추론이다.

오답 분석

① 3~6번째 줄에 따르면, 기업은 이윤을 남기기 위해 소비를 계속 유발시켜야 하므로 ①은 적절하지 않은 추론이다.

② 끝에서 1~3번째 줄에 따르면, 성능의 향상 기간보다 디자인 변화 기간을 짧게 하는 것이 소비 촉진에는 더 효율적이다. 이를 통해 상품의 디자인 변화는 사회적 마모가 관련되어 있음을 추론할 수 있다. 상품의 디자인 변화 기간을 짧게 하는 것은 사회적 마모 기간을 줄이는 것이므로 ②는 적절하지 않은 추론이다.

④ 3~6번째 줄에 따르면 기업은 이윤을 남기기 위해 사회적 마모 기간을 줄일 것을 알 수 있다. 하지만 제시문에서 물리적 마모 기간과 사회적 마모 기간의 관계에 대한 내용은 제시문에서 확인할 수 없으므로 ④는 적절하지 않은 추론이다.

정답 설명

③ 2문단 끝에서 1~4번째 줄에서 시조는 구두로 창작되어 구전되다가 후대에 정착된 것이라고 하였다. 이때, 훈민정음이 창제된 이후에도 시조는 구두로 창작 및 전달되는 것이 일반적이었으며, 시조를 문헌으로 기록하는 것은 부수적인 방법이라고 하였다. 따라서 시조가 주로 구두로 창작되었고 훈민정음 창제 이후에도 문헌 기록보다는 구전의 방식으로 전해졌다는 ③의 설명은 글의 내용과 부합한다.

오답 분석

① 1문단 3~4번째 줄을 통해 사뇌가와 시조의 형태가 다섯 줄, 세 줄로 다른 것은 미적 범주의 선택과 관련이 있음을 알 수 있다. 하지만 두 갈래의 형태적 차이가 신분 차이와도 관련이 있는지는 제시문을 통해 알 수 없으므로 ①의 설명은 적절하지 않다.

② 2문단 1~5번째 줄을 통해 시조는 고려 말에 신흥 사대부가 문화 양상을 개편할 때 등장하였으며, 여러 작가들의 작품들을 통해 이미 고려 시대에 시조가 문학 갈래로 정착되었음을 알 수 있다. 따라서 시조가 훈민정음 창제 이후에야 하나의 문학 갈래로 자리 잡았다는 ②의 설명은 적절하지 않다.

④ 1문단 4~8번째 줄을 통해 사뇌가의 주인인 중세 전기 귀족들은 '현실을 넘어서는' 숭고를 추구하였고, 시조를 만들어낸 중세 후기 사대부는 '현실 안팎의' 우아를 추구하였음을 알 수 있다. 따라서 ④의 설명은 적절하지 않다.

정답 설명

④ 1~4번째 줄에 따르면 ㉠ '유비 논증'은 두 대상이 몇 가지 점에서 유사하다는 사실이 확인된 상태에서 어떤 대상이 추가적 특성을 갖고 있음이 알려졌을 때 다른 대상도 그 추가적 특성을 가지고 있다고 추론하는 논증이다. ④는 이전 판례와 이번 사건이 가해자가 심신미약자라는 점, 고의가 아니었다는 점에서 유사하기 때문에 이번 사건이 이전 사건과 마찬가지로 무죄 판결이 나올 가능성이 크다고 추론하고 있다. 이는 유비 논증이므로 답은 ④이다.

오답 분석

① 대조: 마라톤과 수영의 차이를 대조해서 설명하고 있다.

② 귀납 추론: A동물원에서 본 기린의 사례와 B동물원에서 본 기린의 사례 간의 공통점을 바탕으로 기린은 목이 길 것이라는 결론을 도출하고 있다.

③ 후건 부정: 'P이면 Q이다(과자의 공급이 늘어나면, 과자의 가격은 내려간다), Q가 아니다(과자의 가격은 내려가지 않았다), 그러므로 P가 아니다(그러므로 과자의 공급도 늘어나지 않았을 것이다)'의 방식으로 결론을 도출하고 있다.

정답

p.66

01	④ 독해	**06**	① 어휘
02	② 독해	**07**	① 독해
03	③ 독해	**08**	① 독해
04	④ 독해	**09**	③ 독해 + 문학
05	④ 독해	**10**	① 어휘

취약영역 분석표

영역	틀린 답의 개수
독해	/ 7
독해 + 문법	/ –
독해 + 문학	/ 1
논리	/ –
어휘	/ 2
TOTAL	10

* 취약영역 분석표를 이용해 1개라도 틀린 문제가 있는 영역은 그 영역의 문제만 골라 해설을 다시 한번 꼼꼼히 학습하세요.

01 독해 | 작문 (개요 수정)

난이도 하 ●○○

정답 설명

④ ㉣은 제도적 차원의 대책이므로 '의식적 차원의 대책'의 하위 항목으로 옮기는 것은 적절하지 않다.

오답 분석

③ ㉢은 주제인 '수입 식료품 안전 관리 강화'와 관련이 없는 내용이므로 삭제하는 것이 적절하다.

02 독해 | 숨겨진 내용 추론

난이도 하 ●○○

정답 설명

② 1문단 끝에서 3~4번째 줄을 통해 매킨토시의 운영체제는 타사의 운영체제를 모방한 것임을 알 수 있을 뿐이며, 초창기 컴퓨터 업계에 미친 영향은 제시문을 통해 확인할 수 없다. 따라서 ②는 적절하지 않은 추론이다.

오답 분석

① 1문단 끝에서 1~3번째 줄에서 스티브 잡스가 피카소의 말을 인용한 것으로 보아 피카소의 예술론에 동의한다고 추론할 수 있다.

③ 3문단 끝에서 1~3번째 줄을 통해 스티브 잡스가 말한 '모방'은 타인의 아이디어를 훔치는 행위와 본질적으로 다른 것임을 알 수 있다.

④ 1문단 1~3번째 줄과 3문단 끝에서 1~2번째 줄을 통해 스티브 잡스는 기존의 것을 활용하여 새로운 상품을 만드는 것도 창조라고 생각했음을 알 수 있다.

03 독해 | 화법 (말하기 전략 파악)

난이도 중 ●●○

정답 설명

③ 갑의 첫 번째 발화에서 갑은 유전자 편집 기술이 유전자와 관련된 질병으로 인한 사회경제적 비용을 감소시킬 것이라고 주장하며, 그에 대한 근거로 국민건강보험공단의 자료(질병으로 발생한 사회경제적 비용)를 제시한다. 이에 대해 을은 갑이 제시한 자료에 명시된 사회경제적 비용이 모두 유전자와 관련된 질병으로 인한 것은 아닐 것이라는 의문을 제기함으로써 갑이 제시한 근거 자료의 타당성을 지적한다. 따라서 ③의 설명은 적절하다.

오답 분석

① 병은 유전자 편집 기술이 사용될 경우 발생할 수 있는 미래의 상황을 가정함으로써 갑의 주장을 반박하고 있을 뿐, 과거의 사례를 인용하고 있지는 않다. 따라서 ①의 설명은 적절하지 않다.

② 갑은 유전자 편집 기술이 사회 전체에 도움이 될 것임을 전제하고, 병은 유전자 편집 기술이 사회의 불평등을 심화시킬 것임을 전제한다는 점에서 갑과 병은 상이한 전제를 지닌다. 하지만 갑과 병이 합의를 통해 절충안을 마련하는 내용은 대화에서 확인할 수 없다. 따라서 ②의 설명은 적절하지 않다.

④ 갑은 유전자 편집 기술이 사회적 불평등을 야기할 수 있다는 병의 주장을 일부 수용한다. 이에 대해 갑은 미래의 상황을 가정해 병의 주장을 반박할 뿐, 실현 가능한 대안을 제시해 병의 주장을 반박하고 있지는 않다. 따라서 ④의 설명은 적절하지 않다.

04 독해 | 글의 순서 파악

난이도 중 ●●○

④ (다) – (라) – (나) – (가)의 순서가 가장 자연스럽다.

순서	중심 내용	순서 판단의 단서와 근거
(다)	고정 도르래의 원리를 이용하는 엘리베이터	글의 중심 화제인 '엘리베이터의 원리'에 대해 언급함
(라)	엘리베이터의 구조: 도르래가 전동기의 에너지를 끈을 통해 엘리베이터 박스와 평형추로 전달하는 구조임	(다)에서 언급한 고정 도르래가 사용된 엘리베이터의 구조를 설명함
(나)	엘리베이터의 작동 원리: 엘리베이터 박스와 평형추 간에 발생하는 장력과 전동기의 힘을 이용해 작동함	(라)에서 설명한 엘리베이터의 구조를 바탕으로 엘리베이터의 구체적인 작동 원리를 설명함
(가)	엘리베이터의 문제점과 해결책: 추락 사고와 역회전 방지 장치	(라)~(나)에서 설명한 엘리베이터의 문제점과 그에 대한 해결책을 설명함

05 독해 | 세부 내용 파악

난이도 중 ●●○

④ 1문단 4~7번째 줄을 통해 스타이컨이 합성한 사진은 원경에 위치한 〈빅토르 위고〉 대리석상이 근경에 위치한 로댕과 〈생각하는 사람〉 청동상을 내려다보는 모습으로 배치되어 있음을 알 수 있다. 따라서 ④의 설명은 적절하지 않다.

① 1문단 1~3번째 줄에 따르면, 스타이컨은 로댕과 로댕의 작품을 찍은 사진을 합성하여 하나의 사진 작품을 만들었고, 2문단 1~2번째 줄에 따르면, 그는 1901년부터 거의 매주 로댕의 작품을 촬영하였다. 이를 통해 스타이컨은 로댕뿐만 아니라 로댕의 작품까지도 피사체로 활용하였음을 알 수 있다.

② 2문단 2~3번째 줄을 통해 로댕이 활동했을 당시에 예술계는 사물의 외형만을 재현하려는 경향이 있었음을 알 수 있다.

③ 2문단 끝에서 3~5번째 줄을 통해 스타이컨은 예술 작품이 작가의 주관과 감정을 표현할 수 있으며, 해석의 대상이 될 수도 있다고 생각했음을 알 수 있다.

06 어휘 | 다의어의 의미

난이도 중 ●●○

① ㉠ 열쇠는 ~ 곳에 두도록 해라: '두고'는 문맥상 어떠한 대상을 특정한 장소에 놓는 것을 뜻하며, ①의 '두도록' 역시 열쇠를 일정한 곳에 놓는다는 의미로 사용되었다. 따라서 ㉠과 의미가 가장 가까운 것은 ①이다.

② 목표를 어디에 두느냐에 따라: 이때 '두다'는 '행위의 준거점, 목표, 근거 등을 설정하다'의 의미로 사용되었다.

③ 머리는 두었다가 어디에 쓰려고: 이때 '두다'는 '사용하지 않고 보관하거나 간직하다'의 의미로 사용되었다.

④ 거리를 두고 지냈다: 이때 '두다'는 '세상이나 사람들과 밀접한 관계를 갖지 않고 얼마간 떨어져 있다'의 의미로 사용되었다.

07 독해 | 빈칸 추론 (접속어의 사용)

난이도 하 ●○○

① (가) ~ (라)에 들어갈 말로 적절한 것은 '그러나 – 그런데 – 즉 – 그럼'이므로 답은 ①이다.

- (가): (가)의 앞은 '훈민정음 해례'가 한글과 관련된 최초의 책임을, (가)의 뒤는 '훈민정음 해례'는 한문으로 쓰였기 때문에 한글로 발간된 최초의 책은 아님을 설명하고 있다. 따라서 (가)에는 앞의 내용과 뒤의 내용이 상반될 때 쓰는 접속 부사 '그러나, 하지만, 그렇지만'이 들어가는 것이 적절하다.

- (나): (나)의 앞에서는 한글로 쓰인 최초의 책이 '용비어천가'임을 언급하고, (나)의 뒤에서는 한글로 쓰인 최초의 책을 알아야 하는 이유에 대한 의문을 제기하며 화제를 전환하고 있다. 따라서 (나)에는 화제를 앞의 내용과 관련시키면서 다른 방향으로 이끌어 나갈 때 쓰는 접속 부사 '그런데'가 들어가는 것이 적절하다.

- (다): (다)의 앞은 한글 창제 후 처음으로 한글로 쓰인 책이 중요한 역할을 수행했을 것임을, (다)의 뒤는 이러한 책에 '한글의 창제 목적'이 가장 잘 드러날 것임을 설명하고 있다. 따라서 (다)에는 앞의 내용을 다시 한번 이야기할 때 사용하는 부사 '즉'이나, 중요한 점을 언급할 때 사용하는 부사 '요컨대'가 들어가는 것이 적절하다.

- (라): (라)의 앞에서는 한글로 쓰인 최초의 책에 한글을 만든 목적이 가장 잘 드러남을 설명하고, (라)의 뒤에서는 '용비어천가'에 한글이 처음으로 쓰인 이유가 무엇일지에 대한 의문을 제기하고 있다. 따라서 (라)에는 앞의 내용을 받아들이거나 그것을 전제로 새로운 주장을 할 때 쓰는 접속 부사 '그러면'의 준말인 '그럼'이 들어가는 것이 적절하다.

08 독해 | 빈칸 추론

난이도 중 ●●○

① (가)와 (나)에 들어갈 내용으로 가장 적절한 것은 ①이다.

- (가): 2문단 3~8번째 줄을 통해 신뢰도는 측정하고자 하는 것을 얼마나 일관되게 측정하는가에 대한 개념으로, 반복 측정한 결과 값이 일정하다면 신뢰도가 높음을 알 수 있다. 2문단 끝에서 5~8번째 줄을 통해 타당도는 연구자가 측정하고자 하는 것을 얼마나 잘 측정하는가에 대한 개념으로, 검사의 결과가 검사의 의도를 잘 반영한다면 타당도가 높음을 알 수 있다. 이때 (가)가 포함된 문장에서 100명을 대상으로 A 검사를 반복 실시하였을 때, 일관된 결과가 나타났다는 것은 A 검사의 신뢰도가 있음을 의미한다.

반면, A 검사의 측정 결과가 사실은 지능이 아닌 성격과 관련이 있다는 사실은 A 검사의 결과가 연구자의 검사 의도를 잘 반영하지 못하는 것이다. 이는 측정하고자 하는 것을 잘 측정하지 못한 것이므로 타당도가 없음을 의미한다. 따라서 A 검사의 경우 신뢰도는 있으나, 타당도가 없음을 추론할 수 있다.

· (나): 3문단에서 검사 도구가 타당하려면 신뢰도를 확보해야 하며, 신뢰도가 없으면 타당도도 없다고 하였다. 이를 통해 신뢰도는 타당도의 필요조건임을 추론할 수 있다.

(오답 분석)

(나): 3문단을 통해 신뢰도는 타당도의 필요조건임을 알 수 있다. 하지만 2문단 끝에서 1~5번째 줄의 사례와 같이 검사 도구의 신뢰도가 확보된다고 하더라도 타당도는 확보되지 않을 수 있다. 즉 검사 도구의 신뢰도가 타당도를 보장하지는 않으므로, 신뢰도는 타당도의 충분조건이라고 할 수 없다.

👉이것도 알면 합격

필요조건과 충분조건 관계

충분조건	· 가언 명제 'P이면 Q이다(P → Q)'가 성립할 때, P를 충분조건이라고 함 · P라는 조건이 Q가 참이 되기 위해 충분한 조건이라는 의미임
필요조건	· 가언 명제 'P이면 Q이다(P → Q)'가 성립할 때 Q를 필요조건이라고 함 · Q라는 결론이 P가 참이 되기 위해 필요한 조건이라는 의미임
필요충분조건	'P이면 Q이면서 Q이면 P이다{(P → Q) ∧ (Q → P)}'와 같이 두 명제에서 충분조건과 필요조건이 동시에 성립하는 관계('P ↔ Q'로 표기하기도 함)

09 독해 + 문학 | 세부 내용 파악, 문학의 이해 난이도 하 ●○○

(정답 설명)

③ 1문단에 따르면, 시조의 특징은 3장 6구 45자 내외의 기본형이며, 고려 말에 이미 이러한 형식이 갖추어졌다. 또한, 이 시기의 시조로는 정몽주의 〈단심가〉가 대표적이라고 했으므로 ③은 제시문에 대한 이해로 적절하다.

(오답 분석)

① 3문단 1~3번째 줄에 따르면, 조선 후기에 사설시조가 등장하였고 대개 평민들이 창작했다는 내용만 있을 뿐, 조선 후기에 평민들만 시조를 창작했다는 내용은 찾을 수 없으므로 ①은 제시문에 대한 이해로 적절하지 않다.

② 3문단 첫 번째 문장에 따르면, 종장이 어느 정도 길어진 시조는 사설시조이다. 〈강호사시가〉는 두 수 이상의 시조를 나열하여 하나의 작품을 만드는 연시조이므로 〈강호사시가〉의 춘사는 종장이 어느 정도 길어진 형식이라는 ②는 제시문에 대한 이해로 적절하지 않다.

④ 3문단 마지막 문장에 따르면, 〈댁들에 동난지이 사오~〉는 어려운 한자어로 게를 묘사하고 있는 장수의 말을 인용하였다. 이는 이 작품에 한자어가 쓰였다는 의미이므로 ④는 제시문에 대한 이해로 적절하지 않다.

👉이것도 알면 합격

시조의 형식적 특징

| 3·4조
또는
4·4조의
4음보 | 이 몸이 / 주거 주거 / 일백 번(一百番) / 고쳐 주거 (4음보)
　　3　　　　4　　　　　4　　　　　　4 |
	백골(白骨)이 / 진토(塵土)되여 / 넉시라도 / 잇고 업고 (4음보) 　　3　　　　　4　　　　　4　　　　4
3장 6구 45자 내외	이 몸이 주거 주거 / 일백 번(一百番) 고쳐 주거 (초장-2구) 　　　　1　　　　　　　　2
	백골(白骨)이 진토(塵土)되여 / 넉시라도 잇고 업고 (중장-2구) 　　　　　3　　　　　　　　　　4
	님향혼 일편단심(一片丹心)이야 / 가싈 줄이 이시랴 (종장-2구) 　　　　5　　　　　　　　　　　6
종장의 첫 음보는 세 글자	이 몸이 주거 주거 일백 번(一百番) 고쳐 주거 백골(白骨)이 진토(塵土)되여 넉시라도 잇고 업고 님 향혼 일편단심(一片丹心)이야 가싈 줄이 이시랴

10 어휘 | 다의어와 동음이의어 난이도 하 ●○○

(정답 설명)

① ㉠ 실수를 동료에게 돌렸다: '돌리다'와 ①의 '돌리다'는 모두 '다른 사람에게 책임이나 공로를 넘기다'라는 뜻이다.

(오답 분석)

② 몸을 마구 돌리면: 이때 '돌리다'는 '아무렇게나 취급하다'라는 뜻이다.

③ 공장을 돌릴 수 없었다: 이때 '돌리다'는 '기능이나 체제를 작동시키다'라는 뜻이다.

④ 화제를 다른 것으로 돌리려고: 이때 '돌리다'는 '화제를 다른 내용으로 바꾸다'라는 뜻이다.

정답
p.72

01	④ 독해	06	② 독해
02	④ 독해	07	② 독해
03	① 독해 + 문학	08	③ 논리
04	④ 독해	09	② 독해
05	④ 독해	10	③ 어휘

취약영역 분석표

영역	틀린 답의 개수
독해	/ 7
독해 + 문법	/ -
독해 + 문학	/ 1
논리	/ 1
어휘	/ 1
TOTAL	10

* 취약영역 분석표를 이용해 1개라도 틀린 문제가 있는 영역은 그 영역의 문제만 골라 해설을 다시 한번 꼼꼼히 학습하세요.

---

01 독해 | 작문 (고쳐쓰기)
난이도 중 ●●○

정답 설명

④ ㉣은 접속 부사 '및'으로 연결된 두 문장 모두 명사 형태로 제시되어 있어 문장 구조가 동일하게 대응됨을 알 수 있다. 따라서 수정할 필요가 없는 문장이므로 ㉣을 '관계 기관 합동으로 소방 통로를 확보하는 훈련 및 단속과 관련된 교육을 병행'으로 수정하는 것은 적절하지 않다.

오답 분석

① '귀청'의 '귀'는 '상대편이나 그 소속체를 높이는 뜻'을 나타내는 관형사이므로 '귀∨청'과 같이 뒷말과 띄어 써야 한다. 따라서 ㉠을 '귀 청'으로 수정하는 것은 적절하다.

② 능동 표현을 충분히 사용할 수 있음에도 '-되다'와 같은 피동 표현을 사용하는 것은 영어 번역 투의 표현으로 불필요한 피동 표현에 해당한다. 따라서 ㉡을 '불법 주, 정차 차량 즉시 강제 훈련을 다음과 같이 실시하오니'로 수정하는 것은 적절하다.

③ '제고(提高)하다'는 '(…을) 수준이나 정도 등을 끌어올리다'를 뜻하는 한자어로 '(…을) 높이다'로 다듬어 표현할 수 있다. 따라서 ㉢을 '높이기'로 수정하는 것은 적절하다.

※ 출처: 서울특별시(https://www.seoul.go.kr/)

---

02 독해 | 사례 추론
난이도 하 ●○○

정답 설명

④ 〈보기〉의 '혜수'가 어린 시절에 부정적인 피드백을 자주 받았다는 점을 통해 '혜수'는 건강하지 못한(부정적인) 자아 개념이 형성되었을 것임을 추측할 수 있다. 또한 제시문 끝에서 1~3번째 줄을 통해 부정적인 자아 개념이 형성된 사람은 소극적이고 비판적인 방식으로 의사소통한다는 것을 확인할 수 있다. 따라서 '혜수'의 대답으로 가장 적절한 것은 앞서 참신하다고 평가 받은 기획 요소 A에 대해서도 자신 없어 하며 부정적인 소통 방식을 취한 ④이다.

오답 분석

① ② ③ 타인의 반응을 능동적으로 수용하여 자신의 의견이나 제안 등을 적극적으로 피력하고 있으므로 긍정적인 의사소통 방식에 해당한다. 제시문 4~6번째 줄에서 이러한 의사소통은 건강한 자아 개념이 형성된 사람의 의사소통 방식임을 알 수 있으므로 〈보기〉의 상황에서 '혜수'가 할 대답으로 적절하지 않다.

---

03 독해 + 문학 | 논증 판단, 문학의 이해
난이도 중 ●●○

정답 설명

① 문학이 시대를 비추는 거울이라는 주장은 문학이 시대 현실을 다루어야 함을 의미한다. 1, 3문단에 따르면 김기림은 모더니즘의 관점에서 현실의 문제에 관심을 가졌으며, 문학을 통해 시대의 가치를 전달하고 사회 참여를 독려하고자 하였음을 알 수 있다. 반면 4문단에 따르면 김영랑은 현실의 문제에 관심을 두기보다는 자연발생적인 순수 서정의 세계를 형상화하고자 하였음을 알 수 있다. 즉 문학을 통해 김기림은 사회현실을 그대로 마주하여 현실 문제를 해결하고자 하였고, 김영랑은 현실 문제를 직면하기보다는 내면의 순수 서정을 지키고자 하였다. 따라서 문학이 시대를 비추는 거울이라는 주장은 김기림의 입장은 강화하지만 김영랑의 입장은 약화하므로 제시문에 대한 평가로 적절한 것은 ①이다.

오답 분석

② 1~3문단에 의하면 김기림은 현실 문제를 마주할 것을 강조한다. 반면 김영랑은 어지러운 현실과 거리를 두고 순수한 서정 세계를 지키고자 하였음을 알 수 있다. 따라서 현실이 암울할수록 내면의 세계를 보존해야 한다는 주장은 김기림의 입장은 약화하지만, 김영랑의 입장은 강화하므로 ②는 제시문에 대한 평가로 적절하지 않다.

③ 2문단을 통해 김기림은 시 창작에 지성과 이성을 강조하였음을 알 수 있고 4문단을 통해 김영랑은 시 창작에 있어 감상과 주관을 강조하였음을 알 수 있다. 이때 '이성과 감성의 조화'는 김기림과 김영랑의 시 창작에 대한 접근 방식의 극명한 차이를 고려하지 않은 내용이므로 ③은 김기림과 김영랑의 입장 모두를 강화한다고 판단하기 어렵다. 따라서 ③은 제시문에 대한 평가로 적절하지 않다.

④ 3문단에 의하면 김기림의 시에는 시각적 심상이 주로 사용되어 시의 회화성이 두드러지고, 5문단에 의하면 김영랑의 시에는 청각적 심상이 주로 사용되어 시의 음악성이 두드러짐을 알 수 있다. 하지만 이는 김기림과 김영랑이 자신의 시 세계를 드러내기 위한 표현 방법일 뿐, 심상의 사용 빈도를 통해 두 작가의 입장을 평가하기에는 근거가 부족하다. 따라서 ④는 제시문에 대한 평가로 적절하지 않다.

04 독해 | 화법 (대화의 원리)　난이도 중 ●●○

정답 설명

④ '요령의 격률'이란 상대방에게 부담을 주는 표현은 최소화하고 혜택을 주는 표현은 최대화하여 말하는 것으로, 듣기 좋고 도움이 되는 말과 간접적이고 우회적인 표현법을 사용해 말하는 것을 의미한다. 대화(4)에서 A는 B가 문을 닫아 주었으면 좋겠다는 자신의 의도를 '어디서 찬 바람이 들어오네요'라고 말해 간접적이고 우회적으로 표현하였으므로 '요령의 격률'을 지켜 표현하였다.

오답 분석

① '태도의 격률'이란 모호하거나 중의적인 표현을 피하고 간결하고 조리 있게 말하는 것을 의미한다. 대화(1)에서 B는 A의 질문에 대해 정확한 시간을 말하지 않고 모호한 답변을 했으므로 '태도의 격률'을 위배하였다.

② '칭찬의 격률'이란 다른 사람에 대한 비방을 최소화하고 칭찬을 극대화하는 것을 의미한다. 대화(2)에서 B는 결승전까지 가게 된 이유를 대진표의 운으로 들어 자신에 대한 칭찬을 최소화하고 있으므로 '칭찬의 격률'이 아닌 '겸양의 격률'을 지켜 표현했다. '겸양의 격률'이란 자신에 대한 칭찬을 최소화하고 비방은 최대화하는 것으로, 자신을 내세우거나 자랑하지 않고 겸손한 표현을 사용해 말하는 것을 의미한다.

③ '관용의 격률'이란 자신에게 혜택을 주는 표현은 최소화하고 부담을 주는 표현은 최대화하는 것을 의미한다. 대화(3)에서 A는 '죄송하지만'이라고 말함으로써 B에게 부담을 줄 수 있는 표현을 최소화하고 있으므로 '관용의 격률'이 아닌 '요령의 격률'을 지켜 표현했다.

05 독해 | 세부 내용 파악　난이도 하 ●○○

정답 설명

④ 1문단에 의하면 피그말리온 효과는 타인이 자신에게 기대와 관심(긍정적 기대)을 보이면 이에 부응하기 위해 노력하게 되어 좋은 결과를 얻거나 능률이 향상되는 현상이다. 반면 2문단에 의하면 스티그마 효과는 타인에게 무시를 당하거나 부정적인 낙인이 찍히면(부정적 기대) 실제로도 나쁜 쪽으로 변하게 되는 현상을 일컫는다. 이를 통해 피그말리온 효과는 긍정적인 기대가 성과를 향상시키는 반면, 스티그마 효과는 부정적인 기대가 부정적 행동을 유발해 결과적으로 성과의 저하로 이어질 것임을 알 수 있다.

오답 분석

① 사회적 편견에 의한 부정적 평가나 낙인으로 인해 그 대상이 점점 더 나쁜 행태를 보이게 되는 것은 피그말리온 효과가 아닌 스티그마 효과이다.

② 범죄자의 재활 프로그램에 긍정적 영향을 미칠 수 있는 것은 피그말리온 효과에 가깝다. 피그말리온 효과에 따라 사회가 범죄자에 대해 긍정적인 변화를 기대한다면, 그들은 그 기대에 부응하기 위해 행동을 개선할 것이고, 이는 그들의 재범을 줄이는 데 도움이 될 수 있을 것이다.

③ 피그말리온 효과는 타인이 자신에게 기대와 관심을 보이면 이에 부응하기 위해 노력하게 되어 좋은 결과를 얻거나 능률이 향상되는 현상이고, 스티그마 효과는 타인에게 무시를 당하거나 부정적인 낙인이 찍히면 실제로도 나쁜 쪽으로 변하게 되는 현상을 일컫는다. 이렇듯 두 가지 개념 모두 타인의 평가나 태도, 시선이 개인의 행동과 성과에 어떠한 영향을 미치는지를 보여 주는 현상이므로 ③의 설명은 적절하지 않다.

06 독해 | 빈칸 추론 (접속어의 사용)　난이도 하 ●○○

정답 설명

② ㉠ ~ ㉢에 들어갈 접속어를 순서대로 나열하면 '따라서 – 그러나 – 그러므로'이므로 답은 ②이다.

- ㉠: ㉠의 앞에서는 역사 인식에 '편견'과 '개념적 체계'가 모두 영향을 미치지만, 합리적인 근거를 가지지 못해 역사 인식에 부정적인 영향을 미치는 것은 '편견'임을, ㉠의 뒤에서는 객관적인 역사 인식을 위해 '편견'은 배제되어야 함을 설명하고 있다. 따라서 ㉠에는 앞에서 말한 일이 뒤에서 말할 일의 원인, 이유, 근거가 됨을 나타내는 접속 부사인 '따라서' 또는 '그래서'가 들어가는 것이 적절하다.

- ㉡: ㉡의 앞에서는 객관적인 역사 인식을 방해하는 '편견'이 배제되어야 하는 대상임을, ㉡의 뒤에서는 '편견'과 함께 역사 인식에 영향을 미치는 요소인 '개념적 체계'는 합리적 근거를 가지고 있음을 설명하고 있다. 따라서 ㉡에는 앞의 내용과 뒤의 내용이 상반될 때 쓰는 접속 부사 '그러나, 하지만, 그런데'가 들어가는 것이 적절하다.

- ㉢: ㉢의 앞에서는 '편견'은 합리적 근거를 가지지 못한 것이나 '개념적 체계'는 이를 가지고 있음을, ㉢의 뒤에서는 역사 인식의 과정에서 '편견'은 배제하고 '개념적 체계'는 유지되어야 함을 설명하고 있다. 따라서 ㉢에는 앞의 내용이 뒤의 내용의 이유나 원인, 근거가 될 때 쓰는 접속 부사 '그러므로'가 들어가는 것이 적절하다.

07 독해 | 세부 내용 파악　난이도 중 ●●○

정답 설명

② 2문단 끝에서 1~3번째 줄에 의하면 앞의 내용에 이어 오늘날 우리나라의 민주화도 이런 2백여 년에 걸친 민권 운동의 전사(前史)를 바탕으로 전개되고 있다고 설명한다. 이를 통해, '민국'이 오늘날 우리나라의 민주화에도 영향을 미치고 있음을 알 수 있다.

오답 분석

① 2문단 5~6번째 줄에서 민국은 '백성과 나라'를 뜻하기도 하고, '백성의 나라'를 뜻하기도 한다고 설명한다. 그러나 2문단 9~10번째 줄에 따르면, 그 말은 오늘날의 주권 재민에 바탕을 둔 민주 공화국의 '민국'과 다르다고 한다. 따라서 민주 공화국의 '민국'이 '백성의 나라'를 의미한다는 ①의 설명은 제시문을 이해한 내용으로 적절하지 않다.

③ 2문단 6~9번째 줄에 의하면 조선 왕조 중흥기인 영조와 정조 시대를 상징하는 키워드 중 하나인 '민국'은 양반 문벌이 지배하는 나라에서 중하층 백성들(소민층)을 정치, 경제, 사회, 복지, 인권 차원에서 향상시킨다는 지향성을 가진 말이다. 따라서 영조와 정조 시대에 문벌제도를 부정한다는 ③의 설명은 제시문을 이해한 내용으로 적절하지 않다.

④ 성군, 탕평, 민국, 정학이 영조와 정조 시대를 대표하는 키워드이긴 하지만, 이로 인해 정조가 짧은 기간 내에 엄청난 문화적 업적을 쌓을 수 있었다는 인과성은 제시문에서 확인할 수 없다.

08 논리 | 명제   난이도 상 ●●●

정답 설명

③ 전제 1과 전제 2를 통해 프로그래머는 모두 문제 해결 능력과 창의력이 뛰어남을 알 수 있고, 전제 3을 통해 프로그래머인 사람이 적어도 한 명 있음을 알 수 있다. 따라서 문제 해결 능력이 뛰어난 사람 중에는 창의력이 뛰어난 사람(프로그래머)이 반드시 존재하므로 두 전제가 모두 참일 때 반드시 옳은 것은 ③이다.

전제 1 (A → B)	문제 해결 능력 / 프로그래머
전제 2 (A → C)	창의력 / 프로그래머
결론	문제 해결 능력 × 창의력 / 프로그래머

오답 분석

① 전제 2에서 프로그래머는 모두 창의력이 뛰어나다고 하였으므로 ①의 결론은 적절하지 않다.

② 전제 1, 2를 통해 프로그래머는 문제 해결 능력과 창의력이 모두 뛰어남을 알 수 있다. 하지만 문제 해결 능력이 뛰어나더라도 창의력이 뛰어나지 않은 사람이 존재할 수 있으므로 ②의 결론은 옳지 않다.

④ 전제 1, 2, 3을 통해 도출할 수 없는 내용이므로 ④의 결론은 옳지 않다.

09 독해 | 숨겨진 내용 추론   난이도 하 ●○○

정답 설명

② 1문단 끝에서 1~4번째 줄을 통해 프레임 안에 배치된 대상들은 균형감, 통일성, 그리고 조형적인 아름다움의 성취를 지향함을 알 수 있다. 따라서 감독은 시각적, 조형적 측면에서의 기준을 충족한다면 어떤 사물이든 프레임 안에 배치할 수 있으므로, 부정적인 이미지가 지배적인 사물은 배치하지 않는다는 추론은 적절하지 않다.

오답 분석

① 3문단을 통해 일반적으로 프레임 위쪽에 배치된 인물은 권위나 장엄함 등을 상징하며, 프레임 아래쪽에 배치된 인물은 취약함, 무력함, 굴종 등을 상징한다는 사실을 알 수 있다. 따라서 권위를 상징하는 왕은 위쪽에, 굴종을 상징하는 죄인은 아래쪽에 배치할 것이라는 추론은 적절하다.

③ 2문단 끝에서 4~7번째 줄을 통해 감독은 영화 전개상 필요한 요소인지 판단하여 프레임 안팎에 무엇을 배치할지 고민하며, 이를 통해 뜻하는 바를 전달하고자 함을 확인할 수 있다. 따라서 사소한 물건이라도 프레임 안에 위치한다면 영화 전개에 필요한 의미를 지니고 있을 수 있다는 추론은 적절하다.

④ 4문단을 통해 일반적으로 중요한 인물이나 사물은 프레임 중앙에 배치하지만, 작품의 흥미를 유발하기 위해 의도적으로 화면의 가장자리에 위치시키기도 한다는 점을 알 수 있다. 따라서 사건 전개의 단서를 가지고 있는 중요한 인물을 눈에 띄지 않게 배치하게 되면 극의 긴장감을 유발할 수 있다는 추론은 적절하다.

10 어휘 | 한자어의 의미   난이도 중 ●●○

정답 설명

③ ©의 '굴종(屈從)'은 '제 뜻을 굽혀 남에게 복종함'을 뜻하므로 ③의 뜻풀이는 적절하다.

오답 분석

① ⊙ '지향하다(志向-)'는 '어떤 목표로 뜻이 쏠리어 향하다'를 뜻하므로 ①의 뜻풀이는 적절하지 않다.
  • 지양하다(止揚-): 더 높은 단계로 오르기 위하여 어떠한 것을 하지 않다.

② © '장엄하다(莊嚴-)'는 '씩씩하고 웅장하며 위엄 있고 엄숙하다'를 뜻하므로 ②의 뜻풀이는 적절하지 않다.
  • 경외하다(敬畏-): 공경하면서 두려워하다.

④ @ '고수하다(固守-)'는 '차지한 물건이나 형세 등을 굳게 지키다'를 뜻하므로 ④의 뜻풀이는 적절하지 않다.
  • 고수하다(孤愁-): 홀로 시름에 잠기다.

정답

01	④ 독해	**06**	④ 어휘
02	② 독해 + 문법	**07**	② 독해
03	② 독해	**08**	④ 독해
04	① 독해 + 문법	**09**	① 논리
05	③ 독해	**10**	③ 독해

p.78

취약영역 분석표

영역	틀린 답의 개수
독해	/ 6
독해 + 문법	/ 2
독해 + 문학	/ -
논리	/ 1
어휘	/ 1
TOTAL	10

* 취약영역 분석표를 이용해 1개라도 틀린 문제가 있는 영역은 그 영역의 문제만 골라 해설을 다시 한번 꼼꼼히 학습하세요.

---

01 독해 | 화법 (말하기 전략 파악)   난이도 하 ●○○

(정답 설명)

④ 박 상무는 A기업처럼 지역 축제를 개최하자는 정 사장의 제안을 실행하기에는 회사 규모가 A기업만큼 크지 않다는 애로 사항을 이야기하고 있다. 하지만 축제 개최로 인한 손해에 관한 내용은 언급하지 않았으므로 ④의 설명은 적절하지 않다.

(오답 분석)

① 박 상무는 지역 축제를 개최한다면 기업 이미지 제고에 큰 도움이 될 것이라고 말하며 기업 이미지 제고를 위해 지역 축제를 개최하자는 정 사장의 일부 의견에 공감을 표시하고 있다.

② 김 상무는 회사가 단독으로 지역 축제를 개최하기에는 한계가 있다는 박 상무의 말에 B기업과의 공동 개최를 대안으로 제시하고 있다. 또한 대안을 실행할 경우 축제 규모 확대 및 B기업과의 협업의 수월함과 같은 부수적인 효과를 얻을 수 있음을 언급하고 있다.

③ 정 사장은 ○○시에서 A기업이 지역 주민과 직원들이 함께하는 축제를 개최해 반응이 좋았다는 사례를 토대로 □□시 지역 축제 개최에 대한 화제를 제시하며 대화를 시작하고 있다.

02 독해 + 문법 | 사례 추론, 음운 변동   난이도 중 ●●○

(정답 설명)

② 2문단 5~6번째 줄에 따르면, 첨가는 없던 음운이 새로 덧붙는 현상이고, 3문단 3~4번째 줄에 따르면, 첨가에서는 음운의 개수가 늘어난다. '식용유[시굥뉴]'는 'ㄴ 첨가'에 의해 'ㄴ'이 새로 덧붙었으므로 첨가가 한 번 일어났고, 음운의 개수는 1개 늘었다. 따라서 ②의 이해는 적절하다.

(오답 분석)

① 2문단 3~4번째 줄에 따르면, 탈락은 원래 있던 음운이 없어지는 현상이다. '국화'는 '자음 축약'에 의해 'ㄱ'과 'ㅎ'이 결합하여 'ㅋ'이 되었으므로 두 음운이 결합하여 제3의 음운으로 바뀌는 현상인 축약이 한 번 일어났고, 음운의 개수는 1개 줄었다. 따라서 ①의 이해는 적절하지 않다.

③ 2문단 1번째 줄에 따르면, 교체는 하나의 음운이 다른 음운으로 바뀌는 현상이고, 3문단 1번째 문장에 따르면, 교체가 일어나면 음운의 개수가 변화하지 않는다. '비음화'에 의해 '벽'의 'ㄱ'이 'ㅇ'으로, '유음화'에 의해 '난'의 'ㄴ'이 'ㄹ'로 바뀌었으므로 교체가 두 번 일어났고, 음운의 개수는 변화하지 않았다. 따라서 ③의 이해는 적절하지 않다.

④ 2문단 끝에서 2~4번째 줄에 따르면, 축약은 두 음운이 결합하여 제3의 음운으로 바뀌는 현상이고, 3문단 2~3번째 줄에 따르면, 축약에서는 음운의 개수가 줄어든다. '숱'에서 음절 'ㅌ'이 'ㄷ'으로 바뀌었으므로 교체가 한 번 일어났고, [숟하다]에서 '자음 축약'에 의해 'ㄷ'과 'ㅎ'이 결합하여 'ㅌ'이 되었으므로 축약이 한 번 일어났다. 즉 축약이 한 번 일어나서 음운의 개수는 줄어들었으므로 ④의 이해는 적절하지 않다.

✋이것도 알면 합격

음운 변동의 기호화

음운 변동의 유형	음운 변동의 기호화	예
교체	가A나 → 가B나	낮 → [낟]
탈락	가A나 → 가∅나	삶 → [삼ː]
첨가	가∅나 → 가A나	솜이불 → [솜ː니불]
축약	가AB나 → 가C나	맏형 → [마텽]

정답 설명

② 제시문은 지도의 채색과 관련된 사색문제의 증명 사례를 통해 수학적 증명의 개념이 바뀌어야 함을 설명하는 글이다. 사색문제를 증명하기 위해서 필요한 경우의 수는 인간이 직접 계산할 수 있는 범위를 넘어섰으므로 컴퓨터가 작업해야만 했는데, 이를 통해 ㉠의 전제는 '컴퓨터에 의한 계산도 증명으로 간주할 수 있다'는 것임을 알 수 있다.

오답 분석

① 제시문의 논지와 어긋나는 내용이다.
③ ④ 제시문을 통해서 확인할 수 없는 내용이다.

정답 설명

① 제시문에 의하면 필수적 부사어는 문장에서 반드시 필요한 부사어이고, 서술어가 어떤 성분을 요구하는지, 해당 부사어가 빠지면 문장이 부자연스러운지를 바탕으로 필수적 부사어를 찾아내야 한다. 서술어 '빛나다'는 주어라는 한 가지 문장 성분만을 요구하고, 부사어 '슬기로'가 빠져도 문장이 자연스러우므로 ㉠의 사례가 포함되어 있지 않은 것은 ①이다. 참고로 '아이의'는 관형어, '눈이'는 주어이다.

오답 분석

② 서술어 '유명하다'는 주어, 필수적 부사어라는 두 가지 성분을 요구하고, 부사어 '돼지갈비로'가 빠지면 문장이 부자연스럽기 때문에 '돼지갈비로'는 필수적 부사어이다.
③ 서술어 '삼다'는 주어, 목적어, 필수적 부사어라는 세 가지 성분을 요구하고, 부사어 '사위로'가 빠지면 문장이 부자연스럽기 때문에 '사위로'는 필수적 부사어이다.
④ 서술어 '다르다'는 주어, 필수적 부사어라는 두 가지 성분을 요구하고, 부사어 '예전과'가 빠지면 문장이 부자연스럽기 때문에 '예전과'는 필수적 부사어이다.

이것도 알면 합격

서술어의 자릿수
서술어는 성격에 따라 필요한 문장 성분의 개수가 다르다. 이를 서술어의 자릿수라고 한다.

종류	설명
한 자리 서술어	주어 하나만 필요로 하는 서술어 예 너는 예쁘다. 하늘이 푸르다.
두 자리 서술어	주어 외에 목적어 / 부사어 / 보어 등을 더 필요로 하는 서술어 예 동생이 책을 읽는다. 그는 노인이 되었다. 형은 나와 닮았다.
세 자리 서술어	주어와 목적어 그리고 부사어를 필요로 하는 서술어 예 그는 나를 제자로 삼았다. 아버지는 나에게 용돈을 주셨다.

정답 설명

③ 제시문은 지문의 특성을 이용한 생체 인식 시스템에 대한 글로, 지문 인식 시스템의 장단점에 대해서는 언급되어 있지 않으므로 제시문의 내용과 가장 거리가 먼 것은 ③이다.

오답 분석

① 1~2번째 줄에서 지문은 평생 변하지 않는다는 특성을 설명하고 있다.
② 끝에서 1~5번째 줄에서 지문 입력 장치에서 지문을 인식하는 원리에 대해 설명하고 있다.
④ 2~4번째 줄에서 지문 외에 신원을 확인할 수 있는 생체 정보에 대해 언급하고 있다.

정답 설명

④ ㉣의 앞에는 지문 입력 장치가 정보를 얻는 방법이 제시되어 있고 ㉣이 포함된 문장에는 지문 입력 장치의 융선과 골에 알맞은 물리량에서 차이가 발생한다고 하였으므로, ㉣은 '어떤 두 대상이 주어진 어떤 관계에 의하여 서로 짝이 이루어지다'를 뜻하는 '대응(對應)되다'로 바꿔 쓸 수 있다.

· 대비(對比)되다: 두 가지의 차이를 밝힐 목적으로 서로 맞대어져 비교되다.

오답 분석

① · 다치다: 부딪치거나 맞거나 하여 신체에 상처가 생기다. 또는 상처를 입다.
· 손상(損傷)되다: 병이 들거나 다치다.
② · 같다: 서로 다르지 않고 하나이다.
· 동일(同一)하다: 어떤 것과 비교하여 똑같다.
③ · 얻다: 구하거나 찾아서 가지다.
· 획득(獲得)하다: 얻어 내거나 얻어 가지다.

정답 설명

② (가)의 앞에서는 우리 낫이 낫날과 낫등에 강도 차이가 있기 때문에 낫에 가해지는 충격을 낫등이 흡수하여 단단한 물체를 벨 때도 잘 부러지지 않는다는 점을 설명하고 있다. 반면 (가)의 뒤에서는 왜낫은 단단한 물체를 베면 충격을 흡수하지 못해 망가진다는 내용을 다루고 있으므로 (가)에는 왜낫의 강도가 균일하다는 내용이 들어가는 것이 적절하다. 또한 1문단 끝에서 3~4번째 줄을 고려할 때, 냉각 속도가 빠를수록 낫의 강도가 높아짐을 알 수 있으므로 (가)에는 ② '냉각 속도가 빨라 낫 전체의 강도가 높고 균일하게 된다'가 들어가는 것이 가장 적절하다.

① 2문단 2~3번째 줄에서 낫에 가해지는 충격을 흡수하는 부분은 '낫등'임을 알 수 있으며 제시문에서 왜낫의 낫등에 관한 정보는 확인할 수 없으므로 적절하지 않다.

③ 낫의 사용 시간과 낫의 수명에 대한 내용은 제시문에서 확인할 수 없으므로 적절하지 않다.

④ 1문단 4~6번째 줄에서 열처리는 단조가 끝난 낫을 대상으로 진행되는 작업임을 알 수 있다. 따라서 열처리 작업 시간은 단조 시간에 영향을 주지 못한다는 것을 추론할 수 있으므로 적절하지 않다.

---

08 독해 | 작문 (개요 작성)　　　　난이도 중 ●●○

정답 설명

④ ⓔ: 〈지침〉에 의하면 결론은 본론의 해결 방안 요약과 향후 과제가 각각 1개의 장으로 제시되어야 한다. Ⅳ-1 '재생 에너지 생산 관련 인프라 확충 및 지역 주민 인식 제고를 통한 재생 에너지 생산 확대'는 Ⅲ-1과 Ⅲ-2의 해결 방안을 요약하여 제시하고 있다. 따라서 ⓔ에는 '우리나라 재생 에너지 사용 활성화'를 위한 향후 과제가 제시되어야 한다. 하지만 '원자력 발전 시설 설치로 인한 지역 주민의 피해 보상 대책 마련'은 '우리나라 재생 에너지 사용 활성화'를 위한 향후 과제와는 관련이 없으므로 ⓔ에 들어갈 내용으로 적절하지 않다.

오답 분석

① ㉠: 〈지침〉에 의하면 서론에는 대상의 개념과 필요성, 대상의 현황이 각각 1개의 장으로 제시되어야 한다. Ⅰ-1에 중심 소재인 '재생 에너지'에 대한 정의가 제시되어 있으므로 ㉠에는 '우리나라 재생 에너지 사용'에 대한 현황이 제시되어야 한다. 따라서 ㉠에 우리나라의 재생 에너지 사용 현황을 나타내는 '세계 주요국 중·하위권에 그친 한국의 재생 에너지 사용 비중'이라는 내용이 들어가는 것은 적절하다.

② ㉡: 〈지침〉에 의하면 본론의 내용은 제목의 하위 내용이면서 다른 본론의 하위 항목과 대응되어야 한다. ㉡은 Ⅱ '우리나라 재생 에너지 사용의 문제점'의 하위 내용이면서도 Ⅲ-1 '정부의 투자 및 지원을 통한 재생 에너지 인프라 확충'에 대응되는 내용이어야 한다. 따라서 ㉡에 '재생 에너지 생산 확대를 위한 관련 시설 부족'이라는 내용이 들어가는 것은 적절하다.

③ ㉢: 〈지침〉에 의하면 본론의 내용은 제목의 하위 내용이면서 다른 본론의 하위 항목과 대응되어야 한다. ㉢은 Ⅲ '우리나라 재생 에너지 사용 활성화 방안'의 하위 내용이면서도 Ⅱ-2 '재생 에너지 발전 시설 설치에 대한 지역 주민의 부정적 인식'에 대응되는 내용이어야 한다. 따라서 ㉢에 '재생 에너지 생산 수익을 지역 주민에게 배분하여 지역 주민의 인식 제고'라는 내용이 들어가는 것은 적절하다.

---

09 논리 | 명제　　　　난이도 중 ●●○

정답 설명

① 제시된 진술을 기호화하면 아래와 같다.

(1) 홍차 → 콜라 = ~콜라 → ~홍차 (대우)
(2) ~커피 → 홍차 = ~홍차 → 커피 (대우)
(3) ~콜라 → ~주스 = 주스 → 콜라 (대우)

이때 (1)의 대우와 (2)의 대우를 차례로 결합하면 '~콜라 → ~홍차 → 커피'를 도출할 수 있다. 따라서 제시된 진술 중 반드시 참인 것은 ① '콜라를 마시지 않는 사람은 커피를 마신다(~콜라 → 커피)'이다.

오답 분석

② (3)을 통해 콜라를 마시지 않는 사람이 주스를 마시지 않음은 알 수 있으나, 주스를 마시지 않는 사람이 콜라를 마시지 않는지는 알 수 없다.

③ (2)를 통해 커피를 마시지 않는 사람이 홍차를 마시는 것은 알 수 있으나, 커피를 마시는 사람이 홍차를 마시지 않는지는 알 수 없다.

④ (1)을 통해 홍차를 마시는 사람이 콜라를 마시는 것은 알 수 있으나 홍차를 마시는 사람이 주스를 마시는지는 알 수 없다.

---

10 독해 | 관점과 태도 파악　　　　난이도 하 ●○○

정답 설명

③ 3문단 끝에서 3~6번째 줄에서 증거는 각 단계를 거치는 과정에서 위변조되어서는 안 되기 때문에 위변조가 없었다는 기록을 남김을 알 수 있으나, 디지털 정보가 위변조될 위험이 높다는 사실과 위변조를 방지하기 위해 절차가 세분화되어 있다는 사실은 제시문을 통해 알 수 없으므로 답은 ③이다.

오답 분석

① 1문단 끝에서 1~3번째 줄에서 디지털 포렌식은 수사기관뿐 아니라 일반 사기업이나 금융 기관에서도 중요성이 높아지고 있다고 하였으므로 다양한 분야에서 활용될 수 있음을 알 수 있다.

② 3문단을 통해 증거가 수집되어 법정에 제출되기까지의 과정이 명확해야 한다는 연계 보관성과, 수집된 증거가 위조나 변조가 되어서는 안 된다는 무결성이 지켜져야 함을 알 수 있다.

④ 3문단 1~5번째 줄에서 증거의 수집 및 제출 과정에 관여한 담당자와 책임자가 명시되어야 한다고 하였으므로 정보의 검증에 문제가 있다면 책임 소재를 규명할 수 있음을 알 수 있다.

■ 정답

p.84

01	① 독해	06	③ 어휘
02	④ 독해	07	④ 독해 + 문법
03	④ 독해 + 문학	08	② 논리
04	③ 독해	09	③ 독해
05	④ 독해	10	② 독해

■ 취약영역 분석표

영역	틀린 답의 개수
독해	/ 6
독해+문법	/ 1
독해+문학	/ 1
논리	/ 1
어휘	/ 1
TOTAL	10

* 취약영역 분석표를 이용해 1개라도 틀린 문제가 있는 영역은 그 영역의 문제만 골라 해설을 다시 한번 꼼꼼히 학습하세요.

01 독해 | 작문 (고쳐쓰기) 난이도 중 ●●○

정답 설명

① ㉠이 포함된 문장은 초등학생 때 경주에 대한 '나'의 생각을 서술한 부분으로, ㉠ '여겼었다'는 적절한 표현이다. 따라서 '여겼을 것이다'라고 고치는 것은 적절하지 않다.

오답 분석

② ㉡ '우연히'는 '어떤 일이 뜻하지 않게 저절로 이루어져 공교롭게'라는 뜻으로, 문맥상 '나'가 경주로 여행을 떠나자고 주장하여 결과적으로 가족들이 경주로 여행을 떠난 것이므로 그 쓰임이 적절하지 않다. 따라서 '일의 마무리에 이르러서. 또는 일의 결과가 그렇게 돌아가게'를 뜻하는 '결국'으로 고치는 것은 적절하다.

③ '경주역'이 오래된 것인지 '경주역 앞의 버스 정류장'이 오래된 것인지 수식 관계가 분명하지 않으므로 '경주역 앞의 오래된 버스 정류장'으로 고치는 것은 적절하다.

④ ㉢이 포함된 4문단은 궁궐터의 야경과 유적지를 보며 느낀 '나'의 감회가 드러나는 부분이나, ㉢은 경주에 다시 방문하고 싶어진 또 다른 이유에 해당하므로 글의 통일성에 어긋난다. 따라서 ㉢을 경주에 재방문하고자 하는 까닭이 제시되어 있는 2문단으로 이동하는 것은 적절하다.

02 독해 | 화법 (말하기 전략 파악) 난이도 하 ●○○

정답 설명

④ '우리나라 건축물의 ~ 책 내용이 흥미로웠는데요', '수원 화성 이야기가 참 인상 깊었습니다', '정말 대단하네요'와 같은 발언에서 진행자가 자신의 생각을 밝히고 있음을 알 수 있으나, 이를 통해 김 교수의 설명을 보완하고 있지는 않다. 따라서 대담에 대한 설명으로 적절하지 않은 것은 ④이다.

오답 분석

① 진행자는 마지막 발화에서 '더 설명해 주시겠습니까?'라고 말하며 김 교수에게 추가적인 설명을 요청하고 있다.

②③ 진행자는 김 교수에게 질문을 하고, 김 교수는 질문에 응답을 하면서 대담이 이어지고 있다. 진행자는 책의 인상 깊었던 점을 언급하고, 질문을 통해 김 교수가 '수원 화성', '수원 화성에 적용된 토목 건축의 백미', '화성에 적용된 서양의 건축 방법' 등의 특정 주제에 대해 설명하도록 유도하고 있다.

03 독해 + 문학 | 숨겨진 내용 추론, 문학의 이해 난이도 중 ●●○

정답 설명

④ 2문단 끝에서 4~5번째 줄을 통해 조선 후기 가정 소설 「창선감의록」은 권선징악의 결말을 통해 교훈적 의미를 강조하였음을 알 수 있다. 이를 통해 가정 소설은 갈등이 해소되는 과정을 통해 교훈을 전달함을 알 수 있다. 한편 3문단 끝에서 4~7번째 줄을 통해 1920년대 가족사 소설 「삼대」가 일제 강점기 중산층 가족 내의 갈등과 사회적 계층 간의 대립을 중심으로 사건을 전개하였음은 알 수 있다. 하지만 제시문에 갈등 해소에 대한 내용은 확인할 수 없으므로 「삼대」가 갈등 해소 과정을 통해 세대 간의 화합이라는 의미를 전달하는지는 추론할 수 없다.

오답 분석

① 2문단 1~3번째 줄에서 「창선감의록」이 일부다처제와 대가족 제도 아래 발생한 갈등을 다룸을 알 수 있고, 2문단 끝에서 1~2번째 줄을 통해 가정 소설의 목적은 조선 후기 무너져 가는 삼강, 오상의 도를 회복하는 데 있었음을 알 수 있다. 또한, 3문단 끝에서 1~2번째 줄을 통해 가족사 소설이 역사, 사회가 한 가족에 미치는 영향을 드러내고자 했음과 3문단 끝에서 4~5번째 줄을 통해 가족사 소설인 「삼대」가 1920년 당시 사회상을 세밀히 보여주었음을 알 수 있다. 이를 통해 가정 소설과 가족사 소설 모두 당시 사회상을 반영하고 있음을 추론할 수 있다.

② 2문단을 통해 가정 소설은 사대부 집안의 가장으로서의 삶과 사대부 가문의 운명을 다룸으로써 충의, 형제간의 우애와 같은 유교적 이념을 추구하였고 올바른 사대부 가문의 표상을 제시함으로써 삼강(三綱)과 오상(五常)의 도를 회복하고자 하였음을 알 수 있다. 또한 3문단 5~6 번째 줄을 통해 「삼대」 속 등장인물들이 당대 사회 세대의 전형을 나타냄을 알 수 있다. 이를 통해 「창선감의록」은 '가정'을 이념 실현의 공간으로, 「삼대」는 '가정'을 당시 사회상을 보여 주는 축소판으로 인식함을 추론할 수 있다.

③ 2문단 1~3번째 줄을 통해 가정 소설인 「창선감의록」은 가문 내의 갈등과 해소 과정을 다룸을 알 수 있고, 3문단 끝에서 1~3번째 줄을 통해 가족사 소설인 「삼대」는 가족의 이야기를 통해 가족의 문제를 다루는 것을 넘어 역사, 사회가 한 가족에 미치는 영향을 다루고자 하였음을 알 수 있다. 이를 통해 가정 소설은 가정 내의 갈등을 가정 내에서 해결하지만 가족사 소설은 가정 내의 갈등이 사회적 문제로 확장됨을 추론할 수 있다.

이것도 알면 합격

제시된 작품들의 줄거리

조성기, '창선감의록'	병부상서 화욱은 세 명의 부인을 둔다. 그중 요씨는 딸 빙선을 낳았지만 일찍 죽었고, 정씨는 아들 화진이 성정하기 전에 죽는다. 심씨가 낳은 아들 화춘은 맏이였으나, 화욱은 화진을 편애해 심씨와 화춘은 불만을 가진다. 화욱이 죽은 뒤 심씨와 화춘은 화진과 그의 아내를 학대하는데, 이윽고 화춘은 누명을 씌워 화진을 귀양 보낸다. 그러나 화진은 귀양지에서 곽공을 만나 병서를 배우고, 해적을 토벌해 공을 세운다. 조정에서는 화진의 공을 인정해 진국공의 봉작을 내리고 심씨와 화춘도 개과천선하여 가정의 화목을 이룬다.
염상섭, '삼대'	조 의관의 손자이자 조상훈의 아들인 덕기는 방학을 맞아 귀향했다가 친구 병화를 만난다. 덕기는 그의 할아버지가 후처인 수원집을 비롯한 집안 사람들과 갈등을 빚는 것을 목격한다. 수원댁을 조 의관에게 소개해 준 최 참봉은 재산을 빼돌리기 위해 조 의관의 유서를 변조하고 모략을 꾸민다. 조 의관이 독살되자 재산 문제를 둘러싸고 집안의 갈등이 심화되지만 덕기가 집안의 재산을 관리하면서 수원집 일행의 계획은 수포로 돌아간다. 여기에 사회주의 사건과 관련해 덕기의 주변 사람들이 체포된다. 덕기는 무혐의로 풀려나지만, 앞으로 어떤 삶을 살 것인지를 두고 망연자실한다.

04 독해 | 글의 순서 파악   난이도 중 ●●○

정답 설명

③ (다) - (가) - (나) - (라)의 순서가 가장 자연스럽다.

순서	중심 내용	순서 판단의 단서와 근거
(다)	필연성을 상징하는 아낭케는 철학적 개념으로 사용될 때 관점에 따라 다른 의미를 지니게 됨	글의 중심 화제인 '아낭케'의 유래를 설명하고, 복수의 의미를 지니고 있는 철학적 개념으로서의 '아낭케'를 화두로 제시함
(가)	기계론적 관점과 목적론적 관점에서 바라본 세계 변화 • 기계론적 관점: 변화에 대한 궁극적인 목적성은 없으며 법칙성만 존재함 • 목적론적 관점: 변화는 궁극적이고 이상적인 목적을 향해가는 과정임	(다)에서 언급한 기계론적 관점과 목적론적 관점의 차이를 구체적으로 설명함
(나)	기계론적 관점에서 아낭케는 법칙성(역학적 인과 관계)을 의미함	(가)에서 설명한 기계론적 관점에 입각하여 아낭케의 의미를 설명함
(라)	목적론적 관점에서 아낭케는 형상(이상적 목적)을 현실에 구현하기 위한 조건을 의미함	접속 표현 '이와 달리': (나)에서 설명한 기계론적 관점의 아낭케와 다른 의미를 가진 목적론적 관점의 아낭케를 설명함

05 독해 | 숨겨진 내용 추론   난이도 하 ●○○

정답 설명

④ 제시문은 스포츠가 구단주들의 과도한 이익 추구로 인해 상업적으로 변질되고 있는 현실을 설명하고 이를 비판하고 있다. 따라서 '구단주의 팀 운영에 대한 결정 권한을 일정 부분 규제하여 스포츠 경기가 지나치게 상업적으로 이용되는 것을 방지해야 한다'는 ④가 제시문의 시사점으로 가장 적절하다.

오답 분석

① 2문단 끝에서 1~4번째 줄을 통해 팀의 연고지 이동은 구단주가 시 정부에게 요구하는 과도한 지원금 때문임을 알 수 있으므로, 지역 주민들과 구단주가 아니라, 정부와 구단주 간의 타협점을 찾는 것이 필요함을 추론할 수 있다.

② 1문단을 통해 VIP 관람석이 존재하지 않았을 때 가난하거나 부유한 것과는 관계없이 모든 사람들이 동등하게 스포츠 경기를 관람했음을 알 수 있으며, 4문단 끝에서 1~3번째 줄을 통해 VIP 관람석의 증가가 팬과 스포츠 경기, 팬과 팬 사이에 악영향을 끼친다는 것을 알 수 있다. 따라서 빈부의 차이와 관계없이 스포츠를 즐기기 위해서는 일반석을 VIP 관람석처럼 만들기보다 VIP 관람석을 폐쇄하는 것이 필요함을 추론할 수 있다.

③ 제시문을 통해 추론할 수 없는 내용이다.

06 어휘 | 다의어의 의미

정답 설명

③ 사람들과 잘 어울릴 줄 아는: 문맥상 ㉠과 의미가 가장 가까운 것은 ③ 이다. 제시문에서 ㉠ '어울릴'은 사람들이 함께하는 것을 뜻하며 ③의 '어울리다'는 사람들과 함께 사귀어 잘 지내는 것을 뜻하므로 '함께 사 귀어 잘 지내거나 일정한 분위기에 끼어들어 같이 휩싸이다'라는 의미 로 사용되었다. 따라서 ㉠의 의미와 가장 가까운 것은 ③이다.

오답 분석

① 한데 어울려: 이때 '어울리다'는 '여럿이 모여 한 덩어리나 한판이 되다' 의 의미로 사용되었다.

② ④ 이때 '어울리다'는 '여럿이 서로 잘 조화되어 자연스럽게 보이다'의 의미로 사용되었다.

07 독해 + 문법 | 사례 추론, 반의 관계

정답 설명

④ 2문단 끝에서 2~4번째 줄을 통해 두 단어가 상보적 반의 관계에 있을 경우 일정한 의미 영역을 두 단어가 양분하여 나눠 가지며, 그 사이에 는 중간 항이 존재하지 않음을 알 수 있다. 따라서 상보 반의어에 '보 다'와 같은 비교 표현을 사용할 경우 'A가 B보다 살다' 또는 'A가 B보 다 죽다'처럼 의미적 모순이 발생한다. 따라서 ④의 내용은 빈칸에 들 어갈 말로 적절하지 않다.

오답 분석

① 2문단 2~3번째 줄을 통해 상보 반의어는 두 단어가 한 영역 안에서 양 분적인 대립 관계에 있어 상호 배타적인 영역을 지닌 반의어를 의미함 을 알 수 있다. 또한 2문단 끝에서 2~4번째 줄을 통해 상보적 반의 관 계에는 중간 항이 존재하지 않음을 알 수 있다. 따라서 상보 반의어에 는 'A가 매우 죽다/살다'와 같이 정도를 나타내는 표현을 사용할 수 없 다. 따라서 ①은 빈칸에 들어갈 말로 적절하다.

② 2문단 3~6번째 줄에서 상보적 반의 관계에 대한 예시로 '살다'와 '죽 다'를 제시하며, 살아 있으면서 죽어 있는 것은 존재하지 않는다고 설 명한다. 이는 서로 상보적 반의 관계에 있는 두 단어(상보 반의어)에 대 한 동시 긍정이 의미상 불가능함을 말한다. 따라서 두 단어를 동시에 긍정하거나 동시에 부정하면 모순이 발생함을 추론할 수 있으므로 ② 는 빈칸에 들어갈 말로 적절하다.

③ 2문단 2~3번째 줄을 통해 상보 반의어는 두 단어가 한 영역 안에서 양 분적인 대립 관계에 있음을 알 수 있다. 따라서 '살다'의 긍정은 '죽다' 의 부정이고 '죽다'의 긍정은 '살다'의 부정임을 추론할 수 있다. 따라서 ③은 빈칸에 들어갈 말로 적절하다.

이것도 알면 합격

반의어의 종류

상보(모순) 반의어	한 영역 안에서 상호 배타적 대립 관계에 있는 반의어
	예 남자:여자, 삶:죽음, 금속:비금속
등급(정도) 반의어	두 단어 사이에 등급성이 있어서 중간 단계가 있는 반의어
	예 차갑다:뜨겁다, 길다:짧다, 높다:낮다
방향(대칭) 반의어	두 단어가 상대적 관계를 형성하고 있으면서 의미상 대칭 을 이루는 반의어
	예 남편:아내(역의 관계), 가다:오다(역행 관계), 시작:끝(대척 관계), 볼록:오목(대응 관계)

08 논리 | 명제

정답 설명

② 제시된 조건을 기호화하면 아래와 같다.

> (1) 오늘 조용
> (2) 오늘 박 사원 출근
> (3) 박 사원 출근 → 부서 회의
> (4) ~넥타이 → ~부서 회의 = 부서 회의 → 넥타이

(4)의 대우는 '부서 회의 → 넥타이'이다. 이를 (3)에 적용하였을 때 '박 사원 출근 → 부서 회의 → 넥타이'로 정리할 수 있다. (2)에 따라 오늘 은 박 사원이 출근하였으므로 오늘은 부서 회의가 있는 날이며, 문 팀 장은 넥타이를 매고 출근한다. 따라서 답은 ②이다. 참고로 'B인 경우 에만 A이다.'는 'A → B'로 기호화한다.

오답 분석

① (2)에 따르면 오늘은 박 사원이 출근을 한 날이다. 이를 (3)에 적용해 보았을 때, 박 사원이 출근했으므로 오늘은 부서 회의가 있는 날이다.

③ (1), (2), (3)에 따라 오늘은 부서 회의가 있는 날이며, 사무실이 조용 하다. 그러나 '부서 회의'와 '사무실 조용' 간에 관계성이 있지는 않으므 로 부서 회의가 있는 날마다 사무실이 조용한지는 알 수 없다.

④ (3)의 대우에 따르면 부서 회의가 없는 날에는 박 사원이 출근하지 않 는다. 그러나 제시된 조건만으로는 부서 회의가 없는 날에 사무실이 조 용한지는 알 수 없다.

이것도 알면 합격

조건문 기호화

기호화	조건문
	A이면 B이다.
	A이면서 B가 아닌 경우는 없다.
A → B	B일 때만 A이다.
	B인 경우에만 A이다.
	B이어야만 A이다.

09 독해 | 세부 내용 파악
난이도 중 ●●●

정답 설명

③ 1문단 4~6번째 줄을 통해 시장이 가격을 매개체로 개별적인 경제 주체들의 움직임을 조정한다는 내용은 확인할 수 있으나, 이것이 시장이 경제 주체들을 완벽하게 통제함을 의미하는 것은 아니다. 또한 4문단 1~3번째 줄을 통해 순수한 시장 경제 체제란 시장이 모든 경제적 역할을 수행하는 경제 체제를 의미하며, 경제를 완전히 통제하는 것은 시장 경제 체제와 구별되는 사회주의 경제 체제의 특징임을 확인할 수 있으므로 ③은 적절하지 않다.

오답 분석

① 1문단 1~3번째 줄을 통해 시장이 상황에 맞춰 완벽한 판단을 내릴 수 있는 대상이 아님을 설명하고 있으며, 4문단 끝에서 1~3번째 줄을 통해 대부분의 시장 경제 체제 국가들이 순수 시장 경제 체제가 아닌 정부 역시 경제적 역할을 함께 수행하는 혼합 경제 제체를 취하고 있음을 설명하고 있으므로 적절하다.

② 3문단 끝에서 2~8번째 줄을 통해 수요의 증감은 가격의 증감으로 이어지고, 가격의 증감을 바탕으로 생산자들이 생산 자원을 투입할 산업을 결정한다는 것을 알 수 있으므로 적절하다.

④ 2문단 끝에서 1~3번째 줄을 통해 높은 가격이 희소한 상품에 대한 소비 욕구를 통제함을 알 수 있고, 3문단 5번째 줄을 통해 공급에 비해 수요가 많을 경우 가격이 오름을 알 수 있으므로 적절하다.

10 독해 | 세부 내용 파악
난이도 중 ●●○

정답 설명

② ©, @ 모두 '가격'을 가리키므로 지시 대상이 같은 것은 ②이다.
  • ©: ©의 앞부분에는 가격의 상품 배급 기능에 대한 설명이 제시되어 있으며, ©이 포함된 문장에서는 앞의 내용을 요약해 주고 있다. 따라서 ©이 지시하는 대상은 '가격'임을 추론할 수 있다.
  • @: @의 앞부분에는 가격의 배분 기능에 대한 설명이 제시되어 있으며, 이때 공급에 비해 수요가 너무 크면 가격이 오른다고 한다. 반면 @이 포함된 문장에는 그와 반대되는 경우인 수요가 너무 작은 상황에 대해 제시되어 있다. 이를 통해 수요가 너무 작을 경우 내려가는 것은 '가격'임을 추론할 수 있다.

오답 분석

• ㉠: ㉠의 앞부분에는 능동성이 없는 시장의 특성이 제시되어 있고, ㉠이 포함된 문장에서는 그것이 원활하게 기능하기 위해 매개체의 역할을 하는 것이 필요하다고 설명한다. 이는 능동성이 없는 ㉠의 특징을 보완하기 위해 필요한 것이므로 ㉠이 지시하는 대상은 '시장'임을 추론할 수 있다.

• ㉡: ㉡의 바로 앞 문장에는 시장이 제대로 기능하기 위해 매개체의 역할을 하는 것이 필요하다고 말하며, ㉡이 포함된 문장에서는 그러한 기능을 수행하는 것이 '가격'임을 설명한다. 이를 통해 ㉡이 지시하는 대상은 '매개체'임을 추론할 수 있다.

■ 정답   p.90

01	② 독해	06	② 독해
02	④ 독해 + 문법	07	① 독해
03	④ 독해	08	① 논리
04	② 독해	09	④ 독해
05	④ 독해	10	① 어휘

■ 취약영역 분석표

영역	틀린 답의 개수
독해	/ 7
독해 + 문법	/ 1
독해 + 문학	/ -
논리	/ 1
어휘	/ 1
TOTAL	10

* 취약영역 분석표를 이용해 1개라도 틀린 문제가 있는 영역은 그 영역의 문제만 골라 해설을 다시 한번 꼼꼼히 학습하세요.

---

01 독해 | 화법 (말하기 전략 파악)   난이도 하 ●○○

정답 설명

② A는 마지막 발화에서 '김 대리 입이 엄청 크네'라는 팀장의 말에 담긴 이면적인 의미가 '하품 좀 그만하고 회의에 집중해라'라는 것임을 파악하고 있으므로 ②는 적절한 설명이다.

[관련 부분] 그런 걸 종합해서 보면 팀장님이 하신 말씀은 '입이 커서 보기 좋다'가 아니라 '하품 좀 그만하고 회의에 집중해라'라는 의미가 된단 말이에요.

오답 분석

① A는 첫 번째 발화에서 반어적 표현을 통해 B가 회의 시간에 보인 행동들을 비판하고 있다.

[관련 부분] 용기가 정말 대단하시네요.

③ A는 B가 회의 시간에 보인 부적절한 태도를 비언어적 표현뿐 아니라 언어적 표현의 측면에서도 지적하고 있다.

[관련 부분] 회의 준비를 제대로 못하셨으면 하품이 나올 때 가리기라도 하시던가, 팀장님이 말씀하실 때 '죄송하다'라고 대답이라도 하셨어야죠.

④ B는 두 번째 발화에서 자신이 하품을 한 이유를 개인적인 상황을 근거로 이야기했다.

[관련 부분] 지루했던 게 아니라, 제가 어제 잠을 못 자서 그런지 하품이 계속 나오더라고요.

---

02 독해 + 문법 | 사례 추론, 높임 표현   난이도 중 ●●○

정답 설명

④ 1문단에 따르면, 주체 높임은 문장에서 주체를 높이는 것으로, 주격 조사나 어미, 특수 어휘를 통해 실현되고, 객체 높임은 문장에서 객체를 높이는 것으로, 특수 어휘나 부사격 조사를 통해 실현된다. 또한, 2문단에 따르면, 상대 높임은 종결 어미로 실현되는데, '하십시오체', '해요체', '하오체'에만 높임의 의도가 포함된다. 따라서 ㉠에 들어갈 문장은 주체 높임, 객체 높임이 모두 쓰이면서 상대 높임 중 '하십시오체', '해요체', '하오체'가 쓰인 문장이어야 한다. ④ '아버지께서 의사 선생님을 뵙고 진찰을 받으셨습니다.'에서 주체 높임은 '아버지께서'의 주격 조사 '께서'와 '받으셨습니다'의 선어말 어미 '-으시'를 통해 실현되었다. 객체 높임은 특수 어휘 '뵙다(뵙고)'를 통해 실현되었으며, 상대 높임은 '받으셨습니다'에서 높임의 의미가 포함된 '하십시오체'를 통해 실현되었다. 따라서 ④가 정답이다.

오답 분석

① 어제 희수가 할머니를 모시고 식당에 갔습니까: 객체 높임은 특수 어휘 '모시다(모시고)'를 통해 실현되었으며, 상대 높임은 '갔습니까'에서 '하십시오체'를 통해 실현되었다. 그러나 주체 높임은 쓰이지 않았으므로 ①은 정답이 아니다.

② 명수 어머니, 명수가 좋아하는 양갱을 싸 드릴까요: 객체 높임은 특수 어휘 '드리다(드릴까요)'를 통해 실현되었으며, 상대 높임은 '드릴까요'에서 '해요체'를 통해 실현되었다. 그러나 주체 높임은 쓰이지 않았으므로 ②는 정답이 아니다.

③ 고모께서 할아버지께 정중한 태도로 고개를 숙이셨어: 주체 높임은 '고모께서'의 주격 조사 '께서'와 '숙이셨어'의 선어말 어미 '-시-'를 통해 실현되었으며, 객체 높임은 '할아버지께'의 부사격 조사 '께'를 통해 실현되었다. 그러나 상대 높임 중 '하십시오체', '해요체', '하오체'가 쓰이지 않았으므로 ③은 정답이 아니다.

🔮 이것도 알면 합격

높임 표현

높임 표현의 종류	정의	뜻
주체 높임	문장에서 주체를 높이는 것	• 주격 조사 '께서' • 선어말 어미 '-(으)시-' • 특수 어휘: 계시다, 주무시다, 돌아가시다, 편찮으시다 등
객체 높임	문장에서 객체를 높이는 것	• 특수 어휘: 모시다, 뵙다, 여쭙다 등 • 부사격 조사 '께'
상대 높임	청자를 높이거나 낮추는 것	• 높임: 하십시오체, 해요체, 하오체 • 낮춤: 하게체, 해체, 해라체

---

03 독해 | 작문 (반박하는 글쓰기)   난이도 중 ●●○

정답 설명

④ 제시문은 역사적으로 새로운 기술 때문에 일자리가 감소한 사례는 없었으므로, 로봇의 사용으로 인한 일자리 감소의 가능성 역시 낮을 것이라 주장하고 있다. 그러나 〈보기〉의 내용과 같이 기술이 발달하여 로봇의 생산 능력이 크게 향상된다면 일자리는 줄어들 것이다. 따라서 ④를 근거로 제시문을 반박할 수 있다.

---

04 독해 | 논증 판단   난이도 하 ●○○

정답 설명

② ㉠을 평가한 내용으로 적절한 것은 ② 'ㄱ, ㄷ'이다.
- ㄱ: 1~2문단을 통해 아비투스란 사회화 과정에서 아동이 습득하는 계층에 의해 습관화된 생활 방식이자 영구적인 성향 체계로 쉽게 변하지 않음을 알 수 있다. 이때 상류층 집안에서 자란 A씨가 집안이 경제적으로 몰락했음에도 사치를 즐긴다는 것은 기존의 상류층으로서의 아비투스가 그대로 작용한 것이므로 ㄱ은 ㉠ '아비투스' 이론을 강화한다.
- ㄷ: 2문단 끝에서 1~3번째 줄을 통해 아비투스는 쉽게 변하지 않는 특징이 있음을 알 수 있다. 하지만 왕족으로서 부유한 생활을 영위하던 석가모니가 자신의 지위를 내려놓고 출가해 무소유의 삶을 산 것은 석가모니가 기존의 왕족으로서의 아비투스를 부정한 것이므로 ㄷ은 ㉠ '아비투스' 이론을 약화한다.

오답 분석

ㄴ: 가난한 가정에서 자라 왔으나 자수성가한 B씨가 여전히 서민 음식을 즐긴다는 기사는 어린 시절 형성된 B씨의 아비투스가 그대로 작용한 것이므로 ㄴ은 ㉠ '아비투스' 이론을 강화한다. 따라서 ㄴ의 평가는 적절하지 않다.

---

05 독해 | 세부 내용 파악   난이도 중 ●●○

정답 설명

④ 1문단 2~3번째 줄을 통해 공기 밀도는 온도가 증가함에 따라 감소하고, 습도가 증가함에 따라 약간 감소한다는 것을 알 수 있다. 따라서 공기의 밀도는 온도와 습도의 영향으로 변화함을 알 수 있으므로 습도에 따라 변하지 않는 경우가 있다는 설명은 적절하지 않다.

오답 분석

① 1문단 3~5번째 줄을 통해 겨울철에는 공기의 밀도가 높아, 지면 수준에서 건물로 공기의 침입이 발생함을 알 수 있다.

② 2문단에서 바람이 강한 제주도의 전통 초가에 굴뚝이 있으면 통풍이 너무 잘되기 때문에 겨울에는 밤새 따뜻함을 유지하기 힘들다는 것을 설명하고 있다. 이를 통해 겨울철 실내 보온을 위해 제주도의 전통 가옥에는 굴뚝을 설치하지 않음을 확인할 수 있다.

③ 1문단 끝에서 3~6번째 줄을 통해 건물에는 계절별 공기의 유동으로 인해 내부 압력과 외부 압력이 같아지는 수직 지점인 '중립 압력 수준'이 존재함을 알 수 있다.

---

06 독해 | 글의 순서 파악   난이도 중 ●●○

정답 설명

② 〈보기〉 다음으로 (가) - (다) - (나)의 순서로 이어지는 것이 가장 자연스럽다.

순서	중심 내용	순서 판단의 단서와 근거
(가)	농경을 주로 하는 문화적 특성으로 인해 '천(天)'은 자연현상과 작용을 포괄하는 '자연천(自然天)' 개념으로 자리 잡음	〈보기〉에서 인간이 '천(天)'을 이해하는 방식이 다양하였음을 언급한 후, '천'의 개념을 '자연천(自然天)'으로 이해했던 사실을 구체적으로 제시하고 그 배경을 설명함
(다)	'천(天)'은 신성한 대상으로 숭배되었고 '천명(天命)'이 정치적인 개념으로 등장함	지시 표현 '이러한 천 개념하에서': (가)에서 언급한 '자연천(自然天)'의 개념하에 신성한 대상으로 여겨진 '천(天)'에 대해 부연 설명함
(나)	독점적이고 배타적인 '천명(天命)'에 근거한 권력 행사의 부작용과 '천명(天命)' 의식의 변화	접속어 '그러나': (다)에서 언급한 '천명(天命)'의 정치적 순기능(정통성 보장)과 반대되는 역기능(천명에 근거한 권력 행사의 부작용)이 제시됨

07 독해 | 세부 내용 파악
난이도 하 ●○○

정답 설명

① 제시문 5~6번째 줄에 의하면 애그플레이션 발생 이유는 곡물의 수요와 공급의 불균형 때문이다. 이러한 불균형은 이상기후 현상으로 인한 곡물의 생산량 감소, 세계 인구 증가로 인한 곡물 수요 증가로 인해 발생한 것이다. 따라서 ①의 내용은 적절하다.

오답 분석

② 제시문에서는 이상기후로 곡물 생산량이 줄어드는 반면 세계 인구 증가로 인해 곡물의 수요가 증가하면서 곡물 가격이 상승하게 되었다고 설명한다. 즉 ②의 내용과는 반대로 애그플레이션은 곡물의 수요가 증가하였으나 공급이 줄어들어 발생하는 것이다.

③ 애그플레이션은 곡물 가격이 상승함에 따라 일반 물가도 상승하는 현상을 의미하므로 곡물 가격과 일반 물가가 비례 관계임을 알 수 있으며, 곡물 가격 상승세는 앞으로도 지속될 것으로 전망된다고 설명하였으므로 비례 관계에 따라 물가 상승세 또한 지속될 것으로 예상할 수 있다. ③에서는 곡물 가격과 일반 물가가 반비례 관계를 이룬다고 하였으므로 적절하지 않은 설명이다.

④ 제시문에서는 곡물에 대한 수입 의존도가 높은 한국을 예로 들며 애그플레이션이 발생했을 때 큰 타격을 입게 된다고 설명하고 있다. 그러나 곡물 수입 의존도가 낮은 나라가 물가 상승의 영향을 전혀 받지 않는다는 내용은 제시문에서 확인할 수 없다.

08 논리 | 명제
난이도 하 ●○○

정답 설명

① (가)와 (나)의 전제를 기호화하면 다음과 같다.

> (가): 시 → ~수필 = 수필 → ~시 (대우)
> (나): ~소설 → 시 = ~시 → 소설 (대우)

이때 (가)의 대우와 (나)의 대우를 조합할 경우 '수필 → 소설'이 도출된다. 따라서 제시된 진술 중 결론으로 적절한 것은 ① '수필을 즐겨 읽는 사람은 모두 소설을 즐겨 읽는다(수필 → 소설)'이다.

소설
~시
수필

오답 분석

② (가)의 대우와 (나)의 대우를 통해 수필을 즐겨 읽는 사람이 모두 소설을 즐겨 읽음은 알 수 있으나, 소설을 즐겨 읽는 사람이 모두 수필을 즐겨 읽는지는 알 수 없으므로 적절하지 않다.

③ (가)와 (나)의 진술을 통해 소설을 즐겨 읽지 않는 사람이 모두 시를 즐겨 읽음은 알 수 있으나, 소설을 즐겨 읽는 사람 중 시를 즐겨 읽는 사람이 있는지는 알 수 없으므로 적절하지 않다.

09 독해 | 빈칸 추론
난이도 중 ●●○

정답 설명

④ (가)와 (나)에 들어갈 내용으로 가장 적절한 것은 ④이다.

- (가): (가)의 앞 문장을 통해 '정확 단어 채점법'은 학생이 빈칸에 적은 단어가 원본 텍스트와 동일해야만 정답을 인정하는 채점 방식임을 알 수 있다. 따라서 채점 기준이 명확함을 알 수 있고 그에 따라 교사의 채점 속도도 빠를 것이므로, '정확 단어 채점법'을 사용하면 교사가 효율적으로 업무를 수행할 수 있을 것임을 추론할 수 있다.

- (나): (나)의 앞뒤 문장을 통해 '허용 단어 채점법'은 학생이 빈칸에 적은 내용이 문맥상 적절하면 정답으로 인정함과 동시에 정확한 채점 기준이 존재하지 않는 채점 방식임을 알 수 있다. 즉 교사는 자기의 주관적인 판단에 근거해, 각각의 학생들이 빈칸에 적은 여러 단어들이 문맥에만 맞는다면 정답으로 인정할 것이다. 따라서 '허용 단어 채점법'을 사용하면 교사는 독서 중 발생하는 학생들의 다양한 반응을 적극 수용할 수 있을 것임을 추론할 수 있다.

오답 분석

- (가): 1문단 끝에서 1~3번째 줄에서 '빈칸 메우기 검사'는 맥락을 통해 추론하는 능력을 진단할 수 있다고 하였으므로, '정확 단어 채점법'이 학생들의 추론 능력을 평가할 수 없다고 하는 것은 적절하지 않다.

- (나): (나)의 앞뒤 문장에 의하면 '허용 단어 채점법'은 학생이 빈칸에 적은 내용이 문맥에 적절하다면 정답으로 인정하므로 채점 기준이 모호해질 수 있는 한계를 지닌 채점 방식임을 알 수 있다. 이로 미루어 보아 '허용 단어 채점법'은 채점자가 학생이 빈칸에 적은 단어가 문맥상 적절한지를 판단하는 과정에서 채점자의 주관이 개입될 여지가 크므로 객관성을 확보하기 어려울 것임을 추론할 수 있다. 따라서 '허용 단어 채점법'을 사용하면 채점자의 주관을 최대한 배제해 객관성을 확보할 수 있다는 추론은 적절하지 않다.

10 어휘 | 다의어의 의미
난이도 하 ●○○

정답 설명

① 불안을 지니고 살아간다: 제시문에서 ⊙ '지닌다'는 문맥상 어떠한 대상이 한계를 바탕으로 갖고 있음을 뜻하며 ①의 '지니고' 역시 불안을 '바탕으로 갖고 있다'라는 의미로 사용되었으므로 답은 ①이다.

오답 분석

② 임무를 지니고: 이때 '지니다'는 '어떠한 일 등을 맡아 가지다'의 의미로 사용되었다.

③ 유품을 지니고 다녔다: 이때 '지니다'는 '몸에 간직하여 가지다'의 의미로 사용되었다.

④ 추억을 평생 마음속에 지니고: 이때 '지니다'는 '기억하여 잊지 않고 새겨 두다'의 의미로 사용되었다.

■ 정답

p.96

01	① 독해	06	② 독해
02	④ 독해	07	③ 독해
03	④ 독해	08	④ 어휘
04	③ 독해 + 문법	09	④ 독해
05	③ 논리	10	② 어휘

■ 취약영역 분석표

영역	틀린 답의 개수
독해	/ 6
독해 + 문법	/ 1
독해 + 문학	/ −
논리	/ 1
어휘	/ 2
TOTAL	10

* 취약영역 분석표를 이용해 1개라도 틀린 문제가 있는 영역은 그 영역의 문제만 골라 해설을 다시 한번 꼼꼼히 학습하세요.

---

01 독해 | 화법 (공손성의 원리) 난이도 하 ●○○

정답 설명

① 밑줄 친 부분은 박 과장이 김 대리에게 이른 시간에 출근해서 일하는 모습을 칭찬하자, 김 대리가 자신의 업무 속도가 느려서 일찍 시작하는 것이라고 답하는 장면이다. 이는 자신에 대한 칭찬을 최소화하고 결점을 극대화하는 ⊙ '겸양의 격률'에 해당하므로 답은 ①이다.

✌이것도 알면 합격

공손성의 원리

요령의 격률	상대방에게 부담이 되는 표현은 최소화하고 상대방의 이익을 극대화시키는 표현을 최대화하여 표현하는 것
관용의 격률	화자 자신에게 혜택을 주는 표현은 최소화하고 자신에게 부담을 주는 표현을 최대화하여 표현하는 것
찬동의 격률	상대방에 대한 비방을 최소화하고 칭찬을 극대화하여 표현하는 것
겸양의 격률	화자 자신에 대한 칭찬을 최소화하고 자신에 대한 비방을 극대화하여 표현하는 것
동의의 격률	화자 자신의 의견과 상대방의 의견 사이에 다른 점을 최소화하고 일치점을 극대화하여 표현하는 것

---

02 독해 | 주제 및 중심 내용 파악 난이도 하 ●○○

정답 설명

④ 제시문은 서울말이 표준어가 되어 위세를 떨치게 된 것은 다른 방언보다 우위에 있어서가 아니라, 서울말을 사용하는 사람들의 영향력에 기인한 것임을 설명하고 있다. 따라서 글의 중심 내용으로 가장 적절한 것은 ④ '서울말이 표준어가 된 것은 언어 외적인 측면의 영향력 때문이다'로 볼 수 있다.

오답 분석

① 5~7번째 줄을 통해 언어학적인 관점에서는 서울말과 다른 방언 간의 위계적 차이가 없음을 알 수 있다.

② 끝에서 5~6번째 줄을 통해 방언 간의 위계가 없음을 확인할 수 있으나, 내재적 특질의 차이가 존재한다는 내용은 제시문을 통해 알 수 없다.

③ 제시문을 통해 알 수 없는 내용이다.

---

03 독해 | 관점과 태도 파악 난이도 중 ●●○

정답 설명

④ (가)의 4~6번째 줄과 끝에서 1~3번째 줄을 통해 역사주의에서는 역사적 사실이 가지는 고유하고 특수한 가치가 중시되며, 역사학자의 임무는 이러한 특수성을 밝히는 데 있음을 알 수 있다. 따라서 역사학자는 에페소스가 기후 변화로 인해 해양 도시로서의 기능을 상실하게 된 과정을 다른 문명에서 발견할 수 없는 특수한 역사적 사실로 볼 것임을 추론할 수 있다.

[관련 부분]

• 역사주의에서는 역사적 사실이 가지는 고유하고 특수한 가치가 무엇보다도 중시되었다.

• 역사학자의 임무는 사료 조사를 통해서 역사적 사실의 특수성을 밝히는 데 있다.

① (가)의 끝에서 1~3번째 줄을 통해 사료 조사를 중시하는 것은 역사학자임을 알 수 있으므로 에페소스 문명의 유적을 중요한 사료로 다루는 것은 계몽주의 사상가가 아닌 역사학자이다.

[관련 부분] 역사학자의 임무는 사료 조사를 통해서 역사적 사실의 특수성을 밝히는 데 있다.

② (가)의 1~3번째 줄과 끝에서 1~3번째 줄을 통해 계몽주의 사상가는 자연법칙을 통해, 역사학자는 사료 조사를 통해 역사적 사실을 분석함을 알 수 있다.

[관련 부분]
• 계몽주의 사상가들은 자연 세계를 지배하는 보편적 법칙들이 인간과 사회를 지배하며 바로 그 법칙들이 인간과 사회를 설명할 수 있다고 보았다.
• 역사학자의 임무는 사료 조사를 통해서 역사적 사실의 특수성을 밝히는 데 있다.

③ (가)의 1~3번째 줄을 통해 자연 세계를 지배하는 보편적인 법칙으로 인간과 사회를 설명하는 것은 계몽주의의 관점임을 알 수 있다. 따라서 에페소스 문명이 쇠퇴한 원인을 생태계의 변화라는 자연법칙으로 설명하는 것은 역사주의 사관이 아닌 계몽주의 사상이다.

[관련 부분] 계몽주의 사상가들은 자연 세계를 지배하는 보편적 법칙들이 인간과 사회를 지배하며 바로 그 법칙들이 인간과 사회를 설명할 수 있다고 보았다.

---

04 독해 + 문법 | 빈칸 추론, 언어의 이해 난이도 중 ●●○

③ ㉠ ~ ㉢에 들어갈 말을 적절하게 나열한 것은 ③이다.
• ㉠: 2문단에서 '사람'이 대표하는 것은 실재하는 어떤 사람(지구상의 수많은 인종의 사람들)이기보다, 이를 보고 공통점을 뽑아 우리 마음속에 형상화된 사람이라고 설명한다. 따라서 지구상에 존재하는 각양각색 인종의 실체는 '사람'이라는 형상을 떠오르게 하는 실재 대상이므로, ㉠에 들어갈 말은 '지시물 내지 대상'임을 추론할 수 있다.
• ㉡: 3문단 2~4번째 줄에 의하면 개념을 말소리로 나타낸 것은 '기호' 또는 '명칭'이다. 따라서 '사람'이라는 말소리는 '기호 내지 명칭'임을 추론할 수 있다.
• ㉢: 2문단 끝에서 1~3번째 줄과 3문단 1~2번째 줄에 의하면 '사람'이라는 말은 마음속의 형상(심리적 영상)을 대표하는 것으로, 그러한 심리적 영상을 흔히 '관념'이나 '개념'이라고 한다. 따라서 ㉢이 포함된 문장에서 사람이라는 소리를 듣고 우리 머릿속에 떠오르는 영상은 '개념 또는 관념'임을 추론할 수 있다.

---

05 논리 | 명제 난이도 하 ●○○

③ 제시된 명제를 기호화하면 다음과 같다.

> (1) 매운 음식 → 김치찌개 = ~김치찌개 → ~매운 음식 (대우)
> (2) 김치찌개 → ~피자 = 피자 → ~김치찌개 (대우)
> (3) 떡볶이 → 매운 음식 = ~매운 음식 → ~떡볶이 (대우)

(1), (2)를 차례로 결합하면 '매운 음식 → 김치찌개 → ~피자'이므로 매운 음식을 잘 먹는 모든 사람은 피자를 좋아하지 않는다는 것을 알 수 있다. 따라서 ③은 항상 옳다.

① (3), (1), (2)를 차례로 결합하면 '떡볶이 → 매운 음식 → 김치찌개 → ~피자'이므로 떡볶이를 좋아하는 모든 사람은 피자를 좋아하지 않는다.

② (2)의 대우, (1)의 대우를 차례로 결합하면 '피자 → ~김치찌개 → ~매운 음식'이므로 피자를 좋아하는 모든 사람은 매운 음식을 잘 먹지 못한다.

④ (3), (1)을 차례로 결합하면 '떡볶이 → 매운 음식→ 김치찌개'이므로 떡볶이를 좋아하는 모든 사람은 김치찌개를 좋아한다.

---

06 독해 | 논증 판단 난이도 중 ●●○

② 1~2문단에 의하면 한 대상을 다른 대상과 구분해 주는 속성이 본질이며, 이때 ㉡ '반본질주의'는 우리와 무관하게 개체 내에 존재하는 본질은 없고, 인간이 정한 언어 약정이 본질의 역할을 할 뿐인 것이라고 주장한다. 즉 본질은 따로 존재하여 우리가 발견한 것이 아니라 우리가 관습적으로 부여하는 의미를 표현한 것에 불과하다. 이렇듯 ㉡ '반본질주의'의 입장에서 보았을 때 특정 대상을 다른 대상과 구분해 주는 속성인 본질은 인간이 특정 대상에 의미를 부여함으로써 구성되므로 ②의 설명은 ㉡ '반본질주의'의 입장을 강화한다.

① 2문단 5~7번째 줄 내용에 의하면 ㉡ '반본질주의'는 인간이 정한 언어 약정이 ㉠ '본질주의'에서 말하는 본질의 역할을 충분히 달성할 수 있다고 주장한다. 이는 곧 개체의 본질이 인간의 가치가 언어를 통해 투영된 것에 지나지 않는다는 의미이므로 ①의 설명은 ㉡ '반본질주의'의 입장을 강화한다.

③ 2문단에 의하면 ㉠ '본질주의'는 개체들이 공유하는 무엇인가가 개체 내에 본질로서 존재한다고 주장한다. 따라서 까투리라는 종에 속하는 개체들이 공유하는 속성이 객관적으로 실재한다는 주장은 ㉠ '본질주의'에 해당하므로 ③의 설명은 ㉠ '본질주의'의 입장을 강화한다.

④ 2문단에 의하면 ㉠ '본질주의'는 개체들이 공유하는 무엇인가가 개체 내에 본질로서 존재한다고 주장한다. 만약 본질이 존재한다면, 대상의 본질을 찾으려는, 몇몇 시도에서라도 그 대상의 본질을 명확하게 찾아냈을 것이다. 하지만 본질을 찾으려는 모든 시도에서 대상의 본질을 명확하게 찾아내는 데 성공하지 못했다는 것은 본질이 존재하지 않는다는 주장에 힘을 실어 준다. 따라서 ④의 설명은 ㉠ '본질주의'의 입장을 약화한다.

정답 설명

③ (가)~(다)에 들어갈 문장을 순서대로 나열한 것은 ③ 'ㄴ-ㄱ-ㄷ'이다.

- (가): 1문단에서는 몸의 감각 또는 행동이 정신에 영향을 미치는 현상인 체화된 인지 이론에 대해 설명하면서, 표정 근육을 작동하여 상대방 표정을 따라 지으면 상대방의 감정을 제대로 인지할 수 있게 된다고 하였다. 따라서 (가)에는 표정 근육과 감정의 인지의 관계를 요약하여 정리하는 'ㄴ'이 들어가야 한다.

- (나): 2문단에서는 체화된 인지 이론을 증명하는 실험 내용이 제시되어 있다. 실험 결과, 웃는 표정을 짓는 그룹이 화난 표정의 그룹보다 카툰을 보고 더 재미있다고 느꼈음을 알 수 있다. 후자의 경우 펜을 입술로 고정하였기에 웃는 표정을 지을 수 없도록 근육이 배치되어 재미라는 감정을 제대로 인지하지 못한 것이므로 (나)에는 표정 근육에서 피드백이 오지 않아 뇌가 재미를 덜 느꼈다는 내용의 'ㄱ'이 들어가야 한다.

- (다): 3문단에서는 체화된 인지 이론과 보톡스의 관계를 설명하고 있다. (다) 앞에는 눈살을 찌푸리거나 웃음을 짓는 데 관여하는 부분에 보톡스 주사를 맞을 경우, 상대방의 슬픔이나 행복감을 표정 근육이 제대로 피드백을 하지 못하게 된다는 내용이 제시되어 있고, (다) 뒤에는 의사소통에서 문제가 되는 것은 미묘한 말이나 표정을 적절히 해석하지 못하는 경우임이 제시되어 있다. 따라서 (다)에는 글의 흐름상 표정 근육이 정상적으로 작동하지 않는다고 하더라도 감정 상태가 명백한 자극일 때는 상대방의 감정을 인지하는 데 문제가 되지 않으나, 그것이 미묘할 경우에는 감정을 제대로 파악하지 못해 의사소통의 문제를 야기할 수 있다는 내용의 'ㄷ'이 들어가야 한다.

정답 설명

④ 미소를 띠기 시작했다: ㉠의 '띠다'는 문맥상 슬픈 표정을 나타낸다는 의미로, '감정이나 기운 따위를 나타내다'의 뜻을 가진다. 따라서 ㉠의 의미와 가장 가까운 것은 ④ '언니는 미소를 띠기 시작했다'의 '띠다'이다.

오답 분석

① 중요한 임무를 띠다: 이때 '띠다'는 '용무나, 직책, 사명 따위를 지니다'라는 의미이다.

② 일에 전문성을 띠다: 이때 '띠다'는 '어떤 성질을 가지다'라는 의미이다.

③ 홍조를 띠면서: 이때 '띠다'는 '빛깔이나 색채 따위를 가지다'라는 의미이다.

정답 설명

④ 2문단 1~5번째 줄을 통해 '스트레스가 병의 원인이다'라는 진술에서 '스트레스'는 단지 발병 확률을 높이는 원인일 뿐이라고 보는 것은 원인과 결과가 필연적인 것이 아니라 발생 가능성이 있는 것으로 보기 때문임을 알 수 있다. 따라서 글의 내용에 부합하지 않는 것은 ④이다.

오답 분석

① 1문단 4~6번째 줄을 통해 어떤 사람이 스트레스로 병에 걸렸다는 개별적인 사례들로부터 '스트레스가 병의 원인이다.'라는 일반적인 인과가 도출됨을 알 수 있다. 따라서 ①은 글의 내용에 부합한다.

② 1문단 마지막 문장을 통해 사람들은 오랫동안 개별적인 사례에서 도출된 일반적인 인과(집단 수준의 인과)가 필연성을 지닌다고 믿어 왔다는 것을 알 수 있다. 따라서 ②는 글의 내용에 부합한다.

③ 2문단 끝에서 1~9번째 줄을 통해 스트레스와 병이 필연적 관계가 아니라고 보는 입장은 개별자 수준의 인과와 집단 수준의 인과가 별개로 존재한다고 봄을 알 수 있다. 따라서 ③은 글의 내용에 부합한다.

정답 설명

② 문맥상 ㉡은 개별적 사례로부터 일반적인 인과가 이끌려 나온다는 뜻이나, '산출되다'는 계산되어 나온다는 의미의 단어이므로 ㉡과 바꿔 쓰기에 적절하지 않다. 참고로 ㉡과 유사한 표현으로는 '도출되다'가 있다.

- 산출(算出)되다: 계산되어 나오다.
- 도출(導出)되다: 판단이나 결론 따위가 이끌려 나오다.

오답 분석

① • 맞다: 어떤 행동, 의견, 상황 따위가 다른 것과 서로 어긋나지 아니하고 어울리다.
  • 상응(相應)하다: 1. 서로 응하거나 어울리다. 2. 서로 기맥이 통하다.

③ 개연적(蓋然的): 그럴 법한 것

④ 단언(斷言)하다: 주저하지 아니하고 딱 잘라 말하다.

■ 정답
p.102

01	② 독해	06	① 독해
02	④ 독해	07	② 논리
03	② 독해 + 문법	08	① 독해 + 문법
04	③ 독해 + 문학	09	③ 독해
05	④ 독해	10	③ 독해

■ 취약영역 분석표

영역	틀린 답의 개수
독해	/ 6
독해 + 문법	/ 2
독해 + 문학	/ 1
논리	/ 1
어휘	/ -
TOTAL	10

* 취약영역 분석표를 이용해 1개라도 틀린 문제가 있는 영역은 그 영역의 문제만 골라 해설을 다시 한번 꼼꼼히 학습하세요.

---

01 독해 | 글의 전략 파악
난이도 하 ●○○

(정답 설명)

② 제시문 3~5번째 줄에서 단백질 분자들이 생명체를 형성하는 것을 예로 들어 복잡계가 높은 수준의 새로운 질서를 형성한다는 내용에 대해 설명하고 있다. 따라서 '예시'의 전개 방식이 사용되었음을 알 수 있다.

(오답 분석)

① '분석'에 대한 설명이다.
③ '대조'에 대한 설명이다.
④ '분류'에 대한 설명이다.

👉 이것도 알면 합격

분류와 분석, 비교와 대조의 차이점

1. 분류와 분석

분류	하나의 관념이나 대상을 유사하거나 공통적인 특성에 따라 나누어 진술하는 방식 예 잠자리, 나비, 강아지, 고양이를 공통점에 따라 분류해 보면 잠자리와 나비는 '곤충', 강아지와 고양이는 '동물'로 나눌 수 있다.
분석	하나의 관념이나 대상을 그 구성 요소로 나누어 진술하는 방식 예 식물은 뿌리, 줄기, 잎, 꽃으로 구성되어 있다.

2. 비교와 대조

비교	사물의 비슷한 점을 밝혀내어 설명하는 방식 예 야구는 축구처럼 공을 가지고 하는 경기이다.
대조	사물의 차이점을 밝혀내어 설명하는 방식 예 동사와 형용사는 모두 용언이지만 동사는 주어의 동작을, 형용사는 주어의 성질을 나타낸다.

---

02 독해 | 세부 내용 파악
난이도 중 ●●○

(정답 설명)

④ 2문단에서 선입견에서 벗어나 열린 눈으로 사람이나 사물을 바라본다면 시들한 관계에도 생기가 돌 것이라고 설명하고 있다. 이는 곧 열린 마음으로 세상을 바라보는 연습을 한다면 인간관계에도 활력이 생길 수 있음을 의미하므로 답은 ④이다.

(오답 분석)

① 3문단 끝에서 1~3번째 줄을 통해 사람이 가진 좋은 덕성을 찾아낼 수 있다면 그 사람이 자신에게 좋은 친구가 될 수 있다고 설명하고 있을 뿐, 이것이 곧 훌륭한 인품이 좋은 친구를 만들 수 있는 방법이 됨을 의미하는 것은 아니다.
② 제시문을 통해 확인할 수 없으므로 적절하지 않다.
③ 2문단 1~2번째 줄에서 보는 각도를 달리하면, 즉 고정 관념에서 벗어나면 대상이 지닌 비밀을 찾을 수 있다고 설명하였으므로 인과 관계가 적절하지 않다.

---

03 독해 + 문법 | 사례 추론, 접사의 기능
난이도 중 ●●○

(정답 설명)

② 3문단 3~4번째 줄에 따르면, ⊙ '지배적 접사'는 어근의 품사를 바꾸는 접사이다. '높다란'은 형용사 '높다'의 어근 '높-'에 형용사 파생 접미사 '-다랗다'가 결합한 '높다랗다'의 활용형이다. 이때 형용사 어근에 형용사 파생 접미사가 결합하여 품사는 변하지 않았으므로 '-다랗다'는 한정적 접사이다. 따라서 ⊙ '지배적 접사'의 예에 해당하지 않는다.

① 지우개: 동사 '지우다'의 어근 '지우-'에 명사 파생 접미사 '-개'가 결합한 것으로, 품사가 동사에서 명사로 바뀐 예에 해당한다.

③ 낮추고: 형용사 '낮다'의 어근 '낮-'에 동사 파생 접미사 '-추-'가 결합한 '낮추다'의 활용형으로, 품사가 형용사에서 동사로 바뀐 예에 해당한다.

④ 높이: 형용사 '높다'의 어근 '높-'에 부사 파생 접미사 '-이'가 결합한 것으로, 품사가 형용사에서 부사로 바뀐 예에 해당한다.

이것도 알면 합격

기능에 따른 접사의 분류

한정적 접사	어근의 품사를 바꾸지 않고 뜻만 더하는 접사 예 • 맨-+손 (명사 → 명사) • 달+-맞이 (명사 → 명사)
지배적 접사	어근의 품사를 바꾸는 접사 예 • 크-+-기 (형용사 → 명사) • 공부+-하다 (명사 → 동사) • 가난+-하다 (명사 → 형용사) • 많-+-이 (형용사 → 부사)

04 독해 +문학 | 숨겨진 내용 추론, 작품의 종합적 감상 난이도 중 ●●○

정답 설명

③ 3문단에서 '나'의 외출은 사회와 단절된 방에서의 탈출을 의미하며 분열된 자아가 통일되는 사회성 획득을 의미한다고 설명할 뿐, '나'가 외출을 통해 자신의 능력을 시험하거나 근대 사회에 적응하였는지는 제시문을 통해 추론할 수 없다.

오답 분석

① 2문단에서 '나'는 아내에게 기생하며 외부 세계와 단절된 채 방에서 기형적인 삶을 살아간다고 하였다. 또한 3문단에서는 '나의 방'에서 '아내의 방'을 거쳐 바깥세상으로의 외출은 폐쇄적 공간에서 개방된 공간으로 이동하는 것이라고 설명한다. 이를 통해 '나의 방'은 외부와 절연된 주인공의 내면 공간임을 추론할 수 있다.

② 2문단에서 '나'와 아내를 '절름발이'라고 표현하며, 두 사람의 간극을 방에 비유하고 있다. 초라한 '나의 방'에서 외부와 단절된 채 아내에게 기생하여 살아가는 '나'의 모습과 달리, 매춘부인 아내는 수상한 외출을 하거나 볕이 들고 화려한 방에 외간 남자를 불러들이며 이에 대한 대가로 돈을 받는다. 이를 통해 아내가 성(性)을 상품화하며 자본의 논리에 편승한 인물임을 추론할 수 있다.

④ 3문단에서 '나'의 외출은 사회와 단절된 방에서의 탈출을 의미하며 분열된 자아가 통일되는 사회성 획득을 의미한다고 설명하였다. 즉 '나의 방'을 벗어난 주인공이 '날개'가 돋길 바라며 하늘로의 비상을 꿈꾸는 것은 외부와 단절된 삶으로부터의 탈출 의지이며, 자아를 찾아 이상적으로 돌아가기를 소망하는 주인공의 자의식을 표상한 것으로 볼 수 있다.

이것도 알면 합격

이상, '날개'의 주제 및 특징과 줄거리

1. 주제: 현대인의 무기력한 삶과 자아 분열에서 벗어나려는 의지
2. 특징
   (1) 의식의 흐름 기법을 바탕으로 주인공의 내면 의식에 따라 서술됨
   (2) 상징을 통해 식민지 지식인의 불안한 내면 의식을 표현함
3. 줄거리
   생활력이 없는 '나'는 아내에게 의존하며 무기력한 삶을 살아가고 있다. '나'의 일상은 어두운 방 안에서 종이를 태우거나, 아내의 화장품을 갖고 놀며 지내는 것뿐이다. '나'는 아내를 방문하는 손님들을 피해 길거리를 거닐며 시간을 보내곤 한다. 그러던 어느 날 밤, 집에 일찍 돌아온 '나'는 아내가 손님과 벌이는 일을 보고야 만다. 밤 외출로 인해 감기 기운이 있던 '나'는 '아내'가 주는 약을 먹는데, 이것이 아스피린이 아닌 수면제 아달린이라는 것을 알게 된다. '나'는 다시 거리로 나서고, 정오 사이렌이 울리자 박제가 되어버린 스스로의 과거를 떠올리며 날개가 다시 돋아 날아오르기를 소망한다.

05 독해 | 세부 내용 파악 난이도 하 ●○○

정답 설명

④ 'ⓛ, ⓒ, ⓜ' 모두 작품 「날개」에 등장하는 주인공인 '나'를 가리키는 말이므로 지시 대상이 같은 것으로 묶인 것은 ④이다.

오답 분석

ⓘ 이때 '그'는 작품 「날개」의 작가인 '이상'을 가리키는 말이다.

ⓔ '절름발이'는 '나'와 아내를 가리키는 말이다.

06 독해 | 글의 전략 파악 난이도 하 ●○○

정답 설명

① 1~3번째 줄에서 '채식주의자'의 뜻을 명확히 밝히는 정의의 설명 방식이 사용되었다.

오답 분석

②④ 전문가의 내용을 인용하거나 묻고 답하는 형식을 취한 부분은 제시문에 드러나 있지 않다.

③ '채식주의자'라는 용어가 어떤 과정을 거쳐 정립되어 왔는지를 다루고 있으나, 문제의 심각성을 강조하고 있지는 않으므로 적절하지 않다.

② 제시된 전제와 결론을 기호화하면 다음과 같다.

> 전제: 목욕탕 ∧ 청결
> 결론: 목욕탕 ∧ 마사지

이때 전제에서 결론이 도출되려면 '청결 → 마사지'라는 정보가 필요하다. 따라서 결론이 반드시 참이 되게 하는 전제는 ② '청결한 모든 사람은 마사지를 받는다'이다.

오답 분석

① ④ 목욕탕에 가는 어떤 사람이 청결하고(전제), ④ '청결하지 않은 어떤 사람이 마사지를 받거나', ① '마사지를 받는 어떤 사람이 청결하면' 목욕탕에 가는 모든 사람은 마사지를 받지 않을 수도 있으므로 ①과 ④는 결론이 반드시 참이 되게 하는 전제가 아니다.

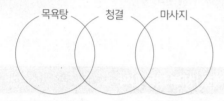

③ 목욕탕에 가는 어떤 사람이 청결하고(전제), ③ '청결한 모든 사람이 마사지를 받지 않으면' 목욕탕에 가는 모든 사람은 마사지를 받지 않을 수도 있으므로 ③은 결론이 반드시 참이 되게 하는 전제가 아니다.

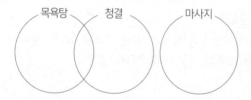

① 1문단 마지막 문장에 따르면 관형사절에 생략된 말이 없으면 동격 관형사절이다. ①에서 '달이 뜨는'이 관형사절인데, 관형사절에서 생략된 말이 없으므로 동격 관형사절이다. 따라서 ①의 추론은 적절하다.

오답 분석

② 2문단 1번째 줄에 따르면 관형사절 속에 생략된 말이 있으면 관계 관형사절이고, 2문단 끝에서 1~3번째 줄에 따르면, 관계 관형사절 속에서 생략되는 문장 성분은 주어, 목적어, 부사어가 있다. ②에서 '마음을 담은'이 관형사절인데, 관형사절을 풀어 보면 '편지에 마음을 담았다'이다. '편지에'가 생략되었으므로 부사어가 생략되었고, 생략된 문장 성분이 있으므로 관계 관형사절이다. 따라서 ②의 추론은 적절하지 않다.

③ '엄마가 요리한'이 관형사절인데, 관형사절을 풀어 보면 '엄마가 음식을 요리했다'이다. '음식을'이 생략되었으므로 목적어가 생략되었고, 생략된 문장 성분이 있으므로 관계 관형사절이다. 따라서 ③의 추론은 적절하지 않다.

④ '피자로 유명한'이 관형사절인데, 관형사절을 풀어 보면 '가게가 피자로 유명하다'이다. '가게가'가 생략되었으므로 주어가 생략되었고, 생략된 문장 성분이 있으므로 관계 관형사절이다. 따라서 ④의 추론은 적절하지 않다.

🦅 이것도 알면 합격

안은문장의 종류

종류	설명	예문
명사절을 안은 문장	명사의 기능(주어, 목적어, 보어 등)을 하는 절을 안고 있는 문장이다. 명사형 어미 '-(으)ㅁ, -기'가 붙어서 만들어지는 것이 대표적이다.	• 순욱이는 <u>그가 틀렸음을</u> 알고 있다. • 정동이는 <u>고양이가 돌아오기를</u> 기다린다.
관형사절을 안은 문장	관형어의 기능을 하는 절을 안고 있는 문장이다. 관형사형 어미 '-(은)ㄴ, -는, -(으)ㄹ, -던' 등에 의해 만들어진다.	• 나는 <u>누나가 준</u> 선물을 좋아한다. • 나는 <u>오빠가 사올</u> 음식을 기대한다. • 나는 <u>형이 입던</u> 옷을 입는다.
부사절을 안은 문장	부사어의 기능을 하는 절을 안고 있는 문장이다. '-이, -게, -도록, -듯(이)' 등의 부사형 어미에 의해 만들어진다.	• 희섭이는 <u>애인도 없이</u> 혼자 산다. • <u>편하게 있도록</u> 자리를 비켜 주자.
서술절을 안은 문장	서술어의 기능을 하는 절을 안고 있는 문장이다. 특별한 절 표시가 없고, 주어가 두 개가 있는 것으로 보인다.	• 할아버지께서 <u>건강이 좋으시다.</u> • 강운이는 <u>키가 작다.</u>
인용절을 안은 문장	다른 사람이 말을 인용한 내용을 절의 형식으로 안고 있는 문장이다. 문장을 그대로 직접 인용할 때는 '(이)라고'가 붙고, 간접 인용할 때는 '고'가 붙는다.	• 동생이 형에게 "언제 와?"라고 물었다. (직접 인용) • 동생이 형에게 언제 오냐고 물었다. (간접 인용)

③ '(나) – (라) – (가) – (다)'의 순서로 전개되는 것이 가장 자연스러우므로 답은 ③이다.

순서	중심 내용	순서 판단의 단서와 근거
(나)	에피쿠로스가 주장한 이신론(理神論)	지시어나 접속어로 시작하지 않으며, '에피쿠로스의 이신론(理神論)'이라는 중심 화제와 그에 대한 설명을 제시함
(라)	신의 존재 방식과 인간의 행복에 대한 에피쿠로스의 관점	지시어 '그는': (나)에서 이신론적 관점을 주장한 '에피쿠로스'를 가리킴
(가)	에피쿠로스가 생각한 인간의 영혼을 구성하는 요소와 인간의 영혼이 고통받는 순간	접속 표현 '한편': (라)에서 다룬 이신론적 관점의 신과 인간의 관계에 대한 내용에서 화제를 전환해 인간의 영혼과 육체의 관계에 대해 설명함
(다)	인간의 죽음과 영혼의 소멸에 대한 에피쿠로스의 관점	접속 표현 '더 나아가': (가)에 이어 인간의 영혼과 육체에 대한 에피쿠로스의 관점을 부연 설명함

③ 빈칸에 들어갈 말로 가장 적절한 것은 ③이다.

- (가): 1문단에서 사람이 살아가기 위해서는 반드시 학습을 해야 하며, 책이라는 매체를 통해 학습한 것을 다음 세대에 전달한다고 하였다. 즉, 책은 지식의 전달자로서 불완전한 인류가 여러 세대를 거치는 과정에서 학습을 통해 생존할 수 있도록 인류를 보조해 온 것이다. 따라서 책을 읽는 것은 인류의 생존을 위해 반드시 필요한 행위임을 추론할 수 있다.
- (나): 3문단에서 책 읽기의 본래 목적은 지식을 얻는 것이며, 지식을 얻는다는 것은 책의 내용이나 저자의 논지를 자신의 것처럼 구사하고 활용하는 것이라고 하였다. 지식을 얻는 것은 지식을 자기화하는 것까지를 의미함을 추론할 수 있다.

정답
p.108

01	② 독해	06	② 독해
02	④ 독해	07	③ 어휘
03	④ 독해	08	③ 독해
04	③ 독해	09	④ 논리
05	② 어휘	10	① 독해 + 문학

취약영역 분석표

영역	틀린 답의 개수
독해	/ 6
독해 + 문법	/ -
독해 + 문학	/ 1
논리	/ 1
어휘	/ 2
TOTAL	10

* 취약영역 분석표를 이용해 1개라도 틀린 문제가 있는 영역은 그 영역의 문제만 골라 해설을 다시 한번 꼼꼼히 학습하세요.

---

01 독해 | 글의 전략 파악
난이도 하 ●○○

정답 설명

② 제시문은 북산루라는 누각의 모습과 누각 위에 올라가 내려다 본 경관을 그림 그리듯이 구체적이고 생생하게 서술하고 있으므로 묘사의 방식이 사용되었다.

오답 분석

① 여러 가지 예나 사실을 늘어놓으며 서술하는 방식이다.

③ 사례를 들어 일반적이거나 추상적인 원리, 법칙, 진술을 구체화하여 서술하는 방식이다.

④ 두 대상의 유사성을 바탕으로 한 쪽의 특징을 다른 한 쪽도 가질 것이라 추론하는 설명 방식이다.

---

02 독해 | 화법 (말하기 전략 파악)
난이도 하 ●○○

정답 설명

④ 최 주무관은 전통 시장에 대한 신문 기사와 연구 보고서의 설문 결과 자료를 근거로 들며, 해당 자료를 활용하여 '○○시장'의 특징을 소개하자는 제안을 하고 있다. 그러나 최 주무관이 박 주무관의 의견을 반박하고 있지는 않으므로 답은 ④이다.

오답 분석

① 최 주무관의 첫 번째 발화에서 확인할 수 있다. 최 주무관은 질문 형식을 통해 신문 기사의 정보 활용을 제안하고 있다.

② 김 주무관의 마지막 발화에서 확인할 수 있다. 최 주무관과 박 주무관의 의견을 종합하여 정리함으로써 신문 기사의 일부와 연구 보고서 자료를 활용하는 것으로 결론을 내리고 있다.

③ 박 주무관은 신문 기사의 정보 활용을 제안하는 최 주무관의 의견에 일부 동의하면서도 그 기사에서 다룬 전국의 전통 시장 분포에 대한 내용은 ○○시장의 특징과 상관이 없다고 말하며, 해당 내용은 제외하고 활용하는 것을 제안한다. 이를 통해 박 주무관은 최 주무관 의견의 일부만 수용하고 일부는 반박하고 있음을 알 수 있다.

---

03 독해 | 작문 (고쳐쓰기)
난이도 하 ●○○

정답 설명

④ ②의 앞부분에는 공정한 재판을 위해 세 번의 재판이 시행될 수 있다는 내용이 제시되어 있고, ②의 뒷부분에는 재판의 공정성보다 빠른 판결이 중요한 경우에는 세 번의 재판이 이루어지지 않기도 한다는 내용이 제시되어 있다. 즉 앞뒤 내용이 상반되므로 역접의 접속어 '하지만'을 사용하는 것이 적절하다. 따라서 ②을 앞의 내용이 뒤의 내용의 원인이나 근거, 조건 등이 될 때 쓰는 접속 부사인 '그래서'로 고치는 것은 적절하지 않다.

---

04 독해 | 주제 및 중심 내용 파악
난이도 하 ●○○

정답 설명

③ 1문단에서는 '사진'은 세상을 정교하게 기록함에 따라 인류 발전과 진보에 기여한 시각 매체가 되었으며, 이를 가능하게 만든 것은 카메라 기술임을 설명하고 있다. 또한 2문단에서는 카메라의 발달이 인류사뿐만 아니라 인간의 사유 체계를 총체적으로 변화할 수 있도록 이끌었음을 언급하고 있다. 이를 통해 카메라의 발달은 인간의 사고방식과 역사를 모두 변화시켰다는 주장을 이끌어 낼 수 있으므로 답은 ③이다.

오답 분석

① 2문단 끝에서 3~4번째 줄을 통해 카메라의 발달이 다양한 분야에서의 획기적인 진보와 변화를 가능하게 했음을 확인할 수 있다. 이는 카메라의 발달이 인류 역사의 발달에 영향을 미쳤다는 것이지, 인류의 역사가 발달함에 따라 필요한 카메라가 달라졌음을 의미하는 것이 아니다.

② 2문단 1~3번째 줄을 통해 사진이 인류가 처음으로 프로그램을 적용시켜 탄생시킨 인공지능적 시각 영상임은 확인할 수 있으나, 제시문 전체를 포괄하는 내용이 아니다.

④ 1문단 5~6번째 줄을 통해 사진이 정교한 기록성이라는 특징을 가지고 있음은 확인할 수 있으나, 기술 발달 수준이 높은 나라일수록 보다 정교한 사진을 남겼다는 내용은 제시문을 통해 확인할 수 없다.

---

05 어휘 | 다의어의 의미   난이도 중 ●●○

정답 설명

② 대화를 자신에게 유리하게 이끌었다: ㉠ '이끌었다'의 기본형인 '이끌다'는 문맥상 카메라의 발달이 인식의 혁명을 일으키고 많은 분야에서 진보와 변화를 만들어 냈다는 의미로, '사람, 단체, 사물, 현상 따위를 인도하여 어떤 방향으로 나가게 하다.'의 뜻을 가진다. 따라서 ㉠ '이끌었다'의 의미와 가장 가까운 것은 ② '그는 대화를 자신에게 유리하게 이끌었다'의 '이끌다'이다.

오답 분석

① 동생들을 이끌고 동물원에 갔다: 이때 '이끌다'는 '목적하는 곳으로 바로 가도록 같이 가면서 따라오게 하다'라는 의미이다.

③ 시선을 이끄는 광고: 이때 '이끌다'는 '남의 관심 따위를 쏠리게 하다'라는 의미이다.

④ 아이의 마음을 이끄는: 이때 '이끌다'는 '남의 관심 따위를 쏠리게 하다'라는 의미이다.

---

06 독해 | 세부 내용 파악   난이도 중 ●●○

정답 설명

② 2문단 끝에서 4~7번째 줄을 통해 도시 규모가 클수록 혁신의 확산이 빠르게 이루어지는 계층 효과가 있음을 알 수 있으나, 규모가 큰 도시의 혁신이 다양한 계층의 사람에게 전파된다는 것은 제시문을 통해 알 수 없으므로 답은 ②이다.

오답 분석

① 2문단 끝에서 3~4번째 줄을 통해 실제 상황에서는 인접 효과에 의해 나타나는 전염 확산과 계층 확산이 동시에 이루어질 수도 있음을 알 수 있다.

③ 2문단 4~7번째 줄을 통해 발생원과 수용자 간의 거리가 가까우면 혁신의 확산이 대중 매체보다 주로 개인 간의 의사소통에 의해 이루어짐을 알 수 있다.

④ 1문단 끝에서 1~3번째 줄을 통해 심화·포화기에는 전 지역에서 혁신의 확산이 이루어지고 수용률에서 지역 간의 격차가 점차 사라진다는 것을 알 수 있다.

---

07 어휘 | 고유어와 한자어의 대응   난이도 하 ●○○

정답 설명

③ 문맥상 ㉢은 지역 간의 격차가 점차 없어진다는 뜻이나, '손실되다'는 손해를 본다는 의미의 단어이므로 ㉢과 바꿔 쓰기에 적절하지 않다. 참고로 ㉢과 유사한 표현으로는 '소실되다'가 있다.

· 손실(損失)되다: 잃어버리게 되거나 축나서 손해가 생기다.
· 소실(消失)되다: 사라져 없어지다.

오답 분석

① 전파(傳播)되다: 전하여져 널리 퍼뜨려지다.

② · 일어나다: 자연이나 인간 따위에게 어떤 현상이 발생하다.
   · 발생(發生)하다: 어떤 일이나 사물이 생겨나다.

④ 근접(近接)하다: 가까이 접근하다.

---

08 독해 | 숨겨진 내용 추론   난이도 중 ●●○

정답 설명

③ 2문단 끝에서 1~3번째 줄에 따르면, 프로그램의 내용이 전개될 때 상품명이나 상호를 보여 주거나 출연자가 이를 언급해 광고 효과를 주는 것은 '법'으로 금지되었다. 따라서 방송 프로그램에서 협찬받은 의상의 상표를 보이지 않게 가리는 것은 협찬 제도 때문은 아니므로 제시문을 통해 추론한 내용으로 ③은 적절하지 않다.

오답 분석

① 2문단 1번째 문장에 따르면, 협찬 제도는 극히 제한된 형태의 간접 광고만을 허용하는 제도이다. 협찬 제도는 프로그램 종료될 때 협찬 고지를 하는 광고 방식을 취하고 있으므로, 프로그램 종료될 때 협찬 고지를 하는 광고 방식은 간접 광고임을 추론할 수 있다.

② 3문단 3~5번째 줄의 간접 광고 제도의 도입 취지에 대한 설명을 통해 추론할 수 있다. 프로그램 내에서 광고를 하는 행위에 대해 법적인 규제를 완화하여 방송 광고 산업을 활성화하겠다는 취지로 간접 광고 제도를 도입한 것이므로 방송 광고 업계는 간접 광고 제도 시행을 적극 찬성하는 입장일 것이다.

④ 1문단 내용을 통해 추론할 수 있다. 방송 프로그램의 앞과 뒤에 붙어 방송되는 직접 광고와 달리 간접 광고는 프로그램 내에 상품을 배치하여 시청자들이 수시로 광고에 노출된다. 이로 인해 시청자들이 자기도 모르게 인식하게 되는 것이므로, 시청자들이 간접 광고를 회피하기 어려울 것임을 추론할 수 있다.

---

09 논리 | 명제   난이도 중 ●●○

정답 설명

④ 제시된 전제를 기호화하면 다음과 같다.

> (1) 다이어트 ∧ 유산소
> (2) ~과식 → ~유산소 ≡ 유산소 → 과식 (대우)

이때 (1)에 (2)를 결합하면 '다이어트 ∧ 과식'이 된다. 따라서 '다이어트를 하는 어떤 사람은 과식을 한다'가 반드시 참인 결론이다.

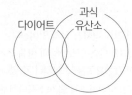

과식
유산소
다이어트

① 다이어트를 하는 사람 중에 과식을 하지 않는 사람이 있을 수도 있으므로 반드시 참인 결론은 아니다.

② 과식을 하는 사람 중에 다이어트를 하는 사람이 적어도 한 명 존재하므로 반드시 참인 결론은 아니다.

③ 과식을 하지 않는 사람 중에 다이어트를 하지 않는 사람이 있을 수도 있으므로 반드시 참인 결론은 아니다.

10 독해 + 문학 | 빈칸 추론, 작품의 종합적 감상 난이도 상 ●●●

정답 설명

① (가)가 포함된 문장에서는 「무진기행」을 단순히 허무로부터 일상의 공간으로 돌아오는 기행(紀行)으로만 보는 경우가 많다고 말한다. 이를 통해 (가)에는 '귀향 체험으로 단순화'가 들어가야 한다는 것을 추론할 수 있다. (가)가 포함된 문장의 뒷부분 내용을 보면 주인공의 자아 찾기를 위한 여로가 주된 모티프인 것은 맞으나, 그러면서도 인간 내면에 자리하는 아포리아를 다층적으로 상징화하는 작품이라고 설명한다. 이를 통해 (나)에는 '인간의 내면에 자리한 복잡한 심층'이 들어가야 한다는 것을 추론할 수 있다. 따라서 (가)와 (나)에 들어갈 말로 적절한 것은 ①이다.

이것도 알면 합격

김승옥, '무진기행'에서 '안개'의 의미와 구조적 특징

1. 작품 속 '안개'의 의미

반투명하여 사물을 뚜렷하게 인식할 수 없게 만든다는 '안개'의 속성을 이용해서 우울한 분위기를 조성하고 '무진'을 비현실적, 몽환적인 공간으로 만들고 있다. 또한 '안개'는 혼돈 속에서 진정한 자아를 찾고자 방황하는 주인공의 내면세계를 반영하는 소재이기도 하다.

2. 여로형 구조

서울(현실)		무진(추억의 공간)
현실적 가치가 중심이 되는 일상적 공간	떠남 → 복귀 ←	• 일상에서 벗어나 새로운 경험을 하도록 하는 공간 • 방황하는 주인공의 내면세계

→ 주인공 '나'는 무진을 떠나 서울로 가면서 현실에 타협한 자기 자신을 부끄러워함.

■ 정답

p.114

01	① 독해	**06**	① 논리
02	③ 독해	**07**	④ 독해
03	① 독해	**08**	② 독해
04	④ 독해 + 문법	**09**	② 어휘
05	① 독해	**10**	④ 독해

■ 취약영역 분석표

영역	틀린 답의 개수
독해	/ 7
독해 + 문법	/ 1
독해 + 문학	/ -
논리	/ 1
어휘	/ 1
TOTAL	10

* 취약영역 분석표를 이용해 1개라도 틀린 문제가 있는 영역은 그 영역의 문제만 골라 해설을 다시 한번 꼼꼼히 학습하세요.

---

01 독해ㅣ작문 (고쳐쓰기)
난이도 하 ●○○

정답 설명

① 1번째 원칙에 따라 문맥에 적합한 어휘를 사용해야 한다. ⊙은 일부 의료기관에서 부정한 방법(허위 영수증 발행, 정산 서류 조작 등)으로 국고 보조금을 과다하게 받아낸다는 점에 대해 말하고 있다. 이때 '수급(受給)'은 '급여, 연금, 배급 따위를 받음'을 뜻하므로 문맥에 적합한 어휘를 사용하였다. ⊙의 '수납(收納)'은 '돈이나 물품 따위를 받아 거두어들임'을 의미하므로 ⊙의 문맥과 어울리지 않는 어휘이다.

오답 분석

② 2번째 원칙에 따라 문장 성분이 호응되도록 수정해야 한다. ⓒ은 주어 '관할 보건소에서'와 서술어 '실시될'이 호응하지 않는다. 따라서 서술어를 '실시할'과 같이 능동 표현으로 수정하는 것이 적절하다.

③ 3번째 원칙에 따라 과도한 명사의 나열로 이루어진 표현은 지양해야 한다. ⓒ은 과도하게 명사가 나열된 표현이다. 따라서 조사, 접사, '-하다' 등을 적절히 넣어 '보조금을 집행한 정산 서류를 확인하고'와 같이 수정하는 것이 자연스럽다.

④ 4번째 원칙에 따라 어렵고 상투적인 한자 표현보다 쉬운 표현을 써야 한다. ②은 어렵고 상투적인 한자 표현을 사용하였다. 따라서 '관리를 철저히 해 주시기 바랍니다'와 같이 수정하는 것이 자연스럽다.

---

02 독해ㅣ세부 내용 파악
난이도 하 ●○○

정답 설명

③ 1문단 3~5번째 줄에서 아이를 제대로 돌보지 않아 문제를 일으키는 집은 한부모 가정보다 양부모 가정이 더 많을 알 수 있으므로 답은 ③이다.

오답 분석

① 1문단 끝에서 1~3번째 줄에서 미숙한 양부모 가정과 성숙한 한부모 가정을 비교할 때는 한부모 가정의 아이들이 행복하다는 것을 알 수 있으나, 가족 구성원의 성숙도가 비교되지 않으면 그 결과는 알 수 없으므로 적절하지 않다.

② 2문단 끝에서 4~5번째 줄에서 아이는 대체로 부모 중 한 사람만을 자신과 동일시하는 대상으로 삼는다는 것을 알 수 있으므로 적절하지 않다.

④ 2문단 1~3번째 줄에서 가정의 건강함을 결정짓는 요인은 구성원의 정서적 성숙도임을 알 수 있으므로 적절하지 않다.

---

03 독해ㅣ관점과 태도 파악
난이도 하 ●○○

정답 설명

① 2문단 6~7번째 줄에서 필자는 치료비가 비싸질 경우 가난한 사람들이 병원을 방문하는 빈도가 줄어들 것이라고 하였으므로 가난한 사람들은 치료비에 민감하게 반응하는 그룹이라는 점을 알 수 있다.

오답 분석

② 3문단 1~3번째 줄을 통해 필자는 시골 의사가 치료비에 차등을 둔 이유는 알 수 없다고 하였음을 확인할 수 있다.

③ 2문단 끝에서 5~7번째 줄을 통해 부유한 사람들은 치료비를 낮춘다고 해도 병원 방문 횟수가 크게 달라지지 않을 것임을 확인할 수 있다.

④ 2문단 3~9번째 줄을 통해 모든 사람들에게 치료비를 동일하게 적용한다면 부유한 사람들과 가난한 사람들의 반응이 다를 것임을 확인할 수 있으나, 이들이 불만을 가지게 될지는 제시문을 통해 알 수 없다.

정답 설명

④ 3문단 2~5번째 줄에서 '당신'이 2인칭 대명사로 쓰일 때는 선생이나 부모, 상사와 같이 아주 높은 분에게는 거의 쓰지 않으며, '당신'이 3인칭 재귀 대명사로 쓰이는 경우도 있다고 설명한다. ④ '이것은 어머님 당신께서 아끼시던 물건이다'에 쓰인 '당신'은 '어머님'을 가리키는 3인칭 재귀 대명사이므로, 잘못된 표현이라고 볼 수 없다.

오답 분석

① 2문단 끝에서 1~4번째 줄 내용에 따르면 '자네'는 연배가 있는 사람이 친교가 있는 동년배나 손아랫사람에게 사용하는 2인칭 대명사로, '당신'보다는 낮고 '너'보다는 높은 말이다. 이를 통해 아랫사람인 듣는 이를 대접하고자 할 때 아주 낮춤말인 '너' 대신에 '자네'를 사용함을 추론할 수 있다.

② 2~3문단에서, 2인칭 대명사를 높임의 정도에 따라 '아주낮춤', '예사 낮춤', 예사 높임'으로 나누어 설명하는 내용을 통해 추론할 수 있다. 참고로 아주낮춤 말에는 '너, 너희'가 있으며, 예사 낮춤 말에는 '자네', 예사 높임 말에는 '당신, 임자, 그대, 여러분'이 있다.

③ 2문단 1~4번째 줄을 통해 추론할 수 있다. 듣는 이가 같은 또래의 친구나 아랫사람일 경우 아주낮춤 말인 '너, 너희'를 쓰는데, 이때 듣는 이가 한 명(단수)이면 '너'를 사용하고, 여러 명(복수)일 경우에는 '너희'를 사용한다.

✍️ 이것도 알면 합격

대명사 '당신'	
대명사 '당신'은 2인칭 대명사와 3인칭 재귀 대명사로 쓰일 수 있으므로, 그 쓰임을 구별해야 한다.	
2인칭 대명사	1. 듣는 이를 가리키는 2인칭 대명사 예 당신은 이 문제에 대해 어떻게 생각하오? 2. 부부 사이에서, 상대편을 높여 이르는 2인칭 대명사 예 당신, 요즘 직장에서 피곤하시죠? 3. 문어체에서, 상대편을 높여 이르는 2인칭 대명사 예 당신이 꼭 알아야 할 사실들. 4. 맞서 싸울 때 상대편을 낮잡아 이르는 2인칭 대명사 예 당신이 뭔데 참견이야.
3인칭 재귀 대명사	3인칭 재귀 대명사인 '자기'를 아주 높여 이르는 말 예 아버지는 당신과는 아무 상관없는 사람이라도 강자가 약자를 능멸하는 것을 보면 참지 못하신다.

05 독해 | 글의 전략 파악   난이도 하 ●○○

정답 설명

① 밑줄 친 부분은 유럽의 중세에서 근대로 넘어가는 과도기에 일어났던 현상의 예를 제시한 것으로, 주된 설명 방식은 '예시'이다.
   • 예시: 일반적이고 추상적인 진술을 구체화하기 위해 세부적인 예를 들어 설명하는 방식

오답 분석

② 인용: 남의 말이나 글을 빌려 쓰는 설명 방식

③ 비교: 둘 이상의 사물을 견주어 서로 비슷한 점을 밝히는 설명 방식

④ 인과: 어떤 결과를 가져온 원인과 그로 인해 초래된 결과에 초점을 두는 설명 방식

06 논리 | 명제   난이도 중 ●●○

정답 설명

① 제시된 명제를 기호화하면 다음과 같다.

> (1) 외식 → 과체중
> (2) 음식 → 외식
> (3) 부지런함 → ~과체중 = 과체중 → ~부지런함 (대우)

이때 (3)의 대우와 (1)을 결합하면 '외식 → 과체중 → ~부지런함'이 된다. 이것에 (2)를 결합하면 '음식 → 외식 → 과체중 → ~부지런함'이 된다. 따라서 '음식 → ~부지런함'이 도출되므로 ① '음식을 좋아하는 모든 사람은 부지런하지 않다'가 항상 옳다.

오답 분석

② (3)의 대우와 (1)을 결합하면 '외식 → 과체중 → ~부지런함'이 된다. 외식을 많이 하는 모든 사람은 부지런하지 않으므로, ②는 항상 옳은 것이 아니다.

③ '과체중인 모든 사람은 외식을 많이 한다'는 (1)의 '역'이다. (1)이 참이라 하더라도 (1)의 '역' 또한 참인지는 알 수 없으므로 ③은 항상 옳은 것이 아니다.

④ (1)의 대우와 (3)을 결합하면 '부지런함 → ~과체중 → ~외식'이 된다. 부지런한 모든 사람은 외식을 많이 하지 않으므로, ④는 항상 옳은 것이 아니다.

07 독해 | 화법 (말하기 전략 파악)   난이도 중 ●●○

정답 설명

④ 민경은 3번째 발화에서 민경은 'FTA' 체결에 반대하는 사람들을 본 적이 있다는 경험을 들어 'FTA'에 대해 추가로 궁금한 내용을 질문하고 있을 뿐이다. 민경이 영채가 답한 내용의 논리적 모순을 지적하는 발화는 확인할 수 없으므로 ④의 분석은 적절하지 않다.

① 영채는 3번째 발화에서 장점과 단점을 모두 지니고 있는 'FTA'의 성격을 '양날의 검'과 같다고 비유적으로 설명하며 'FTA'에 대한 민경의 이해를 돕고 있다.

② 민경은 2번째 발화에서 영채가 설명한 'FTA'를 통해 이익을 기대할 수 있는 상황에 대해 재진술하며 자기가 이해한 바를 확인하고 있다.

③ 영채는 1번째 발화에서 'FTA'가 체결되어 특정 시장에 대해 관세가 낮아지거나 철폐되면(원인), 상대국보다 경쟁력이 높은 시장의 수출 및 투자가 증대됨(결과)을 언급하며 'FTA'로 인해 이익이 발생하는 과정을 인과적으로 설명하고 있다.

08 독해 | 빈칸 추론　　　　　　난이도 중 ●●○

② 빈칸의 앞뒤에서는 주제 논의(글의 뜻이나 의도)를 이끌어 독자가 결국 주제문에 이르게 하도록 글을 써야 한다고 설명하고 있다. 따라서 빈칸에 글을 쓸 때 '주제에 대한 글쓴이의 생각이 주제문으로 모아져야' 한다는 ②의 내용이 들어가야 한다.

① 주제문에 글쓴이의 목적의식이 드러나야 한다는 ①의 내용은 '주제문'을 글쓴이가 갖고 있는 생각 등을 문장으로 표현한 것으로 정의하고 있는 1문단과는 관련이 있으나, 모든 글을 주제문으로 수렴시켜야 함을 설명하는 2문단의 내용과는 큰 연관성이 없다.

③ ④ 제시문을 통해 확인할 수 없는 내용이므로, 빈칸에 들어갈 말로 적절하지 않다.

09 어휘 | 다의어의 의미　　　　　난이도 상 ●●●

② 눈길이 닿는 카페로: 제시문에서 ㉠ '닿게'는 글의 목적이 독자의 생각을 주제문에 미치게 한다는 의미로 쓰였다. 이때 ㉠의 '닿다'는 '어떤 대상에 미치다'라는 의미이며, ②의 '닿다'는 그녀의 눈길이 카페에 미친다는 뜻이다. 따라서 ㉠의 의미와 가장 가까운 것은 ②이다.

① 기회가 닿으면: 이때 '닿다'는 '기회, 운 따위가 긍정적인 범위에 도달하다'라는 의미이다.

③ 그에게 기별이 닿도록: 이때 '닿다'는 '소식 따위가 전달되다'라는 의미이다.

④ 버스 정류소에 닿았다: 이때 '닿다'는 '어떤 곳에 이르다'라는 의미이다.

10 독해 | 숨겨진 내용 추론　　　　난이도 중 ●●○

④ 제시문은 과학에 대한 신뢰와 과학의 자율성에 대한 주장이 약해지고, 과학의 자율성 규제가 높아지고 있는 우리나라의 실정을 제시하며, 과학은 사회와 무관하지 않으므로 과학과 사회를 분리해서 바라보지 말아야 한다고 주장하고 있다. 2문단에서 필자는 '손가락이나 손은 보지 말고 그것이 가리키는 달을 봐야 한다'라는 비유를 통해 논리의 형식에 집착하지 말고 그 논리가 함축하고 있는 의미를 파악해야 한다고 설명하고 있다. 따라서 ㉣ '달'은 과학이 사회와 무관하다는 주장에 내포된 핵심이자 생각해보아야 할 사회적 의미, 정치적 의도를 의미하므로 ㉣은 '내포된 사회적 의미'로 해석될 수 있다.

① 1문단 끝에서 3번째 줄에 따르면, 과학에 대한 규제의 목소리가 한층 높아지고 있다. 기업을 중심으로 과학을 상업화하려는 노골적인 시도가 나타남에 따라 사회의 개입과 감시의 눈초리가 매서워지고 있다고 했으므로 ㉠ '감시의 눈초리'는 과학의 자율성을 규제하려는 것으로 볼 수 있다.

② ③ 2문단의 '손가락과 손'이 가리키는 '달'을 주목해야 한다는 설명을 통해 ㉡ '손가락'과 ㉢ '손'은 '논리의 형식'이나 '과학은 사회와 무관하다'라는 주장 그 자체를 의미한다고 볼 수 있다.

정답

p.120

01	④ 독해	06	④ 독해+문학
02	③ 독해	07	③ 독해+문법
03	② 독해	08	① 독해
04	② 독해	09	③ 어휘
05	③ 논리	10	③ 독해

취약영역 분석표

영역	틀린 답의 개수
독해	/ 6
독해+문법	/ 1
독해+문학	/ 1
논리	/ 1
어휘	/ 1
TOTAL	10

* 취약영역 분석표를 이용해 1개라도 틀린 문제가 있는 영역은 그 영역의 문제만 골라 해설을 다시 한번 꼼꼼히 학습하세요.

01 독해 | 작문 (개요 작성)　　난이도 중 ●●○

정답 설명

④ ㉣은 3번째 지침에 따라 'Ⅱ-2'의 하위 항목과 내용상 통일성을 유지해야 하며, 'Ⅱ-1-나' 항목과도 내용상 대응되어야 한다. 그러나 ④의 '과학자들의 근무 조건을 개선하기 위한 방안 모색'은 이러한 조건들을 모두 충족하지 못하므로 ㉣에 들어갈 내용으로 적절하지 않다. 참고로, ㉣이 'Ⅱ-1-나'와 대응되려면 '선한 영향력과 함께하는 과학 기술의 발전 방안 모색'과 같은 내용이 들어가야 한다.

오답 분석

① ㉠은 1번째 지침에 따라 중심 내용을 포함하여 글 전체를 아우르는 내용이어야 한다. '과학자가 가져야 할 윤리적 책임'은 글의 중심 내용을 포함하며 글 전체를 아우르므로 ㉠에 들어갈 내용으로 적절하다.

② ㉡은 3번째 지침에 따라 'Ⅱ-2'의 하위 항목과 내용상 통일성을 유지해야 하며, 'Ⅱ-2-가'의 항목과도 내용상 대응되어야 한다. '전문적이고 체계적인 과학 기술 교육 이수'는 'Ⅱ-2'의 내용들과 통일성을 유지하면서도 'Ⅱ-2-가'의 자신이 받은 교육의 혜택을 사회에 환원한다는 자세를 갖추어야 한다는 내용과 대응되므로 ㉡에 들어갈 내용으로 적절하다.

③ ㉢은 3번째 지침에 따라 하위 항목들이 뒷받침할 수 있는 상위 항목이어야 한다. 하위 항목들은 모두 과학자들의 직업 윤리에 대한 내용이고, '과학자의 바람직한 직업 윤리'는 'Ⅱ-2'의 하위 항목들이 뒷받침할 수 있는 내용에 해당하므로 ㉢에 들어갈 내용으로 적절하다.

02 독해 | 세부 내용 파악　　난이도 중 ●●○

정답 설명

③ 1문단에 의하면 언어군의 윤곽을 그리는 것에 관심을 갖는 것은 전통주의 언어학이다. 또한 생성문법의 관점을 취하는 것은 생성주의 언어학이다. 따라서 ③의 내용은 제시문에 대한 이해로 적절하지 않다.

오답 분석

① 1문단에서 전통주의 언어학이 언어의 변화에 관심을 기울였다는 부분을 통해 전통주의 언어학은 언어가 생성되고 소멸되는 변화에 집중했음을 알 수 있다.

② 2문단 끝에서 1~2번째 줄을 통해 사람들이 음소와 같은 언어 구조의 단위를 찾아 언어의 음성학 체계를 성립시키고자 노력하는 것은 구조주의 언어학에 근거한 행동임을 알 수 있다.

④ 3문단 끝에서 3~8번째 줄을 통해 생성주의 언어학은 언어에 대한 지식의 성격을 추상적으로 기술했지만, 그 지식들이 규칙의 집합으로 기술될 수 있다는 점에서 연역적임을 알 수 있다.

03 독해 | 세부 내용 파악　　난이도 하 ●○○

정답 설명

② 3문단 끝에서 1~4번째 줄을 통해 라거 계열의 맥주는 필스너, 엑스포트 등으로 나뉘며, 우리나라에서는 필스너 계열의 맥주에 대한 선호도가 높다는 것을 확인할 수 있다. 따라서 필스너 계열의 맥주는 라거 맥주의 일종이므로 ②의 설명은 적절하지 않다.

오답 분석

① 1문단 2~5번째 줄을 통해 에일은 상면발효 맥주의 일종이며, 상면발효 맥주는 탄산 가스와 함께 발효액이 표면에 뜨는 성질이 있는 효모로 발효시킨 맥주임을 알 수 있다.

③ 1문단 끝에서 1~3번째 줄을 통해 상면발효 맥주는 진하고 깊은 맛이 나는 것을 알 수 있고, 2문단 끝에서 1~2번째 줄을 통해 하면발효 맥주는 청량하고 부드러운 맛과 향이 나는 것을 알 수 있다.

④ 2문단 1~3번째 줄을 통해 라거는 하면발효 맥주의 일종임을 알 수 있다. 또한 3문단 1~3번째 줄에서 상면발효 맥주가 하면발효 맥주보다 역사가 길지만 점유율 측면에서는 하면발효 맥주가 전 세계적으로 우위에 있음을 알 수 있다.

04 독해 | 화법 (말하기 전략 파악) 　난이도 하 ●○○

정답 설명

② 진행자는 마지막 발화에서 청취자에게 이어서 '시대별 축성술과 관련된 또 다른 특징'에 관해 이야기를 나눌 것임을 안내하고 있다. 그러나 해설사의 견해를 요약하는 부분은 확인할 수 없다.

오답 분석

① 진행자의 2번째 발화를 통해 확인할 수 있다.

③ 진행자의 6번째 발화를 통해 확인할 수 있다.

④ 해설사가 말한 내용 중 '시대별 축성술의 표본'이라는 용어를 청취자들이 어려워할 수도 있으므로, 진행자는 그의 5번째 발화에서 이에 대해 질문하여 청취자들의 이해를 돕고 있다.

05 논리 | 명제 　난이도 중 ●●○

정답 설명

③ 제시된 진술을 기호화하면 다음과 같다.

> (1) 공부 ∧ 시험 만점
> (2) 성실 ∧ 공부

이때, (2)가 도출되려면 (1)과 함께 이용할 '시험 만점 → 공부'라는 정보가 필요하다. 따라서 ③ '시험에서 만점을 받는 모든 학생은 성실하다'가 결론을 이끌어 내기 위해 추가해야 할 전제이다.

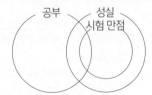

오답 분석

① '성실한 어떤 학생이 만점을 받는다'를 추가해도 성실한 학생 중에 밤늦게까지 공부하는 학생이 한 명도 없을 수 있으므로 ①은 결론을 이끌어 내기 위한 전제로 적절하지 않다.

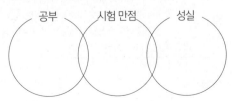

② '성실한 모든 학생이 만점을 받는다'를 추가해도 성실한 학생 중에 밤늦게까지 공부하는 학생이 한 명도 없을 수 있으므로 ②는 결론을 이끌어 내기 위한 전제로 적절하지 않다.

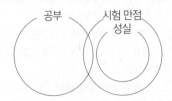

④ '밤늦게까지 공부하지만 성실하지 않은 모든 학생은 시험에서 만점을 받는다'를 추가해도 성실한 학생 중에 밤늦게까지 공부하는 학생이 한 명도 없을 수 있으므로 ④는 결론을 이끌어 내기 위한 전제로 적절하지 않다.

06 독해 + 문학 | 빈칸 추론, 문학의 이해 　난이도 중 ●●○

정답 설명

④ (가)와 (나)에 들어갈 내용으로 적절한 것은 ④이다.

· (가): 2문단에 의하면 「초혼」의 '사슴 무리'는 화자의 슬픈 감정과 동일시되는 대상이라는 점에서 감정 이입의 대상임을 알 수 있다. 이때 (가)의 앞에서 감정 이입의 대상은 모두 객관적 상관물이라고 하였으므로, '사슴 무리'는 객관적 상관물이면서 감정 이입의 대상임을 추론할 수 있다.

· (나): 1문단에 의하면 「강우」의 '비'는 화자의 정서와 관련을 맺고 화자의 슬픔과 절망을 심화시킨다는 점에서 '객관적 상관물'임을 알 수 있다. 이때 (나)의 앞에서 객관적 상관물이 감정 이입의 대상이 되기 위해서는 화자와 사물이 감정의 일치를 이루어야 한다고 하였으나, '비'는 화자의 정서를 심화시키는 소재일 뿐, 화자와 '비'가 감정의 일치를 이룬다는 내용은 제시문에서 확인할 수 없다. 따라서 '비'는 객관적 상관물이지만 감정 이입의 대상은 아님을 추론할 수 있다.

07 독해 + 문법 | 사례 추론, 의존 명사 　난이도 하 ●○○

정답 설명

③ 제시문 2~3번째 줄에서 의존 명사는 반드시 관형어의 수식을 받아야만 문장에 쓰일 수 있다고 했고, 끝에서 3~4번째 줄에서 의존 명사는 앞말에 띄어 쓰고, 그 이외는 붙여 쓴다는 것에 유의하여 판단하면 된다고 했음을 알 수 있다. '데'는 '만드는'이라는 관형어의 수식을 받고 있고, 앞말에 띄어 쓰고 있으므로 의존 명사이다. 따라서 답은 ③이다.

① 사과할걸: '-ㄹ걸'은 그렇게 했으면 좋았을 것이나 하지 않은 어떤 일에 대해 가벼운 뉘우침이나 아쉬움을 나타내는 종결 어미로, 앞말과 붙여 쓰고 있으므로 의존 명사가 아니다.

② 잘할뿐더러: '-ㄹ뿐더러'는 어떤 일이 그것만으로 그치지 않고 나아가 다른 일이 더 있음을 나타내는 연결 어미로, 앞말과 붙여 쓰고 있으므로 의존 명사가 아니다.

④ 쥐꼬리만큼도: '만큼'은 체언 뒤에 붙어 앞말과 비슷한 정도나 한도임을 나타내고 있는 조사로, 앞말과 붙여 쓰고 있으므로 의존 명사가 아니다.

이것도 알면 합격

자주 출제되는 의존 명사의 띄어쓰기

1. '뿐'의 띄어쓰기

의존 명사 '뿐'	'뿐'이 아래와 같은 의미의 의존 명사로 쓰일 때에는 앞말과 띄어 씀. (1) 다만 어떠하거나 어찌할 따름이라는 뜻을 나타낼 때 예 소문으로만 들었을 뿐이네. (2) 오직 그렇게 하거나 그러하다는 것을 나타낼 때 예 시간만 보냈다 뿐이지 한 일은 없다.
조사 '뿐'	'뿐'이 '그것만이고 더는 없음' 또는 '오직 그렇게 하거나 그러하다는 것'을 나타내는 조사로 쓰일 때에는 앞말과 붙여 씀. 예 이제 믿을 것은 오직 실력뿐이다.
어미 '-ㄹ뿐더러'	'뿐'이 어떤 일이 그것만으로 그치지 않고 나아가 다른 일이 더 있음을 나타내는 연결 어미인 '-ㄹ뿐더러'로 쓰일 때에는 앞말과 붙여 씀. 예 라일락은 꽃이 예쁠뿐더러 향기도 좋다.

2. '걸'의 띄어쓰기

의존 명사 + 목적격 조사 '것+을'	의존 명사인 '것'이 '것을'의 구어체적 표현인 '걸'로 쓰일 때에는 앞말과 띄어 씀. 예 마실 걸 챙겨라.
어미 '-ㄹ걸'	'-ㄹ걸'이 아래와 같은 의미의 어미로 쓰일 때에는 앞말과 붙여 씀. (1) 화자의 추측이 상대편이 이미 알고 있는 바나 기대와는 다른 것임을 나타내는 종결 어미인 '-ㄹ걸'로 쓰일 때 예 우리 동네에서 가장 오래된 건물은 기차역일걸. (2) 그렇게 했으면 좋았을 것이나 하지 않은 어떤 일에 대해 가벼운 뉘우침이나 아쉬움을 나타내는 종결 어미인 '-ㄹ걸'로 쓰일 때 예 차 안에서 미리 자 둘걸.

3. '만큼'의 띄어쓰기

의존 명사 '만큼'	'만큼'이 아래와 같은 의미의 의존 명사로 쓰일 때에는 앞말과 띄어 씀. (1) 앞의 내용에 상당한 수량이나 정도임을 나타낼 때 예 주는 만큼 받아 오다. (2) 뒤에 나오는 내용의 원인이나 근거가 됨을 나타낼 때 예 어른이 심하게 다그친 만큼 그의 행동도 달라져 있었다.
조사 '만큼'	'만큼'이 아래와 같은 의미의 조사로 쓰일 때에는 앞말과 붙여 씀. (1) 앞말과 비슷한 정도나 한도임을 나타낼 때 예 명주는 무명만큼 질기지 못하다. (2) 앞말에 한정됨을 나타낼 때 예 이것은 보잘것없어 보이지만 나에게만큼은 소중한 보물이다.

4. '대로'의 띄어쓰기

의존 명사 '대로'	'대로'가 아래와 같은 의미의 의존 명사로 쓰일 때에는 앞말과 띄어 씀. (1) 어떤 모양이나 상태와 같이 예 본 대로 행동해라. (2) 어떤 상태나 행동이 나타나는 그 즉시 예 내일 동이 트는 대로 떠나겠다. (3) 어떤 상태나 행동이 나타나는 족족 예 틈나는 대로 사전을 찾아보다. (4) 어떤 상태가 매우 심함 예 약해질 대로 약해지다. (5) 할 수 있는 만큼 최대한 예 될 수 있는 대로 빨리 오다.
조사 '대로'	'대로'가 아래와 같은 의미의 조사로 쓰일 때에는 앞말과 붙여 씀. (1) 앞에 오는 말에 근거하거나 달라짐이 없음을 나타낼 때 예 처벌하려면 법대로 해라. (2) 따로따로 구별됨을 나타낼 때 예 너는 너대로 나는 나대로 서로 상관 말고 살자.

5. '데'의 띄어쓰기

의존 명사 '데'	'데'가 아래와 같은 의미의 의존 명사로 쓰일 때에는 앞말과 띄어 씀. (1) '곳'이나 '장소'의 뜻을 나타낼 때 예 예전에 가 본 데가 어디쯤인지 모르겠다. (2) '일'이나 '것'의 뜻을 나타낼 때 예 사람을 돕는 데에 애 어른이 어디 있겠습니까? (3) '경우'의 뜻을 나타낼 때 예 이 그릇은 귀한 거라 손님을 대접하는 데나 쓴다.
어미 '데'	'데'가 과거 어느 때에 직접 경험하여 알게 된 사실을 현재의 말하는 장면에 그대로 옮겨 와서 말함을 나타내는 종결 어미로 쓰일 때에는 앞말과 붙여 씀. 예 그 친구는 아들만 둘이데.

6. '지'의 띄어쓰기

의존 명사 '지'	'지'가 어떤 일이 있었던 때로부터 지금까지의 동안을 나타내는 의존 명사로 쓰일 때에는 앞말과 띄어 씀. 예 그를 만난 지도 꽤 오래되었다.
어미 'ㄹ지'	'ㄹ지'가 아래와 같은 의미의 어미로 쓰일 때에는 앞말과 붙여 씀. (1) 추측에 대한 막연한 의문이 있는 채로 그것을 뒤절의 사실이나 판단과 관련시키는 데 쓰는 연결 어미 예 무엇부터 해야 할지 덤벙거리다 시간만 보냈어. (2) 추측에 대한 막연한 의문을 나타내는 종결 어미 예 그분이 혹시 너의 담임 선생님이 아니실지?

08 독해 | 주제 및 중심 내용 파악   난이도 하 ●○○

정답 설명

① 1문단에서 국어학과 사회학의 밀접한 연관을 바탕으로 등장한 사회 언어학에 대해 설명하고 있으며, 2문단에서 국어학과 자연 과학(생리학, 물리학)의 연계를 바탕으로 등장한 음성학에 대해 설명하고 있다. 따라서 제시문의 제목으로 가장 적절한 것은 ① '국어학의 인접 학문'이다.

09 어휘 | 다의어의 의미   난이도 중 ●●○

정답 설명

③ 중요한 정보를 얻어: 제시문에서 ⊙은 자연 과학에서 지식을 구하여 가지게 된다는 의미로 쓰였다. 즉 ⊙의 '얻다'는 '구하거나 찾아서 가지다'라는 의미이며, ③의 '얻다'는 중요한 정보를 구하여 가진다는 뜻이다. 따라서 ⊙의 의미와 가장 가까운 것은 ③이다.

오답 분석

① 빚을 얻다: 이때 '얻다'는 '돈을 빌리다'라는 의미이다.

② 보람을 얻어: 이때 '얻다'는 '긍정적인 태도 · 반응 · 상태 따위를 가지거나 누리게 되다'라는 의미이다.

④ 의자 하나를 이웃집에서 얻었다: 이때 '얻다'는 '거저 주는 것을 받아 가지다'라는 의미이다.

10 독해 | 관점과 태도 파악   난이도 하 ●○○

정답 설명

③ 2문단 2~7번째 줄에서 자연 상태의 인간은 모두 평등한 능력을 지녔기 때문에 끊임없이 경쟁해야 했음을 설명하고 있으므로 ③은 적절하지 않다.

오답 분석

① 1문단 2~5번째 줄을 통해 홉스의 입장에서 국가는 사회 내부의 무질서, 범죄, 외부의 침략으로부터 인민을 보호하기 위해 정당한 권력을 행사하는 존재임을 알 수 있다.

② 1문단 끝에서 2~4번째 줄을 통해 홉스는 국가는 대해 합법적인 폭력을 행사하며, 그러한 국가의 폭력은 언제나 정당하다고 주장하였음을 알 수 있다.

④ 1문단 끝에서 1~2번째 줄을 통해 홉스는 국가를 숭배해야 한다고 생각했음을 알 수 있고, 2문단 끝에서 1~4번째 줄과 3문단을 통해 국가가 존재하지 않는 '자연 상태'에서의 인간의 삶은 불안하고 가혹하다고 생각했음을 알 수 있다.

MEMO

MEMO

MEMO

20대 마지막
기회라 생각했던
박*묵님도

적성에 맞지는 않는 전공으로
진로에 고민이 많았던
박*훈님도

여군 전역 후 노베이스로
수험 생활을 시작한
박*란님도

해커스공무원으로 자신의 꿈에 한 걸음 더 가까워졌습니다.

당신의 꿈에 가까워지는 길
해커스공무원이 함께합니다.